从前有个书生

北宋篇

房昊 著

天津出版传媒集团

百花文艺出版社

图书在版编目（CIP）数据

从前有个书生. 北宋篇 / 房昊著. -- 天津：百花
文艺出版社, 2022.5（2022.9 重印）
ISBN 978-7-5306-8207-4

Ⅰ. ①从… Ⅱ. ①房… Ⅲ. ①中国历史–北宋–通俗
读物 Ⅳ. ①K209

中国版本图书馆 CIP 数据核字(2022)第 026966 号

从前有个书生：北宋篇

CONGQIAN YOU GE SHUSHENG:BEISONG PIAN

房昊　著

出 版 人：薛印胜
选题策划：唐冠群
责任编辑：胡晓童
装帧设计：丁莘苡
出版发行：百花文艺出版社
地址：天津市和平区西康路 35 号　　**邮编**：300051
电话传真：+86-22-23332651（发行部）
　　　　　　+86-22-23332656（总编室）
　　　　　　+86-22-23332478（邮购部）
网址：http://www.baihuawenyi.com
印刷：山东临沂新华印刷物流集团有限责任公司
开本：787×1092 毫米　　1/32
字数：237 千字
印张：12.5
版次：2022 年 5 月第 1 版
印次：2022 年 9 月第 2 次印刷
定价：58.00 元

如有印装质量问题，请与山东临沂新华印刷物流集团有限责任
公司联系调换
地址：山东省临沂市高新技术产业开发区新华路 1 号
电话：(0539)2925886　邮编：276017

目录

第一部分　画风清奇的宋初名臣

第二部分　那些年的磊落与晦涩

第三部分　人间风波恶，处处行路难

第四部分　千古苏东坡

第五部分 从后宫到江湖

第六部分 足以佐酒,趣闻野史

第一部分　画风清奇的宋初名臣

江南江北旧家乡，三十年来梦一场。吴苑宫闱今冷落，广陵台殿已荒凉。

随着南唐后主的诗词遍传天下，残唐五代之后的烽火狼烟也渐渐隐没，文华富贵的大宋时代来临了。

这位少年书生，就在这样的时代里出场。

那会儿天子刚刚即位不久，纳降吴越，又率队亲征，大败辽国援军，灭了北汉，随后兵锋所向，直指燕京。

这位天子北伐的气象还是很大的，直到他的屁股中了一箭。

没错，这位天子就是宋太宗赵光义。

老赵围攻辽国燕京的时候意气风发，亲临战场，然后就被一箭射中，灰溜溜地跑回了开封城。

从此这片江山上的割据纷争，终于告一段落。

为了励精图治，为了稳固江山，反正出于种种目的，宋太宗开始广开科举，回到京城后的第二年就又去亲自选取进士。

这年书生才十九岁,就已经考中了进士。

书生出身名门,自小就天资聪颖,而且还勤奋好学,十四岁下笔成诗,十五岁精习《春秋》,完全就是人们口中别人家的孩子。

要是那会儿有爆款文章,标题就会是:《比你有天赋的人比你还努力,你的同龄人正在抛弃你》。

所以十九岁的书生,就已经鱼跃龙门,走到了金殿里。

京城里风声大,小道消息也多,有朋友告诉书生,从这两年的用人方略里可以看出来,当今天子还是喜欢年纪大些的。固然你是年少有为,但不妨把年纪说大两岁,或许录你为官时能多给你点机会。

那时书生正端坐窗前读书,闻言头都不抬道:"为人臣者,当以直事君,焉能欺瞒?"

朋友没再说话,心里不免冷笑,像你这样求官做官,迟早不得寸进。

无论什么时候,都有这样的人物,他们会觉得这个世界上最重要的只有潜规则,你有没有才能、有没有意志都是虚的,你有没有关系、会不会逢迎才是最重要的。

十九岁的书生不信这个,天日昭昭,他觉得世间事是什么样子,就要是什么样子。

那天宋太宗登台选官,书生不卑不亢,报出了自己的名字、籍贯,还有十九岁的年龄。

宋太宗的目光在书生身上停留了片刻，忽然笑了一下，他觉得这个年轻人很有意思，气度比许多年长的人更从容。

宋太宗记住了这个人的名字。

后来书生历任知县、盐铁判官，又赶上宋太宗号召百官议事，书生站出来发言掷地有声，令宋太宗忍不住再次注视。

回到后宫的宋太宗不禁觉得这书生不错，有那么点名臣风范。

再一想，既然自己手底下有名臣，那自己显然就是明君，宋太宗咧开嘴就是一笑。

只是宋太宗没想到，他很快就开心不起来了。

因为书生实在是太有名臣风范了，那会儿书生在吏部干活，正在朝中议事呢，宋太宗对相关工作有了点想法，书生死活不同意。

宋太宗眉头一皱，觉得事情有些眼熟。

但当时宋太宗没多想，只是把脸沉下来，今儿就非要乾纲独断一回了。

奈何书生就站在那儿，还是不退，说陛下非要行此事，只能先免了臣的官。

宋太宗恼了，当场就要罢朝回宫，然而起身回头，没走出三步，上过战场的宋太宗就听到身后有风声与脚步声快速传来。

宋太宗陡然回首，只见到一个肃然的年轻人，还有他那只刚劲的手。

书生一把抓住了宋太宗的袖子，断然道："陛下，事情尚未决断，如何就能退朝？"

满殿文武噤若寒蝉，不由齐齐咽了一口唾沫。

宋太宗看了看书生，又看了看自己的袖子，想往回抽两下，嘿，发现这书生手劲儿还不小。

场面顿时有些尴尬。

尴尬之中，宋太宗终于想起刚才殿上那一幕为什么眼熟了，活脱脱是大唐魏征在怼李世民啊！

想到这里，宋太宗忽然就开心起来，眼前有个"魏征"，那自己就是"唐太宗"啊！

于是满朝文武就见到阴沉着脸的天子展颜一笑，又按着书生的手坐了回去，并对群臣笑着说："朕得寇卿，如唐文皇之得魏征。"

百官纷纷朝书生投去羡慕的目光。

当然书生也不只是怼天子，还会怼大臣，那年朝中出了一起受贿案，同案的两人，一人受贿更多，情节更严重，反而只是杖责免官，不久官复原职，而犯罪情节较轻的直接被处死。

其中的原因，书生不用查都知道，因为那受贿更多的罪犯，乃是副宰相的弟弟。

由于书生此时还在吏部，弹劾官员是御史台的职责，他没有证据不能乱说。

那一年副宰相上朝的时候，总感觉身后有道幽幽的目光盯着自己,回头瞅瞅,就见书生那张方正的脸朝自己嘿嘿一笑。

次年,天下大旱,宋太宗叫人来分析怎么应对。

宋太宗又顺口问了两句,旱灾究竟是怎么发生的,这年头天人感应,不会跟朕有关吧?

那自然是大家都说没关系,只有书生又跳了出来,说虽然跟陛下没关系,但天道人道互相感应是没错的,旱灾,多半是由于刑罚不公。

宋太宗就瞪书生,心中一万匹马来回践踏,心想你都是朝廷能臣了,脑子有病吗?

书生梗着脖子站在那,目光丝毫不退,也瞪着宋太宗,心想我话都说到这分上了,你就不能再问问我怎么刑罚不公吗?

宋太宗没问,宋太宗想你竟然还敢瞪我?

宋太宗一甩袖子,一溜小跑跑回后宫了,估计心里还想,哈哈,我跑这么快你没想到吧,这次抓不到了吧!

书生一脸茫然,心想你怎么就跑了啊!

当然,回到后宫的宋太宗很快就反应过来书生的潜台词,但自己要是回去显然就很尴尬,所以宋太宗叫人把书生召进宫里来了。

宋太宗很严肃,说怎么个刑罚不公啊?

书生默默翻了个白眼,心想你脑子跑得果然没你腿快,但这话肯定不能说。书生也恭恭敬敬地卖了个关子,说:"陛下要是不把两府大臣都叫来,臣没法说。"

宋太宗就又瞪他，心说你又要搞什么？

书生就瞪回去，心想你倒是快点叫人啊。

这一次眼神交锋，最终是宋太宗尿了，分分钟把人给叫齐，书生便把去年的受贿案给揭了出来。反正是天子要求分析天象的，书生想，我就是把一种可能性说出来而已，我又没直接下定论，不算越权奏事。

无论如何，两府官员都知道了，宋太宗也知道了。

副宰相扑通跪倒在地，战战兢兢，大汗淋漓，口呼知罪。

宋太宗没有立刻理会他，反而先深深地望了书生一眼，书生站得笔直，觉得自己贼拉帅。

宋太宗暗暗笑了笑，自那日起，书生开始得到重用，被提拔为枢密副使，参与军国大政。

那些年里书生也被贬过，因为他的喜恶实在太明显，而且事事都要分个对错，揪住别人的错误不放更是常事。

宋太宗也不是没给过他机会，跟他说过，你这个地位的大臣当庭争执，实在是有失体统。

书生不听，书生还问宋太宗你这话是什么意思，你不相信我？

完事拿着奏折跟太宗争辩不止。

宋太宗实在是听得太烦，只能把书生给丢出去。

当然宋太宗还是很喜欢书生的，丢出书生后天天想书生，想书生又不能直接说，就问太监："他在外面过得怎么样啊？"

太监没反应过来，说："他不是在青州吗，青州是个好地方啊，他应该过得挺好的。"

宋太宗盯着他，太监被盯得有点发毛又不知道说错了什么。

直到过了几天，宋太宗又问太监，说："那书生现在过得还好吗？"

这话就很有那种"王妃被挂在城头上三天了，现在她知错了吗"的味道。

缓了几天的太监终于反应过来了，跟太宗说："那书生在青州过得可惨啦，天天纵酒伤怀，想来他也很思念陛下吧。"

太宗点了点头，一拍大腿道："那就传他回来！"

就这样，书生几次被贬，大多很快回朝，回朝之后继续发挥他刚直的风骨。

其实书生这个人吧，别的都还好，喷也不至于喷太多，只有一点能被人喷死——这书生地域黑，极其看不惯南方人。

连南方人中了状元，他都要劝天子把第二名的北方人提成状元。

回头还美滋滋跟同僚说，又为中原谋一状元也。

大名鼎鼎的晏殊，后来仁宗朝的宰相，都差点在书生的地域黑下吃亏。晏殊小小年纪就中了神童考试，天子都觉得这孩子不错，书生急了，说："不太好吧？"

天子很茫然，说："怎么了呢？"

书生低声说："他是南方人，南方人啊！"

天子就更茫然，说："南方人怎么了，唐朝名相张九龄也是啊。"

书生就非常气愤，也不知道为什么，反正他总觉得南方人都土，都是蛮夷，要么就都是商贾，要么就都是只懂吟诗作赋的呆子。

地域黑嘛，总有一款理由适合他。

那些年是书生最快活的时光之一，宋太宗看好他，还叫他进宫通宵喝过酒，只是宋太宗总有逝去的那一天。

宋太宗病逝后，大宋的后开国时代也随之离去了，契丹趁新旧交替之际大举南下，前线几次兵败，辽兵纵横在这片江山上，俨然有灭国之战的气势。

同僚向新任天子宋真宗举荐书生，说："寇准忘身殉国，慷慨有大节，北方未服，正该以寇准为相，方可保得社稷。"

这一年，书生拜相。

此时朝廷之中议论纷纷，面对浩荡南下的契丹兵马，多的是劝宋真宗迁都的大臣，其中金陵的劝天子下江南，成都的劝天子取天府之地。

书生站出来，一声断喝，说："言迁都者，其罪当诛！"

随后洋洋洒洒，说："前日太祖、太宗南下灭诸国的景象，还历历在目，如今南迁又有何用？人心一失，社稷何存？"

这番话掷地有声，宋真宗心头为之一热，像他父亲那样瞪着书生说："那该当如何？"

书生的目光仍旧如刀,一眨不眨回望着还算年轻的天子,他一字字道:"率军亲征,必能退敌!"

这句话推着宋真宗渡过黄河,一举破敌。

这便是澶州之战。

只是当辽国大将被当场射杀,已难再继的时候,辽国派人来议和了。

书生上蹿下跳,说:"此时辽国锐气已失,二十万兵马远道而来,正是疲惫之师。我军新胜,当能乘胜追击,收复失地。"

奈何宋真宗不是他父亲,更不是他大伯,第一次上战场的天子还有些后怕,满朝文武更是不愿动摇如今局面,议和的大势终究不可抵挡。

宋真宗派使臣议和时,也不知该说他头脑清晰还是脑袋混沌,他十分笃定地说:"契丹南来不图地,肯定就是图财。割地就算了,但大汉以金玉送匈奴,是有这典故的。"

使臣说:"那多少财货可以给?"

宋真宗想了想,说:"一百万以下,都可以答应。"

这消息传开,书生勃然色变,几乎忍不住就要开口大骂。但书生人在军中,议和派已经开始散播流言,说书生要拥兵自重。

此时此刻,书生便什么都不能多做,他只能守在营门口,等着使臣出来。

当使臣出来的那一瞬间,书生劈手抓住他的袖子,目光森然,说:"我知道陛下许了你一百万,但如果你跟契丹和谈,许给他们的银钱超过三十万,你就不必回来了。"

书生顿了顿,又道:"超过三十万,我必杀你。"

使臣哆哆嗦嗦溜了,最终以岁币三十万与契丹达成和谈,这便是澶渊之盟。

书生正是寇准。

回朝之后,寇准功盖一时,然而多的是人想扳倒他。那位劝天子去江南的金陵人王钦若,充分发挥了大宋士大夫的特色。

干啥啥不行,党争第一名。

王钦若对宋真宗进言,说:"澶渊之盟,其实就是城下之盟,对大宋并不是什么美事,寇准的功劳也没有多大。更何况寇准这人,行事如同赌徒,带陛下去亲征,便是把陛下当成了赌注,所谓孤注一掷,博的不过是他一人的名声罢了。"

这话就诛心了。

自此以后,寇准就开始渐渐被排挤,再加上寇准这个人确实把自己的喜怒看得太重,凡事都要以自己的是非为准,喜欢叫厌恶自己的人敬畏自己,叫受过自己恩惠的人一直记得自己……这些事,都不该是他这么大功劳的人该做的。

于是他一路被贬到了永兴军。

其实朋友也问过寇准:"你这是图什么呢?你就不能学聪明点吗?"

寇准说:"我还真看不惯立了功就要夹着尾巴做人的,我是立了功,我嘚瑟一点有错吗?"

朋友就没话说了，只说："你这样迟早会吃亏的。"

寇准哈哈大笑，说："我固然会吃亏，但也因了我这性子才对社稷有大功，不是吗？"

寇准像是一把刀，有事的时候能挥出去斩断不公与敌人，没事的时候看到他的锋芒，就会觉得碍眼，更何况这把刀还经常乱动，朝廷里多的是他的政敌。

像一位文武双全，就是爱吃的宰相张齐贤，就跟寇准有矛盾。

以寇准的性子，谁不依着他的是非观来，那总是很容易起冲突的。

所以他既然是这样一把刀，那就总有用到的时候。

很多年前，寇准极力举荐过一个天才，这天才过目不忘，诗文双绝，而且最关键的是能办实事。当初皇宫被大火烧了，要重修皇宫，必定会兴师动众。

这位天才在城里挖了诸多沟渠，运土去修皇宫，引入黄河水进沟渠，于是各种木料就可以顺水运来，皇宫很快修成。

天才无论是水利，还是边境对敌，又或者只身说服蜀中的叛军放下刀枪，都是一等一的名臣风范。

只可惜天才人到中年，发现做名臣反而是升官慢的，是树敌多的。

要想权倾一时，最好的办法是交好陛下。

当天才想通了这件事，他身上的所有才干，便都成了为天子准备的,天子想修宫殿,我为你出主意,天子想修道,我给你写青词,天子想要祥瑞,我也能给你弄来。

至于是不是劳民伤财,那就不重要了。

寇准举荐天才的时候,万万没想到天才后来会变成这样,这位天才就是北宋著名奸臣,丁谓丁公言。

如今的丁谓,已经成为副相,要想再往上爬,他的对手不多,只剩下一位王钦若。

而怎么对付王钦若的,莫过于把寇准叫回来,推举寇准再次拜相。

当丁谓把寇准拉回朝中,并且乐呵呵地给寇准举办宴会时,他也没有想到,自己会因为这件事臭名远扬,乃至留"名"千古。

那场宴会上,寇准的胡子沾上了汤汁,丁谓眼尖,凑上前去帮寇准抚须。

寇准眉头一皱,低喝道:"身为副相,为上司溜须,成何体统?"

从此溜须拍马,就成了小人的标配,而丁谓给寇准溜须的手还僵在半空,耳边似乎还能听到周遭宾客心底的笑。

寇准这次回朝,就像是他很多年前第一次踏入京城一样,岁月里的风刀霜剑没能打磨掉他半点的棱角,他还是那样不讨人喜欢。

他讽刺丁谓,当宋真宗病后,又指责刘皇后秉政,大大小小的人都被他得罪光了。

于是很快，丁谓等人顺顺利利地把寇准又给贬出了京城。

这次贬得远些，去雷州赴任，当地连个正经宅子都没有，不过寇准的名声还是四海之内无人不知的。

无论是反对天子劳民伤财建宫殿，还是澶渊之盟救社稷，都值得当地百姓士绅爱戴，替他修建房屋。

生命的最后几年，寇准开始读书练字，曾经的脾气好像都消失不见了，当有客来访时，他总是笑呵呵的。

过往的事他都已尽力了，虽然还有壮志难酬，但我就是这样的人，想酬也难。

六十三岁那年，寇准病逝雷州，一生功过荣辱，且留后人评说吧。

从前有个叫张齐贤的书生，年轻时贼帅，贼能吃，还颇有豪侠之风。

某次酒馆里来了盗匪，佩刀负剑，还都是沾血的那种，吓得座中酒客四散而逃，唯有张齐贤安然不动。

须臾，店家战战兢兢，给大爷们上好酒好菜。

张齐贤看着自己面前的花生米、残渣酒，不能忍了，当场就拍案而起。

盗匪一脸古怪地瞅着他。

张齐贤一袭青衫，旁若无人走到盗匪桌前，施了一礼。

盗匪更惊恐，那年头读书人给盗匪施礼，可是天大的面子。

张齐贤哈哈一笑，说："诸位干吗这个表情，江湖绿林，刀头舐血，还能心中存着规矩，吃饭都不赊账，个个都是好汉。书生不才，家贫吃不起肉，想在好汉这边求一醉饱。"

盗匪面面相觑，还是书生洒脱不羁，连干三大碗酒,喊一声痛快,径直坐下吃肉。

人称:势若狼虎。

那群好汉们服了,觉着书生气量恢弘,不拘小节,不是宰相之才,也有李太白遗风。

张齐贤是前者,宰相之才。

那年宋太祖赵匡胤出巡,书生一介布衣,就突然拦在太祖马前,险些被人捅死。

书生坦然自若,说:"我有治国大策,爱听不听。"

赵匡胤一脸"这哪蹦出来的小子不怕死吗"的诡异表情。

缓了缓,赵匡胤觉得这小子这么狂,大抵有点本事,姑且一听。

书生来了精神,讲出治国十策,颇有见地。宋太祖一个黑胖汉子,马上得天下,显然没有全听懂。

赵匡胤沉吟片刻说:"你这十策里面,有四条还是不错的。"

张齐贤皱眉:"你说啥?"

赵匡胤也皱眉:"你这是什么态度?"

书生说:"不是啊陛下,我这十策都很强啊,什么叫有四条还不错啊!"

宋太祖急了,说:"就四条,朕说四条就四条。"

张齐贤也急,说:"这明明都很强啊,陛下你怕是没搞清楚状况,我再跟你说说。"

宋太祖觉得自己智商要暴露了,遂骂道:"滚。"

张齐贤滔滔不绝的演讲还没开始就戛然而止，被武士拖拽而出，张齐贤当然不服，但又能怎么办呢？

大概那画面也就是他的两只脚拖在地上，口中还嗷嗷喊着自己的治国大策吧……

宋太祖也不服，认为这小子过于张狂，一点面子都不给自己留，但明知书生有大才，他又不能不用。

宋太祖只能告诉他弟弟，说："有个叫张齐贤的，嗯……还有点小才干，等你继位，可以用他当个宰相什么的。"

弟弟心里一惊，想我怎么就继位了，继啥位啊，哥我对你的皇位一点想法都没有的啊！

后来的事情大家都知道了，赵匡胤死后，他的孩子们始终没能继位，当上皇帝的还是他的弟弟赵匡义。

太宗继位以后，把他哥这句话记在了心里，开始历练书生，让他去通判衡州。

其间，书生断案如神，把被冤判的盗贼给放了。

还推动法制进步，上疏促成朝廷下令"以后有冤判错案者，当即问罪审判官员。"

十年历练，功业有成，太宗又调他回了京城。

那年，正赶上太宗北伐辽国，可惜一场大败，杨家将一门忠烈随杨业战死沙场。

太宗有点尿。

太宗就准备带个文臣当参谋，觉着这能反败为胜……我也不知道他脑子什么时候被驴踢的，反正他非要这么觉得。

那会儿张齐贤正在朝中，他那么跳脱，当然就举手响应，说："我去我去。"

太宗说："你打过仗吗？"

张齐贤："没有哇。"

太宗说："好！就你了！"

我也被太宗诡异的用人思路震惊了。

反正就这么着，张齐贤去了战场，刚去战场就遇上前锋败退，领兵大将尿得像狗，还不敢出兵救援。

张齐贤："好，你不去，我去。"

他点了两千兵马，校场上猎猎风过，书生目光如铁，遥望北方。

那天，书生慷慨激昂，与众士卒誓死出征，人人以一当百，绕到辽兵右侧，迎头痛击。

血雨腥风过后，辽兵暂时退却。

书生身上染血，披头散发，仰天高呼。

这一战过后，书生名望大涨，又是皇上钦点的参谋，将军都不敢不从。

那会儿除了书生所在的大营，还有另一路兵马，是个叫潘美的将军领兵。

两路人马相约一起出兵，结果派出去的信使被辽兵抓到，辽兵为防备腹背受敌，对准书生大营就是猛攻。而潘美又传信过来，说自己一场败仗，最近不敢露头。

领兵的将军很哆嗦，很迷茫，问张齐贤，说："那咱们现在怎么办？"

书生眼睛贼亮，说："打啊！这么好的机会为什么不打啊！"

将军没反应过来。

书生说："你看，现在辽兵只知道我们约了潘美，但不知道潘美不会来。我们连夜出兵，让人高举火把假装潘美大军杀来，辽军必退，事先在他们退路设伏，还不杀他们个丢盔弃甲？"

将军竖起了大拇指："这操作妙啊！"

那一战，书生追亡逐北，杀了辽国北院大王的儿子，斩首数百，获良马上千。

事了拂衣去，书生还都把功劳算在将军头上。

将军说："我，我，我受之有愧。"

书生笑："没事，你这么听话就挺好的。"

那几年间，书生打了很多硬仗，还提点刑狱，洗冤案，杀豪强，回朝之后，完成了绝大多数人梦寐以求的成就。

出将入相。

书生拜相了。

只可惜这个时候，书生已经不帅了。张齐贤那么能吃，势若虎狼，早变成了个大胖子。后世有关于他的传言，他从中午开始吃饭，在院子门前摆了个大木桶，等吃到晚上，木桶里的食物残渣都溢了出来。

张齐贤嘿嘿一笑，活像个沙场里的弥勒佛。

而书生被罢相，一次是因为娶寡妇的风流韵事，还有一次则是因为冬日朝会，喝酒太多，殿前失仪，醉成了李太白的样子。

或许是书生这辈子已经了却心愿，或许出将入相只是他的个人兴趣。

几年后，书生彻底隐居山野，有池榭松林，天天跟亲朋故旧喝酒吟诗。

某日某夜，这位连疾病都没得过的书生闭上眼，呼噜还震天响呢，就笑着离开了世间。

从前有个游侠，性子很急，逮谁怼谁，还怼过自己的头巾。

那会儿游侠在蜀中，常吃馄饨，头巾长长垂下来，落在碗里。

游侠抬手，把头巾丢回头顶。

低头吃饭，头巾又垂落下来。

来来回回，丢了三四次，头巾还是会掉碗里。

游侠恼了，霍然起身，一把拽下头巾，用力按进碗里："你吃！都给你吃，吃不死你！"

头巾静静地躺在馄饨碗里，生无可恋。

游侠长出一口气："爽！"

凭他这小暴脾气，年轻那会儿仗剑江湖，着实干了不少事。

比如有个官员贪贿，被仆人拿住把柄，要逼官员把女儿嫁给自己。

官员很无奈，只能同意，半夜里暗自垂泣。

那会儿官员正和仆人出行在外，游侠恰巧住在官员隔壁，被他哭得很不耐烦，敲墙问他发生何事。

官员显然不能说啊！

游侠显然继续问啊！

来回三四次，游侠恼了，拔剑敲墙，说："再不讲现在就弄死你！"

官员这才把事情和盘托出。

游侠眉头一皱，说："老子最烦这种落井下石、趁火打劫的狗东西。"

次日，游侠大大咧咧地揽着官员仆从，说："请仆从指点下附近风光。"

仆从一脸茫然，被游侠拉进了密林里。

游侠挑眉笑着，说："山野之间，风水大好，葬你小子，亏了。"

仆从心跳陡快，望着游侠下意识就后退三步，说："你什么意思？"

只是已经晚了，游侠笑了笑，邪魅狂狷，剑光一闪，仆从的话音戛然而止，鲜血飞溅林梢。

回客栈，把长剑往桌上一拍，游侠抬头朝官员道："汝无忧矣！"

官员喜出望外，感恩戴德，游侠又瞄他一眼，如数九寒天，霜雪千年。

游侠指他道："若再有贪贿，你的下场，就跟他一样，懂吗？"

官员汗出如浆，连连点头。

游侠又笑,挥手道:"趁我还不太烦你,赶紧滚吧,万一过会儿我又想砍你……"

话没说完,官员屁滚尿流地跑了。

游侠哈哈大笑,痛饮烈酒。

那些天里,游侠还曾遭遇黑店,夜半推门,想置他于死地。

这位仁兄一柄长剑,杀光店内老小,随后纵火离去,头也不回。

多年行走江湖,游侠慢慢发现,仅凭一柄长剑,是荡不了多少奸佞的。

遂折节读书,十年寒窗,金榜题名。

几年后,恰逢四川民不聊生,王小波起义,兵祸绵延千里,朝廷派游侠去平。

游侠到任后,正赶上当地的军队哗变,跑了一批。

领兵的将军战战兢兢,既不敢去追,更不敢动兵平叛,生怕动兵越多,跑得越多。

游侠等了几天,把将军喊来身边,掏出州府牌印给他。

将军有点蒙,心想这是什么意思?

游侠:"你这么多天不动弹,不就等着本官亲自平叛吗?行,本官这就去,你暂代本官,掌管益州。"

将军大惊失色,这朝廷刚派来的文官,倘若死在沙场,自己就是有八个脑袋也不够砍。

将军忙说:"大人且慢,下官立刻动身平叛。"

游侠问:"哦,立刻是哪一刻?"

将军答:"便是此刻。"

游侠笑着掏出杯酒:"好,既然如此,本官为你钱行,你这就领兵出征吧。"

将军的身子僵了片刻,满头冷汗涔涔而下,他咬牙道:"好!下官只有一个要求,请大人备好军粮,万莫有差池!"

游侠笑道:"这是自然,本官也只有一个要求。"

将军说:"大人但讲无妨。"

游侠笑眯眯道:"你若无功而返,必断头于此楼之下!"

将军打了个冷战,领命而去。不久遭遇贼兵,将军不敌,眼看就要溃败。

将军且战且走,退了十几里,越想越怕,又把弟兄们召集起来,哭诉说:"此公真会砍我,求诸位救我一命,回头再战!"

遂复战,奋不顾死,大破贼兵。

那段时间,朝廷还派来个太监监军,王小波、李顺之乱平定后,太监的手下很是猖狂。

所作所为,又逼起民乱,太监抓了一伙乱民,扔给游侠让他秋后处斩。

游侠都给放了。

太监又蒙又怒,气冲冲跑来找游侠。

游侠瞅着他,笑道:"从前有人逼民为贼,如今本官化贼为民,你有什么意见吗?"

太监是有意见的,但没敢当场说,他只是笑眯眯地说:"张大人好大的官威。"

随后悄悄示意手下的士卒,去找百姓泄愤,准备看游侠怎么处置,结果那些士卒有一个算一个,都被游侠当场就给砍了。

游侠还来找太监喝酒,说:"我这个人呢,读书读得晚,没能洗掉一身江湖气,如果杀伐果断的时候冲撞了谁,未必是我自己能控制的。"

太监想摔了酒杯,起身大骂一句:"你敢威胁我?"

但太监犹豫半晌,终究还是屁了,谁知道这个半路出家的读书人会不会真的砍人……

游侠治蜀期间,推发纸币,恩威并施,经年战乱之后终于迎来大治。

其间游侠还断了不少案子,古人大多都是这样,你能得民心,大家都会觉得你断案如神,能窥见善恶阴阳。

当然游侠能断案,多少凭的都是江湖经验。

比如有天他走在街上,忽然听到路边院子里有姑娘的哭声,这哭声很大,但总有种雷声大雨点小的感觉。

回头一问,发现是姑娘刚死了丈夫。

游侠想了想,不对,那哭声里边少了太多悲伤,又多了太多不知所措下的恐惧。

随后查出来,是这个姑娘谋害亲夫。

还比如游侠在江宁当知府的时候,正巧碰见一个过路僧人,那僧人把度牒给他看,完事准备离开江宁府。

游侠忽然一声断喝,出手把僧人给擒了下来,叫人押入牢中,回头再审。

旁边的下属面面相觑,心说大人这怎么又莽了啊?

游侠拿着验牒甩给他们,说这上面言明此人已经出家七年,脑袋上却还顶着头巾的勒痕,无缘无故,冒名顶替,必有嫌疑。

经审,这假和尚身上背了条人命,杀了曾经跟他同行的真和尚,一路招摇撞骗。

这样的故事还有很多,游侠平生击剑饮酒,乖张不羁,调往京城后,仍旧毫无收敛。

那会儿有个一直跳来跳去的奸臣,这个奸臣的出场率极高,名叫丁谓,这奸臣劝宋真宗大兴土木,造玉清宫。

游侠年纪不小,站出来说:"一座宫殿,竭天下之财,伤百姓之命,愿斩丁谓以谢天下!"

宋真宗沉默半晌,一阵头疼。

宋真宗能怎么办,宫殿是他要建的,总不能真砍人吧,只能节俭点,装作什么都听不见。

游侠连上数封奏折,说如果陛下觉着对丁谓有愧,就斩丁谓以谢天下,再斩我以谢朝廷。

宋真宗倒吸一口凉气,这种操作也过于莽了吧,极限一换一啊。

他终于明白,这人惹不起,真的惹不起,连忙把游侠派到陈州当地方大吏了。

游侠翻个白眼，继续饮酒高歌，七十岁那年病逝任上，与世长辞。

这位游侠叫作张咏，张咏的名字或许不是很熟悉，但有个从他口中出现的成语，想必所有人都知道，叫水滴石穿。

那年张咏刚开始当官，做崇阳县令，有个小吏偷走一枚铜钱，被抓还猖狂得很。

张咏下令杖责，小吏更是恼怒，说："屁大点事至于吗？你也就能打我几棍，有种杀了老子啊！"

天地有刹那静寂，须臾，张咏朝小吏一笑，写下段留名青史的批文：一日一钱，千日一千，绳锯木断，水滴石穿。

继而提剑下堂，小吏惴惴不安，说："你要干吗，天下间可没有一钱致死的道理！"

剑光一闪，飞起颗好大的头颅！

张咏收剑，睥睨四周，公堂上鸦雀无声。

这就是水滴石穿的典故，这就是水滴石穿背后的人物。

张颐说他，英声骏烈，人人知之。

纪晓岚说他，有岩岩不可犯之节。

简而言之，对这位乖张的游侠，洒脱不羁，千载之下犹有共识：惹不起，谁都惹不起。

这位社会大哥常年出没于《涑水记闻》《鹤林玉露》《玉壶野史》等等文人笔记里，跳脱得很。

石曼卿很小的时候，去自家后院偷酒喝，被他爹发现，拎起来就要打。

石曼卿灵机一动，说："爹，我是心中不平，不得不喝。"

他爹瞪着他，说："你小小年纪，有什么不平？"

石曼卿说："往日我总在后山玩，现在后山被隔壁的王大头给占了，我心中不平，只能喝酒。"

他爹就骂他，说："你有本事你自己抢回来，喝什么酒啊。"

骂还不解恨，还啪啪一顿揍，揍得石曼卿哇哇大哭，说："爹你骗人，爹你自己喝酒的时候就是这么说的。"

他爹一头雾水。

石曼卿指着北边，说："爹你那天喝醉了，非要拉着我，说我们老家在幽州，祖宗坟墓都在幽州。现在幽州被割给了契丹人，你心中不平，就只能喝酒。"

石曼卿说："爹，你为什么不去抢回来？"

他爹不打了，神色苍凉。

那天晚上爷俩儿打了一壶酒，你一杯我一杯地喝着，喝到天亮，石爹都吐了三回，石曼卿也没趴下。

石爹两眼通红，说："儿子，你这是七岁？"

石曼卿说："是啊，爹，我七岁。"

石爹叹了口气，说："儿子，看来你是喝不醉了，你这辈子真惨。"

石曼卿考了三次科举，都没考上。倒不是他才学不行，是因为他爱喝酒，所以记不住细节。

他的老师评价他，这孩子其实很聪明，就是没用在正途，平时下课，别的同学都在商量怎么样才能考中进士，他还在旁边看兵法。

寻章摘句的作业石曼卿也不是没交过，但到了考试还是记不住。

石曼卿说："我一想到考试考这个我就头疼，我一头疼就想喝酒，我一喝酒就都忘了。"

这时的石曼卿已经可以喝下三坛酒，他第三次落第之后喝了五坛酒，在京城的大街上大声喧哗，说："就这么考下去，猴年马月才能回家？"

过路的人问他，怎么考试跟你回不回家有什么关系？

石曼卿说："你不懂，我家在幽州。"

很多年以后，王安石正在家里坐着呢，天外突然飘过来一个人。这人提着酒坛，说："我是芙蓉城主，乃是仙人，过来找你喝酒。"

王安石说："我事还没忙完呢，没空跟你喝酒。"

那人说："行，那我自己喝。"

边喝边告诉王安石，说："我叫石延年，字曼卿，你科举改得很好，什么狗屁声韵明经，哪有经义策论有用？"

喝完几十坛酒，石延年又大骂起来，说："你为什么不早生几十年？"

骂完便化作青烟散去，王安石不为所动，全程都在写他的新法奏折。

其实石曼卿最后一次科举，还是中了进士的，不过他运气太差，那一科有人舞弊，连带取消了他的功名。

牵连的人很多，大家都垂头丧气的。

石曼卿哈哈大笑，拎着坛酒三大口下肚，说："仰天大笑出门去，独对春风舞一场。"

酒醒之后，石曼卿已经准备来年再考，这时候有人告诉他，天子隆恩，要将你们这批人赐予官职。

石曼卿问："什么官？"

那人说："是三班奉职。"

石曼卿气乐了，说："这是武职啊，还是倒数第二等的小官，连上个折子的资格都没有吧？"

那人又说："你还是去当吧，这官前几年刚涨了工资，你娘都一把年纪了，你再考几年还考不中，你娘就会饿死了。"

石曼卿不说话，他突然想起自己第一次喝酒的那天晚上，老爹默然不语，满目苍凉。

为什么不自己打过去抢回来？

妈的，因为我娘老了。

那天晚上石曼卿又一个人喝酒，他想我怎么就喝不醉呢，我换着法喝，就不信喝不醉。

京城里的人都知道，石曼卿喝酒，那是一绝。

石曼卿找个席子把自己裹起来，伸出脑袋，喝一口酒，立马再缩回去，这叫鳖饮。给自己戴上枷锁，披头散发，赤足狂喝，这叫囚饮。

那天有人去找石曼卿喝酒，喝完一杯，石曼卿突然张开双臂，像飞一样迅速爬到了树上。

东张西望一番，石曼卿又落下来，再喝一杯。

朋友说："你干吗呢？"

石曼卿说："这是鹤饮，我觉得我快要一飞冲天了。"

又有人半夜找他喝酒，想寒暄几句，石曼卿把食指竖在唇边："嘘……"

大半夜的,也不点灯,也不说话,就干巴巴喝酒,喝得朋友毛骨悚然,实在没忍住,说:"石曼卿你干什么呢?"

石曼卿说:"我是鬼。"

朋友差点没被吓死。

好歹石曼卿还有后半句话,说:"我这是鬼饮,哈哈哈哈。"

后来石曼卿得到当县令的机会,终于喝得少了点,处理公务井井有条,颇得民心。

闲来去百姓家串门,骗几壶酒喝,就是他最得意的事。

还有行走四方的布衣豪侠,石曼卿也喜欢结交,两人喝着酒,天南地北地侃。石曼卿说京城里都是傻子,豪侠说四方都是尿人。

俩人哈哈一笑,就喝酒。

最后石曼卿总会问他,说:"你去过幽州吗,幽州什么样?"

有的豪侠去过,有的豪侠没去过,石曼卿跟去过的豪侠喝酒更多,有天晚上酒都喝没了,俩人从船上找来一坛醋,硬是喝了一夜的醋。

石曼卿想,有时谈兴比酒浓。

经历过地方上的这些政绩,石曼卿回京之后总算升了官,能干点实事,出门在外也会有人叫他一声石学士。

石学士上了折子,说:"我朝好些年没有过正经的军备,容易被揍，该小心点。"

没人理他。

石曼卿不急，跟朋友喝着酒，准备一点点开拓自己的事业。

他的朋友叫范讽，有天风风火火地跑进来，口干舌燥，先讨了石曼卿三杯酒喝。石曼卿说："你慢点，出什么事了？"

范讽说："我跟朝里的人有争论，没争过他们，要离开京城了。"

石曼卿说："那你走呗，来找我干吗？"

范讽说："我们是朋友，你肯定也会被他们赶出京城的。"

石曼卿说："这是人干的事？"

范讽说："这就是朝廷啊。"

不久后，石曼卿果然被派去外地，很久很久都没有回来过，京城里少了很多年的酒香。

那年石曼卿还是回来了，因为边关起了战事，一如他曾经的预言，朝廷终于又想起他。

石曼卿一直在喝酒，回京喝，被派去外地公干也喝，同事说："你少喝点吧，喝多了容易出事。"

石曼卿哈哈大笑，把公干的任务层次分明条理清晰地讲解了一遍，还顺便对边关的地形和用兵也给讲解了一遍。

同事叹为观止。

石曼卿说："出不出事跟你喝不喝酒有什么关系，我哪次出事是因为喝酒喝的？"

显然朝廷不这样认为，皇帝终于也发现石曼卿是十分的有才干，边关烽火狼烟的光景，需要这样的人才。

皇帝说："这样吧，你要是能戒酒，我就重用你。"

石曼卿想了想，还是准备去戒酒。

奈何世间不平事太多，积压在心里，又没有酒喝，石曼卿就这么待了几个月，抑郁成疾，被压死了。

石曼卿死后，大家还是经常能看见他，他自称已经成了神，是天外的芙蓉城主。

天天拎着酒坛，问自己的这个朋友那个朋友，说："你们要不要跟我走啊，去跟我喝点酒不比在这里强？"

朋友纷纷说："我上有八十老母，下有嗷嗷待哺的儿子，不能跟你喝酒。"

只有范讽，哈哈一笑，说："走走走，想跟你喝酒很多年了，你怎么才来呀。"

石曼卿也笑，说："没办法，我得想想什么是仙饮，想出来才好意思找故人喝酒。"

范讽说："那你想出来了吗？"

石曼卿说："身无挂碍，得以纵情，便是仙饮。"

几日后，范讽病逝，半空中有芙蓉花香和隐隐的酒气传来，人们知道，这是被石曼卿拉走了。

人们想,仙饮啊,真想尝一尝。

注:石曼卿饮酒的行为艺术,以及生平,皆有史料,至于亡后见王安石,幼时饮酒,则是我想当然耳。

第二部分　那些年的磊落与晦涩

从前有个书生，年少轻狂，负才自傲。

那年京城官员胥偃赏识书生，举荐他来国子监，从此就开始了书生的学霸生涯。来国子监的第一年就考了国子监第一，第二年又在礼部的省试里再获第一。

这么年少得志，自然就更年少轻狂，殿试之前书生住在集体宿舍里，他早早买好衣服，说："等夺得殿试状元，回来穿此新衣。"

同宿舍有个叫王拱辰的，才十九岁，很皮，某天晚上趁书生不在，偷偷穿了书生的衣服，给舍友学书生的模样，脸上带着三分张狂，三分不羁，还有四分满不在乎，说："明天呢，状元肯定就是我的啦，到时候我穿着这身衣服，你们可别嫉妒啊。"

宿舍里顿时充满了欢快的气氛。

更欢快的是殿试那天，王拱辰真的夺了状元。

书生一脸的不可思议。

王拱辰说："嘿嘿，你看这事弄的，其实我也不是故意的,嘿嘿。"

如果眼神能杀人,估计王拱辰已经被书生砍死无数次了。

据那年的主考官晏殊说:"之所以你综合排名那么低,主要是因为你文章锋芒太盛,我们要替你藏锋。"

书生能怎么办,书生也很无奈啊。

不过终究是中了进士,书生人在京城,也算是一时风光,多的是达官贵人欣赏他的文章与见地,要与他结亲。

那些达官贵人的邀请,书生通通婉拒了,望着京城里的浮华,汴河两岸的杨柳,只觉得自己身旁该有另外一人,与他携手同游。

这人就是他恩师胥偃的女儿,她喜欢扶着国子监的窗户看他,还喜欢问他眉毛画的好不好看,偶尔红着脸依偎在他身上,无意识地玩着书生的毛笔。

这些婚后的故事,都被书生写进了词里。

成婚之后,书生与王拱辰就双双离开了京城,大宋规矩,一般进士都要去外地历练,几年之后看你的成绩,再决定你进京与否,进京当什么官。

人称:磨堪。

那年书生被调去洛阳当官,上司是个文化人,喜欢文章气度,见书生文采斐然,自然让他专心文教,至于闲杂政务,日常签到,都不用管。书生就贼开心,天天浪,诗酒唱和,赏雪吟梅。

几年后,好日子到头了,上司离职,换来个古稀老人,刻板得很。

定点上班，整理公文，没事也得在办公室待着，别瞎写什么破诗。

老爷子还把书生那群文人都给叫来骂，说："寇准那么大能耐，都因为贪图享乐被罢官，你们还天天浪，能浪出花来？"

众人面面相觑，默不作声。

书生就又开始跳，说："大人，其实寇准不是因为贪图享乐才被罢官的。"

老爷子皱眉："嗯？"

书生："寇准是因为年纪大了，还不退隐归田，这才倒霉嘛。"

老爷子愣了一下，接着才反应过来这小子是在讽刺自己年迈多事，但脑子转得不快，一时间竟然没想到怎么反驳。

书生乐呵呵的去干活了，只是待在洛阳的这两年，除了浪迹山水与快乐怼人之外，还是有其他的悲哀事。

那个书生前几年才迎娶的姑娘，在诞下一子之后，病逝在了洛阳。

洛阳城里，留下过书生很多诗词文章，有那么一段日子里，书生提起笔来，脑子里就都是姑娘的眉眼与笑容。

去年秋晚此园中，携手玩芳丛。拈花嗅蕊，恼烟撩雾，拼醉倚西风。

那个娇憨的姑娘，明明还在眼前，我明明就还能见到，怎么就抓不住了呢？

今年重对芳丛处,追往事,又成空。敲遍阑干,向人无语,惆怅满枝红。

这首词写完之后,书生离开故园,意兴阑珊地过完了在洛阳的最后半年。磨堪结束后,书生离开洛阳,回到了汴梁城。

其实医治相思的法子很简单,远离故地,以年月为良药,自然医得好。

岳父此时还在京城,两个男人相见,几杯苦酒过后,还是把目光放在了京城朝局之中。

那些天书生认识了几位新朋友,聚在汴梁的酒楼里指天画地,说要一扫大宋积弊。

这些朋友里有年轻人石介,毕竟还年轻,看什么都不顺眼,说:"当朝宰相只手遮天,说当今天子好色废后,饮酒无度,俨然只有自己是治世能臣。"

石介说:"不,我不行,我师父才是治世能臣。"

书生说:"哟,那你师父是谁,能让你这么打心底里佩服?"

石介抱了抱拳,肃然说:"正是范公仲淹。"

范仲淹的名字又一次传入书生的耳中,自从书生回到京城,已经听过很多次这个名字。

无论是国子监里的学弟,还是学士院里的同僚,都对范仲淹赞不绝口。

终于,在某个晚霞满天的傍晚,书生在道旁见到了范仲淹。

范仲淹的眉目间似乎总有一股淡淡的忧愁,抬头与书生相见时驻足片刻,施礼微微一笑,又有些读书人的哂然。

须臾间,书生脑海里蹦出四个字来。

一代鼎臣。

这天书生跟范仲淹结交,一见如故,回家笑呵呵跟自己岳父聊起来,说我最近认识了个朋友,范仲淹您听过没,贼有才华,人贼正直。

岳父瞅了他一眼,放下了筷子。

书生感觉气氛好像不太对。

岳父冷冷一笑,盯着书生说:"当年我带你入京,教你文章大义,就是要你跟范仲淹这种人结交的?"

书生一怔,心说:"不是,范仲淹哪种人啊?"

岳父说:"范仲淹此人,不尊旧制,屡犯律法,我纠察刑狱,最讨厌的就是他。"

众所周知,大宋著名的书生们都有传统艺能,那就是党争,哦不,是怼人。

所以书生也不客气,当场就回怼岳父说:"范仲淹也没错啊,如今大宋制度不行,相国独断专横,不改不等着每况愈下吗?"

岳父胥偓深深望了书生两眼,点头说:"明日你不必再来了。"

书生身子一僵,他仿佛肉眼可见得离胥偓越来越远了,像是一瞬间被什么东西推开了。

很多年以后书生才知道,这叫作政见不同,迟早要走上党争的道路。

只是那会儿书生还不明白，书生一心想证明给胥偃看，自己才是正确的，自己跟范仲淹会把这个国家变得越来越好。

一般来说，年少轻狂是正常的，随着年纪增长，总会渐渐收敛。

然而书生显然不是这样。

这么多年过去，他跟他这一代人的书生意气，仍旧没有减退。

还记得王拱辰吗？

书生的妻子死后，又娶了老丞相的二女儿。

而大女儿，嫁的就是王拱辰。

大女儿病逝之后，王拱辰又娶了老丞相的三女儿。

书生说："厉害厉害，旧女婿为新女婿，大姨夫做小姨夫啊。"

王拱辰说："惭愧惭愧。"

那些年书生还有王拱辰，都是出了名的跳脱，谁都敢怼，还敢追着宋仁宗怼。

那年夏竦贪赃枉法，败给西夏，无数儿郎战死沙场，王拱辰力请宋仁宗罢免夏竦。

宋仁宗没理，王拱辰追到宋仁宗面前，非要他给个结果。

宋仁宗说："行行行，罢了罢了。"

而书生初入朝堂，就跟范仲淹一起上书，请朝廷改革官制，打破宰相吕夷简垄断进取渠道的现状。

没几天，被吕夷简给骂回去了，说范仲淹迂阔，半点政治不懂，就知道结党营私。

这话一出书生就坐不住了，从吕夷简的人品到执政这么多年的功绩开始进行全盘批评，作为一个喷子，火力极其强大。

所以书生就跟着范仲淹一起被贬了。

当时朝野寂寂，无人来为他们说话，书生不服，还写信给当时的谏官，说你是谏臣哪，你觉得范希文应该被贬吗？你要是觉得不应该，你为什么不出来说话？在其位不谋其政，你还知不知道羞耻啊？

这篇骂文迅速传开，满朝文武向那位谏官送去了怜悯的目光。

以书生的才华，这篇骂文大概会流传很久很久，这个怕惹事的谏官将要一直被钉在耻辱柱上了。

离开京城的时候，岳父兼师父胥偃曾遥遥来见过书生，他或许也问过书生，这何必呢？

书生没有话说，他想起另一位好心的朋友去送范仲淹，也劝范仲淹以后小心说话。

范仲淹回了八个字，如今他把这八个字再复述给胥偃。

"宁鸣而死，不默而生！"

几年后，范仲淹临危受命，去西北抵御西夏，击退元昊，收拢羌人，最终元昊向大宋称臣。

于是范仲淹重回朝堂，书生也被叫了回来，一群名臣在朝，要开始整顿吏治，史称庆历新政，石介兴冲冲地写了篇《庆历圣德颂》。

然而书生毕竟还年轻，只想着新政，只要把官员罢免一部分，再起用一部分清正之官，当然就天下太平。

而范仲淹更急，直接大笔一挥，就罢免一路官员。

书生还拍手叫好，觉得这种拿着俸禄不干活的官儿就该给他办了。

问题是官员都罢免了，一时之间再上哪找人干活呢，找来的人固然是清正的，但哪个年轻人刚去上任的时候，不是屠龙勇士呢？

这时候王拱辰跳了出来，天天挑刺，觉着范仲淹和书生到处乱搞，劳民伤财，百无一用。

反对者当然不止王拱辰一人，宋仁宗这位对谁都说好的主子，更没多么坚定。

书生气得天天骂，当然偶尔也会凑过去问范仲淹，说："咱们是不是太急了点？"

范仲淹叹口气，说："其实急的不是我们，而是陛下，陛下急着出成绩，我们便只能急着推行新政，罢免一路官员，大规模减少恩荫，即使只是这几个月，也能为国库补不少银钱。"

能为国库补钱没用，满朝文武身上的钱都被你扒了，那能不怼你吗？

那些天，全是攻击范仲淹结党营私的折子。

书生跳出来，义正词严写了篇《朋党论》，说："我们就是朋党，朋党怎么了，小人没有朋友，只有利益之交，君子才有朋党呢，'朋党'是个好词！"

范仲淹当场就是一呆。

范仲淹想："这是什么玩意儿啊，我没有啊，我哪就跟人结朋党了啊！"

范仲淹生无可恋的眼神传过来，书生作为最佳猪队友给他回了一个玉石俱焚的坚定目光。

这篇文章之后，攻击他俩结党的折子飞得更嗨了。

只是致命的一刀不来自这里，而来自奸臣夏竦假冒了石介的笔迹写了一封信，说："范仲淹等人正在谋划废立之事。"

这封信暴出来之后，别管事情有没有人信，反正是一时半会儿辩不清楚。

既然辩不清楚，那就不能在执政的位子上待着。

很快，范仲淹被罢，不久病逝。

石介更惨，不仅被罢病逝，而且夏竦还提诛心之论，说："石介其实没死，被新政一党派去契丹借兵去了，等兵马回来，又有内应，废立之事可成。"

宋仁宗说："那怎么办呢？"

夏竦说："无他，唯有开棺验尸。"

不仅要杀人，还要鞭尸，好在朝中清正官员还是有的，就算为了自身利益反对新政,但也还有些道德底线。

再加上书生洋洋洒洒,为石介写了首三百五十字的长诗,字字泣血,呼天抢地,朝野闻之无不动容,终于让死后的石介没有再次受辱。

那两年,书生被罢官外放,王拱辰因为太过刻意地打击范仲淹,名声渐臭。

离京的那一刻,书生回望汴梁城,师父前些年也病逝了,落魄的朋友贬官而去,反目的朋友王拱辰正与他遥遥对视,当年集体宿舍里张狂的少年,再也回不来了。

而到了外地,书生翻看着案卷,发现其中错判冤案、枉断无辜,不可胜数,遂一声长叹——

"穷乡僻壤,犹自如此,天下事固可知耳。"

于是放浪形骸,与民同乐,整日里醉倒山野,还说"醉翁之意不在酒,在山水之间"。

只是可惜,百姓欢笑而来,簇拥在我周围,却无一人能知我心。

很多年以后我才明白,原来《醉翁亭记》写的是这样一个孤单的故事。

书生后来还是回朝了,在其位谋其政,书生重振精神,又怼了不少人。

比如包拯。

那些年,朝廷任命某人当三司使,总揽财政,包拯查此人贪赃枉法,遂罢免。

后来又任命宋祁当三司使,包拯说宋祁他哥是宰相,不宜让他当三司使。

宋仁宗:"行行行,那你来当你来当。"

书生就坐不住了,书生就跳出来怼包拯,说:"你危言耸听,罢免了宋祁,你还要自己上任,过分了吧,有求官之嫌啊。"

当年包拯入京为官,还有书生举荐之力,包拯没法硬怼书生,于是就在家里藏了几个月,再出门还是上任三司使了。

几年前书生也怼过狄青,不过言辞很温柔,说:"狄青是难得的将才,但位置太高容易被利用。"

书生是想保狄青的,不想让他成为众矢之的。当年狄青被卷进西北贪污的大案里,还是书生一力保他,说:"狄青粗人,不懂律法,这事他不会知情。"

然而狄青被免官后,自己想不开,郁郁而终。

至于王安石,书生怼他青苗法不便实施,当然更怼不动。

天下,已经不是书生的天下了。

只剩斑白的头发,厚重的资历,让书生慢慢身居高位。

那年书生主持科举,中举的人有苏轼、苏辙、曾巩。书生还提拔过王安石,举荐过为天地立心的张载,他看着年轻学子,无比真切得发觉自己老了。

范仲淹、王拱辰,仿佛已是上辈子的人。

偶尔书生会想起他(一说朱淑真作)曾经写过的一首诗:

去年元夜时,花市灯如昼。月上柳梢头,人约黄昏后。

今年元夜时,月与灯依旧。不见去年人,泪湿春衫袖。

书生叫欧阳修,他们的时代已过去,而那个时代的气节,永远流传下来。

那年汴梁城里春风拂面，人满为患，又是各地的举子进京赶考时节。

每逢此时，相国寺里便挤满了香客，进京的士人多来拜佛，顺便问一问自己的前程。

人群中有个初到京城的书生，被朋友推着也到了神佛面前，朋友们笑着叫他求一签，书生笑着推辞，实在推不过，才上前求签。

书生说："未来可为良相吗？"

签卦解出来，说："良相恐怕不太行，有壮志难酬，国事终废之兆。"

朋友们纷纷安慰，说："毕竟没几个读书人能入朝拜相，或许以后你就是封疆大吏呢。"

只是这次书生没问求官之事了，他笑着又求一签，说："日后我可为良医吗？"

朋友们纷纷震惊，都说这从相国到医者，可谓天上地下。书生倒是不以为然，说："良相救国救民，良医济世安民，我辈读书人所求的，不就是这些吗？"

不为良相，便为良医。

这八个字从书生口中传出去，随着春风传遍了京城，很快全开封就知道这一届学子之中出现了一位觉悟奇高的年轻人。

当然，那天书生的心情不太好，因为他求为良医的签依然不太好。

书生心想，果然神佛都是骗人的，哼。

其实书生这么想也不全是赌气的话，他自小就知道靠天吃饭是靠不住的，凡事总要靠自己的努力。

如果说寇准、韩琦这样的孩子，是名门出身，天生起点就高，人家凭着高起点、高天资，自然而然就面对着高要求，那书生的努力，则是全凭个人心气。

书生四岁的时候就死了父亲，跟着母亲改嫁，改名，一路颠沛流离后，仍旧家境贫寒。

贫寒到什么程度呢，书生家里跟许多荒年的百姓一样，是经常没饭吃的。

只是大人不吃饭还好，书生年纪尚小，又在读书，饿着肚子头晕眼花，还怎么刻苦用功？

书生跟家里人说："不必担心我，我会照顾好自己的。"

遂把小米煮成粥，放上一夜，等小米粥凝固。第二天书生就可以用刀切开冷粥，当作主食，其余野菜腌菜当作下饭的菜，一天两顿，读书不停。

书生也不是丁谓那样的天才，做不到过目不忘，他学得也不快,只能夜以继日,废寝忘食。

到了晚上要是实在熬不住,今日的学习任务还没有完成,书生就用冷水洗两把脸,坐回去继续学。

这是一个特别平凡,特别普通的书生,用他强大的意志力逆流而上的故事。

所以这个书生也经常被用来作励志典范,只是这个书生终究还是与众不同的,太多读书人学成文武艺,是要卖给帝王家的,要把自己卖一个好价钱。

经历过贫苦生活的人,多半想的是我再也不要这样贫苦了。

而书生想的是,我要让天下间像我这样贫苦,乃至于比我更贫苦的百姓少一些,再少一些。

那年书生二十六岁,怀揣着以天下苍生为己任的抱负,步入了京城,一举高中进士。

进士及第以后,书生被派去做广德军司理参军,负责掌管诉讼刑狱。那时书生仍然很穷,只有一匹瘦马,来往在官衙与旧屋之间。

广德没有多少读书人,书生觉得这样的学风不太好,他找到当地的三位名士,要与他们一起推广学问。

三位名士心想,这人谁啊,刚来就要整顿学风,凭他一个参军能整顿什么?

这种态度书生当然也看在眼里,书生也不恼,只是淡淡一笑,少年时的寒灯冷粥在他脑海中闪过,接着化作一字一句的儒家经义。

那天，书生滔滔不绝，将儒家经义讲得分外透彻，三位名士目瞪口呆。

之后就传出三位名士拜书生为师，一起整顿广德学风的消息了。而广德这个地方，也因为书生的到任，中进士者日渐增多。

当然除了整顿学风，书生还是有本职工作的，天天骑着一匹又瘦又老的马去衙门里处理刑狱。

刑狱之事，不较真儿不行，没有证据更是不行。

然而这样一个极其简单明了的理念，在当时并不是很能被人接受，毕竟有了案子，就是当地太守不行，而有了案子迟迟不能结案，更是政绩上的污点。

所以仓促结案，屈打成招，也是常有的事了。

书生翻出了不少案子，一一顶了回去，太守大怒之下也不是没有骂过他，上面官员的愤怒，公门的挤压如钱塘大潮，要将书生湮没。

书生如青松，如巨石，就是屹立不倒，还半步不退。

三年任满之后，书生以刚直不阿，治狱清平为由升官，那年书生归宗复姓，恢复了四岁以前的名字。

这个名字会在二十年后名动天下。

而这二十年间，书生历任各地，曾目睹过黄海倒灌，一力主持修堤，也曾经历丧母之伤，回应天府守丧。

当年书生在应天府求学，如今再回来，已经被聘为应天书院的老师了。

书生讲学深入浅出，又常常在课堂上提及天下大事，都说老师、家长要身体力行，才能让学生、孩子耳濡目染。书生每每奋不顾身，为百姓操劳，提及国事也慷慨陈词，话语里的气节是无论如何都做不出假的。

应天书院里的风气当然就为之一振，读书人开始崇尚气节，摒弃浮华。

当时的应天府知府是晏殊，晏殊很看重书生，一力将书生推举入朝。

从此书生就走上了大宋文人都走过的路——怼人。

第一回合，书生怼的是当朝刘太后，上疏要刘太后还政给宋仁宗。那边刘太后还没做出什么反应，这边晏殊就慌了。

晏殊找来书生，说："你这是干吗呢，你这是狂言邀名！会累及举荐者的你知不知道？"

书生说："以前您举荐的后辈，对朝事一句话都不说，只懂得唯唯诺诺。这种人德不配位，您自己也觉得有些看走眼。如今太后秉政，天子成年，早该还政天子，此事人人皆知，人人不言，再拖下去对国事又有什么好处？我不是狂言邀名，而是直言劝谏，这才对得起晏公的举荐。"

这话说完，晏殊当场就哑火了，他也不能说我就想当个富贵闲人，不想为国出力啊。

只能摆摆手，叫书生回去。

这次上疏之后不久，书生果然被调到外地，调到外地还不消停，几次三番针对宫里营造殿宇之事上奏折，说这是大兴土木，劳民伤财。

刘太后怎么看怎么觉得烦，宋仁宗悄悄地给书生点赞。

所以当刘太后驾崩，宋仁宗亲政之后，书生很快又被调回了朝中。那时朝中众臣都已经明白时代变了，开始纷纷攻击刘太后执政时的疏漏。

这副嘴脸书生最看不惯。

书生又站出来，说："太后虽然秉政多年，但抚养陛下，又对社稷有功，还请掩罪藏恶，还天家一个体面。"

这就很老成谋国。

宋仁宗当然也乐得大度，顺手就采纳了书生的意见，只是宋仁宗没有想到，自己被怼的日子才刚刚开始。

且不说后面被欧阳修怼，被包拯怼，老了还被苏辙那小子怼。

只说面前这个书生，没过多久，宋仁宗不过是回复他奏折晚了会儿，书生就找上门来了。

宋仁宗说："爱卿，何必呢？"

书生义正词严，说："陛下，那是京东、江淮灾情的奏折，不及早派人安抚，会饿死多少百姓？宫中半日不食，试想陛下能不能忍？"

宋仁宗想了想，是挺饿的，于是叹了口气，说："成吧，那爱卿你跑一趟,如何?"

书生义不容辞,到灾区就是一顿开仓放粮,捣毁趁机敛财生事的神祠,置办茅庐安抚灾民。累了的时候,回头就见到饿极了的灾民正拿着乌草充饥,一股悲凉油然而生。

几个月的忙碌过后,灾情终于稳了下来,书生拿着乌草回京,摆在了朝堂之上。

天子与百官见之惊疑不定,说:"这根野草有什么出奇?"

书生退了两步,施礼道:"没什么出奇,只是想让陛下与诸位大人知晓,天下间还有饥民正以此草果腹。"

满殿君臣,一时寂寂。

处庙堂之高的贵人们,对江湖之远的百姓怎么过活,确实是不太关心,这根草给朝堂带来的震动很快就平息了。

取而代之的,是宋仁宗要废皇后的政治风波。

皇后是太后还活着的时候选的,天子亲政之后,便怎么看这个皇后都不顺眼,皇后还争风吃醋,要跟他宠爱的美人厮打。

宋仁宗就更不喜欢,所以当皇后与人厮打过程中,一时失手,一巴掌拍到了天子脖颈,这事就闹大了。

宋仁宗要借机废后。

无心之失,怎么就要废后呢,书生上疏阻止,被当时的宰相吕夷简趁机攻讦,再次被贬。

这就是书生的第二回合,正面硬怼宋仁宗,败北。

不过书生这次外任时间比较短,调任苏州知州,本来想在苏州安安静静的讲学,结果碰上苏州大水,淹没农田。

书生叹了口气,跟朋友说:"怎么百姓想过几年安生日子,就这么难呢？"

遂起身治水,导太湖水入海,修了几个月,连朝廷的调令都请朋友上疏说情,请自己留在苏州,修完水利再走。

有时候离得远了,还是会想起对方的好。

宋仁宗就是如此。

所以当书生朋友的奏折递上来,仁宗不免叹息,说:"书生真是公忠体国,心忧黎庶啊。"

于是书生治水完成后,再次回到了京城,升为吏部员外郎,并任开封府知府,一时间京城肃然称治。

只可惜许多整顿吏治的想法,都落不到实处,因为当初那个支持宋仁宗废后,并把书生弹劾出京的宰相吕夷简,正是把持吏治的大员。

这么多年的沉浮,书生也有些累了,目光中多少带着些疲惫。

就在这个时候,书生的同道们也终于先后来到了京城,这些人里有欧阳修,有梅尧臣,他们目睹吕夷简把持官员升迁,培植党羽,酒酣耳热过后,决定再次上疏,弹劾吕夷简。

这些热血书生的攻击,除了言辞犀利,令吕夷简大为恼火之外,还是一无所成。吕夷简回头奏了书生一本越职言事,离间君臣,刚回京不久的书生便又被贬了。

京城的南门外暮云四合，北风萧萧，书生对来送行的朋友们施了一礼。

抬头，目光里的疲惫更浓。

梅尧臣见了有些心疼，他知道面前的书生第一次来京赶考时，虽然谈不上意气风发，但胸中抱负也远超同辈，内敛的自负不输给任何人。

如今屡经坎坷，步入中年。

梅尧臣上前两步，把自己写的《灵乌赋》给了书生，里边说有一只鸟，飞过沼泽泥泞，但它没多看一眼，没多说一句，这样自己才能逍遥四海。

其实就是在劝书生少说两句。

书生笑了笑，明白了梅尧臣的好意，但他拍拍朋友的肩膀，也回了他一首《灵乌赋》。

书生说："我这只灵乌啊，宁鸣而死，不默而生！"

回头，向南而去。

几年后，元昊称帝，西夏立国，宋军三川口一场大败，使西夏兵马更加猖獗。边境无人，书生负天下大名，临危受命，坐镇西北。

当时与书生一起赴任西北的，还有他的老友韩琦，只不过二人战略不合。

西夏初立，元昊更是人杰，书生认为此时应该主打防守反击。韩琦断然否认，说西夏弹丸之地，没工夫耗费这么多钱粮，这么多时间,把大宋拖在这里。

如今大宋的财政如何,书生再清楚不过,但这毕竟是战事,一场败仗便是无数人的性命。

应当慎之又慎。

奈何韩琦没听,仍旧保持进取战略,书生力劝朝廷不宜反攻,可朝廷还是下了令。

四面边声连角起,千嶂里,长烟落日孤城闭。

那一年,出征反攻的宋军在好水川一场大败,书生的战略终于得以施行。

西北的风沙很大,书生四处奔走,筑城修寨,又提拔名将狄青,一步步把西夏给逼了回去。

浊酒一杯家万里,燕然未勒归无计,羌管悠悠霜满地。人不寐,将军白发征夫泪。

这首词就是书生在西北时所写,好在随着书生的白发渐生,经营西北的战略也逐步见到成果,西夏向大宋称臣议和了。

自西北回京,书生担天下盛名,这次回来,再没什么人能与他抗衡了。

入朝拜相,几乎是板上钉钉的事。

而宋仁宗这些年面对国库空虚,边境乏力的种种现状,也兴起了革除积弊的心思,任谁都能猜到,书生回朝,是要受大用了。

驻足停在城门前,书生两鬓布满风霜,满目尽是疲惫。

这时他早已不再年少,他知道天子在等着他,但他确实是累了，他忽然想起了吕夷简，自己如果开始改革，到时候用人提拔人，与吕夷简何异？

欧阳修说："当然不同，吕夷简为私，我们可是为公。"

书生长叹一口气，说："为公为私，谁又能说得清呢？"

那年宋仁宗亲自为书生摆放笔砚，端坐在书生对面，请书生下笔进言，领导变革之事。

面前的天子对自己如此敬重，书生也不由深吸口气，振奋精神，聊发少年狂思，把这些年的念头倾洒而出，为君报国，为民解负。

这场改革，史称"庆历新政"。

书生当然就是范仲淹，范文正公，只可惜庆历新政的手段太急，也太理想化。

名臣们要提拔官员，给他们设置层层磨堪考察，务求他们到任之后，也像名臣自己一样为官一任，造福一方。

没有利益的取舍，如何会有大面积的读书人为你奔走呢？

而没有新的利益集团产生，只损害了旧的势力，纵然国库与百姓能够受益，百姓人在江湖太过遥远，对国库受益最看重的天子……又着实是个宋仁宗。

耳根子最软的仁宗。

当时同为大员的夏竦，还有一批因为庆历新政，而不能升官，子孙不能直接补官的读书人，纷纷拔出了自己的刀。

刀刀都是诛心之言，说范仲淹、欧阳修结党，是要架空天子，独断朝纲。

范仲淹上表自辩的时候,欧阳修还写了《朋党论》,嗷嗷喊着:"我们就是朋党,朋党是个好词,只有君子才有朋党,小人只有利益,哪有朋党?"

范仲淹又叹一口气,眉宇间的悲悯与愁苦再难化开。

其实也有明白人来问过范仲淹,他见范仲淹手段太急,往往罢免不合格的官员,一笔勾去就能勾销一路官员。

朋友忍不住劝他,说:"你这支笔勾去,掉的可是一家人的眼泪。"

范仲淹说:"一家人哭,总好过一路人哭啊。"

朋友又说:"但你这样着急,恐怕没有多少读书人留给你用了。"

范仲淹没再说话,他抬头看向宣德楼的后面,朋友的目光随他望过去,忽然就明白了。

范仲淹当然知道自己激进了,奈何最着急的不是自己,而是宫里的宋仁宗。这位天子从来不是什么有魄力的大人物,他想起来变法,只是觉得国运不能在自己手中衰落罢了。

他急着见到成果,但他从未深思熟虑过,更没有负重前行的打算。

当流言甚嚣尘上时,当夏竦拿着模仿石介笔迹的一封信,诬告范仲淹等人准备效仿霍光,要废仁宗,立新君时,宋仁宗竟然什么话都不说了。

宋仁宗不说话,范仲淹就只能说话。

范仲淹请辞,短暂的庆历新政,就这样付诸流水。

离开京城的时候,范仲淹又想起自己中进士前去相国寺里求的签,壮志难酬,半途而废。

后来范仲淹便住在邓州,几年里教教学生,写写诗词文章,偶尔想起朝堂,还是会有片刻的恍惚。

他想,也不知陛下现在怎么样了。

随后他又笑着摇摇头,他知道现在想这些没有意义,但他还是忍不住会想,就像是他小时候切粥为食时,也会想为天下苍生多做点事。

只可惜,到如今,一事无成。

"居庙堂之高则忧其民,处江湖之远则忧其君",这篇《岳阳楼记》,也是范仲淹在邓州时写给好友滕宗谅的。

几年后,范仲淹几经调任,始终没回京城,六十四岁时,病逝徐州,谥号"文正"。

【孤独一生的包黑子】

从前过清明的时候，都与寒食节一起，朝廷法定假期，乃是七天。

那年又是清明，官员们都很欢快，商量着去哪旅游，跑去哪玩耍。

有个常年冷漠的书生跳出来，上奏说："七日太长，耽误工作，不如放假五日。"

宋仁宗沉吟半晌，准了。

其他官员一脸震惊，心想怎么会有这种人！

按常理来说，这种人一般都会被乱拳打死。

北宋那群高官又都是怼人能手，一人一句，随随便便就把这厮怼回去。

奈何没人敢怼。

毕竟书生威名太重，真怼起来，怕是满朝文武都不是对手。

前不久，京城权贵在河边修别墅，图个风景。

结果河道堵塞，发了大水。书生眉头一皱，当场把权贵的别墅给砸了。

再往前，主管财政的三司使贪污，被书生弹劾免官，而上任的新三司使宋祁，哥哥叫宋庠，恰是当朝宰相。

书生说你得避嫌，不然容易形成家族垄断，权臣窥政。

遂又被罢免。

不久后，那位宰相宋庠，也因为没啥政绩，被书生一道奏疏怼掉了官。

当然，宋庠卷入党争，不独是书生一道奏疏的功效。

只是书生这些年怼天怼地，屡屡把权贵高官拉下马，文武百官莫不惊恐。

所以不就是清明少放两天假嘛，随他，惹不起，实在惹不起。

连宋仁宗都惹不起，谁还敢惹这家伙？

后宫里还是有个撒娇的姑娘，不服，非要挑衅。

那年宋仁宗宠幸张美人，张美人时常给宋仁宗吹枕边风，想让他给自己伯父升官。

宋仁宗耳根子那么软，当然答应啦！

那天临出门的时候，张美人还摸着宋仁宗的背，说："官家别忘了封宣徽使哟。"

那天阳光大好，宋仁宗点点头去上朝，浑然不知即将发生什么事。

宋仁宗坐在龙椅上，清咳两声，宣布了给张美人伯父升官之事。

书生像可达鸭一样眉头一皱，跨步出列。

书生说："老张才能不够，圣上这样有做大外戚之嫌，无论如何都不能给他升官！"

宋仁宗头疼，说："那以后再说，以后再说行不行？"

书生说："不行！老张绝不能升官！"

仁宗满脸写着无奈。

那天书生言辞激烈，反复说了数百句，唾沫星子都喷到了宋仁宗脸上。

宋仁宗又能怎么办，宋仁宗当然只能默默把脸擦干净，然后说："行吧行吧，不升就不升。"

书生这才消停。

书生又恢复那张扑克脸，没有丝毫表情。

宋仁宗咽了口唾沫，有点尿。

回宫以后，宋仁宗怒斥张美人："宣徽使，宣徽使，就知道要宣徽使，你不知道御史中丞是谁吗？"

张美人委委屈屈，心想书里不都是这么说的吗，恶毒女配当宠妃，不应该要风得风要雨得雨吗？

不存在的，有书生在，谁都别想一手遮天。

所以清明放假五天这种小事，仁宗也不太敢驳了书生的面子。

那些年里，不知多少人后悔过，心想自己干吗就把这祸害弄进京城了呢？

比如欧阳修。

那个被书生怼到免官的宋祁,就是欧阳修多年的好友。

欧阳修吹胡子瞪眼,心想书生当初被贬,还是自己捞他回来,这家伙就不知照顾下恩人颜面吗?

书生:"颜面?那是啥?"

欧阳修恼了,上疏骂了书生一通,结果书生闭门不出,权当没听见,依旧我行我素。

其实欧阳修早该有心理准备,范仲淹庆历新政那会儿,书生连老范都怼。

书生说:"你派按察使监察地方官员,这权力有点大,容易滋生腐败呀。"

保守派趁机闹事,越闹越大,随后两派互相攻击,都说对面结党营私。

范仲淹分辩说:"没有,我真没有。"

欧阳修跳出来,说:"结党怎么了!小人逐利,哪有真正的朋友,君子才有朋党,朋党是好词!"

范仲淹生无可恋,无数次体会到了猪队友带来的伤害。

后来欧阳修、范仲淹都被罢免。

这事在欧阳修心里没留下什么阴影,那是不存在的,只是后来搞清楚书生的为人,没法子找他算账罢了。

能怎么算?你对他说范仲淹是君子,保守派都是辣鸡,有些事你不好直说,得维护着点。

那书生大概只回一句:"是非黑白都不能说了,你们改的是什么革呢？"

欧阳修知道必是这个结果，便也没再找他，只是在很多年后为宋祁出头之时，说书生没有政治才干，只懂得怼人。

这是改革派的怨念。

保守派怨念也不小。

有个叫王拱辰的，曾是欧阳修同学。书生来京后，是王拱辰举荐他当上御史中丞。

改革派被罢免后，书生又上奏疏，说："申请保留范仲淹的部分新法和人员。"

王拱辰横眉竖目，心想："你小子这是又干什么呢？"

奈何书生说得在理，改革派的人也没全部外放，还是借机给保守派添了不少堵。

就这么着，那些年书生在朝中，威望越来越重，朋友故旧却越来越少。

只剩天下百姓苍生，日日念着他的名字。

书生早已习惯，他从前在端州为官时，就已经习惯这样的待遇。

那会儿端州盛产砚台，每年除了进贡宫中，还要多造几十倍，给当地官员，还有朝廷权贵。

书生便废了这不成文的规矩。

有小吏很惶恐，说："大人你这么搞，我们怎么交差啊。从前来的大人都会多拿些砚台，如今您特立独行，您这名声传出去，从前的大人们岂不都有了罪过？小的们岂不也变作帮凶？"

书生说："那如若不改，劳民伤财，我又如何向百姓交差？"

《大明王朝1566》里有句台词，"放着那么多贪官不去抄，还要再苦一苦百姓，凭什么？权贵得罪不起，天下苍生便可以随意凌辱了？"

几年后，书生从端州离开，两袖清风，未曾多拿一方砚台。

其实许多年后，这些事情都模糊了。人们只记得他曾当过县令，断案如神，又曾任开封府尹，如青天明镜。

在他当开封府尹之前，百姓报案，都要先递状纸，而状纸经小吏之手才会上堂，其间多有徇私。

是书生大开正门，立上一面大鼓，说从此凡有冤情，皆可对本官面陈。

百姓齐呼包青天。

书生姓包名拯，大宋庐州包拯。

那些年京城有句话，叫"包拯笑，黄河清"。

包拯很少笑，要做青天明镜，就注定会万分孤独。

史称：故人亲党皆绝之。这七个字，字字冰冷而令人绝望，这样无边的孤独包围着他，他又如何笑得出来？

不过好在他还能长长一叹，说正道在肩，此生俯仰无愧罢了。

六十四岁那年，包拯与世长辞，在人人不言的朝廷里，化作一道夺目的光。

前几天，我与西北的兄弟喝酒，推杯换盏间都是大笑高歌。如今千夫所指，万人唾骂，我咎由自取，也曾了无生趣。

有人说："我不死不足以正国法，平民愤。"

黄沙大漠，扑面的风，天空中有几只白尾鸦嘎声掠过。

范仲淹与我并肩，他叹气说："你早知今日，何必当初？"

秋风凛冽，我闭上眼，衣衫和我的心肺，都随风瑟瑟发抖。

我叫滕宗谅，字子京。很多年前，与范仲淹是同科进士，我在京城里仗义执言，劝太后还政有功，几经蹉跎，来到西北抵挡元昊。

我刚到西北的时候，元昊大军离我只有数百里，羌族欲降，百姓惶恐，城池岌岌可危。

那年天阴数十日，像是一场暴雨随时会来。

我站在阴云下，召集兵马，吩咐他们定时查探后，便只身去往羌。

羌族的地盘里，刀枪的锋芒隐于帐外，宛如倾盆的大雨藏在云后。

我散尽家财，设宴请羌族的儿郎吃饭，酒肉上桌，刀剑在侧，我谈笑自若。

如果当时我死在那里，后来的种种是非，黑白善恶，都能尽早定格。

可惜羌族人没有杀我，他们与我碰杯，大声叫好，狠狠拥抱。

既然死不掉，那读书人应该建功立业，经世济民。

我又在佛寺追悼战死的士卒。

那天我环视台下，说："为大宋战死的兄弟，滕某绝不亏待，为大宋出力的朋友，朝廷也从未放弃，大宋江山永固！而一旦有人背信弃义，反复无常，大宋尚有良将铁军，千里万里，势必诛之！"

佛寺前，我抚恤阵亡士卒的家属，激赏出战过的羌族，终于稳住泾州城。

那场大雨没有落下，范仲淹领兵前来，他一战击退西夏，层云四散，天日昭昭。

范仲淹望着我，我跟他相视一笑，说："救命之恩，不醉不归。"

从那以后，我便一直待在泾州，我怎么也没有想到，再见范仲淹，已是我论罪之时。

那些年里，羌族外出征战，朝廷没多少犒赏。

有羌族人找到我，问我当初说的话还算不算数，朝廷是不是已经放弃了羌族,无力相顾?

我瞪了他一眼,说:"放屁,当然没忘。"

于是我挪用公款,犒赏羌族。

有了第一次,这种事便越发顺手,我不仅犒赏羌族,还接济游学的书生,赈济当地的穷苦百姓。

人们说我是青天老爷。

而暗夜里,我独对斑驳的四壁,知道我其实是个罪人。

东窗事发是必然的。

有御史查出了我的罪孽,数万贯钱从我手中挥霍而出,那是军费粮饷,或许在我看不见的地方,就有其他士卒,因此饿了肚子。

御史中丞王拱辰上疏骂我,说我沽名钓誉,中饱私囊。

范仲淹叹气,说:"你早知今日,何必当初,你第一次挪用公款的时候,就上奏,认罪,让朝廷再议如何拨款,不好吗?"

好,当然好,范仲淹从来如此,公忠体国,光明正大。

有时候我看着他,都会有没来由的嫉妒,这样的人可以赤心对天地,但我不行。

我无言以对,因为王拱辰说得对。

我喜欢书生传我的名字,喜欢百姓叫我青天老爷,也喜欢银子从手中流过,喜欢与羌族人,与兄弟们举杯欢宴的快活。

我对范仲淹说:"不必救我,我罪当死,我心底里清楚。"

范仲淹又叹气,说:"我怎么可能不救你呢?"

我便有些恼火,我对老范说:"你根本不清楚我的为人,你救我做什么?"

范仲淹又笑了,盯我良久,说:"不,我清楚你的为人,更何况我还是你的朋友,像你这样的人,不该一死了之,你死了,就是在逃你的罪。"

我沉默下来,望着范仲淹离去,回首处,仍旧是西北的漠漠黄沙。

那些天,黄沙淘尽了我心中惶恐,我想起从前与范仲淹同窗赶考的时候。

我醉酒站上桌案,说:"此生当经世济民,为官报国,无论何等境地,都不敢忘此赤心。"默默读书的范仲淹没忘,指天画地的我却忘了。

那年朝廷的诏命下来,贬我去往巴陵,巴山楚水凄凉地,很适合我这样的罪人。

范仲淹说:"赋诗填词,游山玩水,挺好的。"

我有点恍惚,没听范仲淹的话,只是对自己说经世济民,为官报国,须臾不敢忘。

范仲淹目光亮起来,说:"好,这才是滕子京!"

巴陵郡中,我深吸口气,胸肺里都是水雾与松风。

我刚到巴陵岳州的时候,这里很穷,我张贴告示,问民间有没有人欠债不还,如果有多年烂账,都告诉官府,官府让他们把债还上。

只不过不是还给债主,而是还给官府。

不少债主仍旧纷纷来报,能让欠债的吐出钱来,不管给谁,他们都心里痛快。

我拿这些钱,修建岳阳楼,修岳州书院,严肃法纪,整顿州里。

王拱辰还是骂我,很多年后司马光也不信我,说我如此手段,必定是在为自己敛财。

一日不忠,百次不用,这道理我明白,只有范仲淹还一如既往信我。

那会儿他也被贬官,听到岳阳楼落成的消息,给我写了篇文章。

"滕子京谪守巴陵郡,越明年,政通人和,百废俱兴……先天下之忧而忧,后天下之乐而乐……微斯人,吾谁与归。"

微斯人,吾谁与归。

山高水长,天地苍莽,原来我还可以与他范仲淹同归。

我站在岳阳楼上,悲从中来,痛哭流涕。

好在天下间,还有范仲淹。

而范仲淹始终视为同道的滕子京,在几年之后病逝任上,与世长辞了。

世间的忧与乐,谤与誉都离他而去,他家无余财,唯有门生故旧,桃李遍天下。

这就是《岳阳楼记》背后的故事。

　　小时候,家里很穷,村西边有三亩薄田,那就是我的生计来源。那年我还很小,时常在田间看着太阳下山,问哥哥山的后面是什么。

　　哥哥告诉我,山的后面是天下。

　　我的家乡在西河,曾经有个叫吴起的人,在这里变法用兵,名扬天下。

　　我想成为他那样的人。

　　哥哥就笑,说:"你倒是挺会做梦,有那工夫,不如帮我把地给翻一遍。"

　　我也笑,自信满满地说:"哥你一定没我快。"

　　俩人在田间忙起来,夕阳扯着我们的影子,去往多年以后的时光。

　　那年我十六岁,哥哥跟村里的恶霸斗殴,失手将人打死。我让他先回家,拜别父母,见他茫然远去之后,我自己去了衙门。

　　好在那名恶霸只是重伤,还未死透,我说是我行凶伤人,请大人治罪。

公堂上的县令很唏嘘,说:"你可想好了,刺字从军,受人白眼,以后再也当不了好男儿了。"

我点点头,重复了一遍:"请大人治罪。"

从此以后,我脸上就被刺了字,发配从军,去往京城。

离开西河的那天,哥哥哭得像个傻子,我冲他笑着摆手,说:"别哭了,我是去看看这个天下,是去当吴起的。"

哥哥哑着嗓子,说:"好,好,我弟弟该是天下间的大英雄。"

我笑了笑,戴着枷,冲他举手示意,头也不回地告别家乡。

其实这个世道里,当兵是成不了吴起的。朝廷都倚重书生,像我这样犯罪从军,脸上刺字的贱民,活下去都成问题。

所以我开始日夜苦练,要让速度与力量都提升到极致,这才不会随军出征的时候,轻易死在敌军马蹄下。

那年我在京城,还认识了一个名叫赵祯的人,很久以后,他有个庙号叫仁宗,史称宋仁宗。

我是他的殿前禁军,隐约与他见过几面。

我听说他能断人生死,掌人命运,但看起来他似乎也并不快活。

毕竟他身边那么多人,没有几个可信任的,天下这么多事要他来断,他又如何能断得清楚?

西北战场上,有党项人立国西夏,连战连捷,赵祯又很头痛。不久之后,赵祯下令,选些禁军中的卫士,去往西北,抵御西夏。

我昂然出列,应声前去。

同僚都笑我傻,说:"禁军多好,京城繁华安逸,有灯火通明不夜城之称,何苦刀头舔血,朝不保夕?"

我没有理他们,京城里多的是文人书生,每每与我半路相逢,书生唯恐避之不及。就连粗通文墨的妓女,目光望来,也满是鄙夷。

我偶尔听他们念诗,有句诗叫"冠盖满京华,斯人独憔悴",或许说的就是犯过罪的士卒吧。

我不明白,为何我那些同僚,竟能不以为意。

离开京城那天,我回望巍峨的城墙,告诉自己一定会再回来。

回来的那天,我要整座京城都敬畏我的名字。

西北风沙大,枯树,瘦马。

落魄的我和一柄单刀,这便是我从军时的全部身家。

那年我的上司是范雍,是个无能的好人,元昊派人告诉他不会进犯,他就轻易相信了。

三川口一场大败,无数将士战死沙场。

彼时范雍不让我们出击,我没听范雍的命令,那一夜我领兵出城,背后是几百个兄弟。

我举了举火把,脸上的光影明灭不定,我低声对他们说:"我们都是出身低微,有过罪行的人,天下就是战场,范雍这样的夫子有一次次重来的机会,但我们没有。"

沙场浴血,我们只能背着罪孽,闷头前冲。不能怕死,不能退却,否则便再无出头之机。

况且,那么多兄弟已在三川口枉死,他们跟我们一样,都想成为保家卫国的英雄,都想让天下人看看,为人不齿的士卒也能力挽狂澜。

可惜他们都死了。

倘若我们还龟缩不前,如何对得起他们,又如何对得起自己? 只是军法如山,私自出战,随我去者有性命之危,愿同去者,未必能够同归。

夜风凛冽,那几百名士卒沉默了片刻,先后零散地喊出声来,最后汇成一股巨浪:我等愿随指挥使出战!

我深吸口气,策马出征,那一战我们收复了几座营寨,与西夏守军连番苦战,鲜血在我眼前乱飙,也没人退却分毫。

西北军的同僚,远比禁军豪爽,生死看淡,不服就干。

那晚我们庆功夜宴,他们还会开玩笑,说:"你面如冠玉,宛如纨绔公子,怎么打仗这么拼命?"

我这才反应过来,说:"是不是不够凶悍,震慑不住西夏那帮孙子?"

同僚焦用哈哈大笑,说:"倘若西夏有个带兵的公主,你倒是能勾搭得住!"

我也笑,大笑高歌,饮酒纵马。

不久之后，我开始戴上青铜面具，披头散发，每战都冲锋在前，像是踏火而来的神。

那几年间，我中过八箭，身负重伤还是要身先士卒，大小二十五战，屠西夏六部，烧粮饷万石，西夏兵马望风披靡，无人能挡。

谁也遮不住我的锋芒。

几年后，我遇到一个叫尹洙的读书人，他说我是良将之才。

那天我痴痴回营，这是第一个赏识我的书生，我走进辕门，开始大笑，焦用那群兄弟都觉得我是伤着脑袋了。

其实他们不明白，在这个世道里，只有读书人才是天之骄子。

这些年西北连番大败，来的读书人也很多，天下知名的范仲淹与韩琦也到了，只可惜有文人的地方就有党争。

当我跟着尹洙见到韩琦和范仲淹的时候，就明白这两个人也不能免俗。

韩琦对我厚礼相待，笑得客气，说以后在西北还要仰仗我。范仲淹倒没说这些虚的，他教我读《左氏春秋》，说将帅不能只有匹夫之勇。

我知道范仲淹待我更好，我的名字还因为他传入了欧阳修的耳中，只是我却不能跟着他走，因为我第一个遇到的人是尹洙。

尹洙把我拉到了这些文臣面前,而尹洙自己是支持韩琦的。

文人之间的党争很奇怪,他们没有办法先把事情做出来,再切实去论究竟谁对谁错,往往是谁都别做事,先互相骂起来才成。

韩琦与范仲淹也是如此。

范仲淹对待西夏的战略是沉稳的,他要修筑城寨,打防守反击,逐步蚕食西夏。韩琦始终认为北方才是大敌,不能把钱粮都耗在西北,要一战功成,灭了西夏。

所以当尹洙的一名部下刘沪扩建水洛城的时候,矛盾便尖锐起来。

韩琦、尹洙下令要刘沪停止筑城,范仲淹上表朝廷,朝廷要派人来实地考察,确认水洛城是否有重筑的价值。

那两天尹洙的神色一直不太好看,他也下令罢免过刘沪,奈何将在外军令有所不受,刘沪称此刻卸任,前功尽弃,竟然就赖在水洛城不走了。

我再见到尹洙的时候,是他有事要我帮忙。

我知道他要做什么,物资就这么多,两种军略断然不能并存,所以打击水洛城是必行之事。

用乡间的说法,刘沪这么不给我老大面子,那我自然也不用给他留面子。

尹洙命我去抓刘沪,我跨马扬刀,冲入水洛城,以霹雳手段把刘沪送入囚车。

其实抓刘沪本不必把他关进囚车折辱他的，但他这样待尹洙，让我有些不开心，而且我隐约明白尹洙的意思。

只要钦差到来之前，刘沪死了，那水洛城究竟该不该筑，便也无从查起。

只是刘沪在西北名望不低，我与尹洙都不敢杀。

有时我也会望着天边苍茫的云，想我这一生所有的魄力都用在了沙场上，如果再次牵涉入朝堂之事，我只能进退两难。

进退两难，怎能全身而退呢？

水洛城最终还是筑成了。

尹洙被调走，好水川又是一场大败，证明韩琦出战的策略是错误的，乃至于路旁哭诉的士卒家属更叫韩琦羞愧到体无完肤。

其实韩琦这个人我很不喜欢，他每一步都走得很正确，即使偶尔走错了一点点，也很快能得到大家的原谅。

虽然因为他而受伤的人并不会原谅他，但大家会原谅。

我怎么都想不通他是如何做到的。

那年因为范仲淹的防守反击战略，拖了几年，我听命出击，把所有的政事抛诸脑后，刀光亮起的那一刻我仿佛重新活了过来。

我攻取金汤城，夺取宥州，整个西北都知道我的名字。

元昊挡不住我，也攻不进范仲淹的防御阵线，他没有办法再取战果，就只能议和。

这次议和,元昊说:"你们要给我钱,给我土地,两国交好,我就罢兵。"

大宋的士大夫很奇怪,往往听到别人议和,就想无条件同意。

还是做战不利的韩琦站出来,一口把条件咬死,西北领土无缺,又令西夏称臣,好歹让元昊有了些投降的样子。

所谓鸟尽弓藏,元昊投降后,尹洙因为水洛城的事调离了,我跟着调离了,毕竟是我抓的刘沪,他们这些西北豪侠毕竟能安定当地人心,我走好过他们走。

反正无论我去何处,一旦有风吹草动,就还能立功。

水洛城一事,归根究底还是韩琦的主意,所以韩琦卖了我一个面子,帮我调到了定州,镇守北疆,也算是独当一面的大将。

能独当一面的帅臣,才有机会再往上升。

那段时间,我就连看韩琦都更顺眼了些,我总觉得儿时的梦想在跟我招手,梦里的吴起飘出来,说我就是你。

只是我忘了一件事,吴起杀了自己妻子,才能求到领兵的机会,那我呢?

我要杀谁?

我要杀我的袍泽,我的兄弟,焦用。

当时我与韩琦都在定州,韩琦治军也有一套,整肃军纪时绝不手软,赏赐抚恤也毫不吝啬。

焦用就是这个时候撞在了枪口上。

人们说，焦用克扣了军饷，其实我的这些兄弟我自己清楚，谁都是小错不断，大错不犯。这年头当兵的全要受人白眼，只有手里的一点黄白之物才能让人安心……如果克扣军饷的数目不大，睁一只眼闭一只眼也就过去了。

显然，韩琦不这样认为。

韩琦执意要杀焦用。

这个消息传到我耳中时，我握住了腰间的刀，但下一刻我就把刀丢了出去，我在营帐里左右徘徊，最终决定冲到韩琦面前。

我忽然发现，原来我除了一身武功，并没有任何与韩琦谈判的资格。

而武功也好，战功也罢，韩琦并不在乎。

我只能跪在他的门前，对他讲我的道理，我说："军中兄弟，都是要把后背交给对方的，不可能对下属太过明察秋毫，水至清则无鱼。"

韩琦说："那是你的兵，不是我的兵，霍骠骑带兵，也没听说待下属如待兄弟。"

我没话说，只能喊："焦用是有军功的好男儿啊。"

韩琦在门内笑了两声，随口说："东华门内唱名而出者，才是好男儿。"

那天我没能救成焦用，他的头颅高高飞起来，我的心像是空了一块，我忽然很想回到战场，那里我可以纵横驰骋，我想去何处就去何处，我想做何事就做何事。

不必束手束脚，不必作茧自缚。

离开定州后，我回到了京城。

苦熬了十几年，我又一次见到了赵祯，他关切地问我西北的军事，还盯着我脸上的疤，说："爱卿劳苦功高，可以把这刺字除去了。"

我摇摇头，说："陛下提拔微臣，从不过问臣的出身门户，留着这道疤，正可以为军中做一榜样，好叫儿郎们都为陛下效命。"

赵祯的笑意更多了几分，我想我这番话说得应该很好。

那些年我终于进入了朝廷里的正经圈子，我开始当延州知府，我又回朝中升作枢密副使。

只是无论韩琦也好，范仲淹也罢，都与我渐行渐远了。

其实有时候我也会对别人说起韩琦，我想我与他之间不就只差一个进士出身吗？还东华门唱名才为好男儿，我若是早几年在朝，我若是进士出身，何苦像现在谨小慎微？

奈何我是武人出身，想再往上爬，就只能靠军功。

几年后，广源州蛮侬智高叛，连破九座州城，进围广州，岭外震动。

我知道，我的机会来了，我请命出战，我是朝中为数不多的帅臣，天子没有拒绝的道理。

当我来到南方的时候，官军有冒战失败的，还有我到之后仍不听号令擅自出战的，我把那擅自出战的人抓了，擅自出兵的尽数砍死在军门前。

文武众官，终于清静下来。

随后军队里只剩下我一个人的声音，我花了十天的时间整顿，了解我手下的兵马，十天之后又有敌军松懈，我的刀就出鞘了。

一昼夜飞渡昆仑关，迎击叛军，大败叛军之后追击五十里，一路遇城破城，遇阵斩阵。

如果朝堂都像战场这么简单就好了。

平叛之后，我回京成了枢密使，走在路上也有人客气一声"相公"，我想所谓天下英雄，莫过于此。

我当了四年枢密使，军中的威望太高，使京城里总有些关于我的传言。

反正说来说去，大概意思都是我可能要学太祖，学朱温，要黄袍加身，或者自立为王。

天子把我外放到陈州，史书上说我很快抑郁而终，其实我不是很抑郁，我只是想不明白，究竟朝堂之上的游戏是怎么玩的，为什么我无论显贵还是寒酸，人在京城，都像是处在空空荡荡的旷野上？

冠盖满京华，我像个跳梁小丑，斯人独憔悴。

可我不该是这样谨小慎微的小丑，我明明该是纵横万里的天下英雄。

我是狄青，狄汉臣。

其实提到深情的渣男，在北宋年间，无论如何都会令人想起柳永。

那年柳永还很年轻，想着天下之大，以自己的才华何处去不得？进京赶考的时候同样是一往无前，但觉必中。

只是没想到，自己竟然落榜了。

或许是酒后张狂，或许是年少轻狂，落榜之后柳永大笔一挥，开始写词。

黄金榜上，偶失龙头望，明代暂遗贤，如何向。未遂风云便，争不恣狂荡。何须论得丧。才子词人，自是白衣卿相。

烟花巷陌，依约丹青屏障。幸有意中人，堪寻访。且恁偎红倚翠，风流事、平生畅。青春都一饷。忍把浮名，换了浅斟低唱。

这首词写得好，既有年少书生的轻狂，又有对烟花女子的关怀，当然唱遍了京城。

乃至于唱到了宋仁宗耳中。

宋仁宗就算是个脾气好的皇上,也看不惯这种狂士,你可以说归隐山林,可以像张咏一样去华山修道,但你不能说皇家功名,不如烟花女子的低吟浅唱。

这就不是狂士,而是浪子。

既然是浪子,总不是朝廷需要的人,宋仁宗大笔一挥,说:"且去填词,柳三变这一生别再来京科举了。"

这消息传来的时候,柳永呆呆坐在灯前,美酒美人,都索然无味了。

其实读书人又怎么可能不想要功名,只是人在年轻的时候,总是喜欢对自己在乎的东西做出一副不想要的模样,这样当自己真的无法得到那东西时,可以保留一点尊严。

只可惜,傲娇一时,便可能错过一生。

日子总是要继续过下去的,既然是奉旨填词,既然是因为烟花巷陌才失了功名,柳永干脆就徘徊在烟花之地了。

更何况,这里面的姑娘最是薄情,也最是重恩。

那些关于爱情的体验,柳永一一记录着。

比如柳永刚刚认识了一个羞涩的小姑娘,洞房的时候年纪不大,尚未懂得风情。

"啊,小娘子好好看。"

"看这腰,看这身段,看这欲拒还迎的情意。"

"小娘子这是要脱衣服了吗?"

然后这位小姑娘就背对着柳永,灯光红烛,映衬着光洁如玉的背,肌肤如绸缎,侧颜如谪仙。

柳永眼巴巴瞅着,就等姑娘回身钻被窝。

奈何姑娘还是很羞涩,不好意思回身,只说:"你,你先睡吧。"

柳永心想这我哪睡得着啊,心说小娘子还是太年轻,一点都不懂得体谅年少气躁的难处。

不过,也分外的可爱啊。

争奈心性,未会先怜佳婿。长是夜深,不肯便入鸳被。与解罗裳,盈盈背立银釭,却道你但先睡。

这样的日子,在浓情蜜意的岁月里并不罕见。

那天夜里,柳永又早早躺在床上,准备拉上帘子开始欢度春宵,春宵苦短嘛,自然是想抓紧每一刻时间。

而姑娘还在桌前,说:"你先去睡嘛,正好暖暖被子。"

柳永想催她,又不太好意思。

姑娘脸红起来,说:"你等我给你缝完衣服,缝完我就过去。"

柳永也不睡,就在灯下看美人缝衣,时不时还发出赞叹,说:"你怎么就这么好看。"

欲掩香帏论缱绻。先敛双蛾愁夜短。催促少年郎,先去睡、鸳衾图暖。

须臾放了残针线。脱罗裳、恣情无限。留取帐前灯,时时待、看伊娇面。

两三年后,渣男柳三变就开始觉得有点不对。

他说:"二三载如鱼似水相知,尽意依随,奈何伊,恣性灵,忒

然些儿,无事孜煎。"

说我凡事都依你,你脾气越来越不好啦,天天没事找事。

废话,你天天在外边给这个妹子写诗,给那个姑娘填词,谁

不生气啊?

柳永说:"不是,那你当初与我结识,不也是因为我不在意风

尘女子的身份,一样对你很温柔吗?如今硬让我对她们狠下心,

我也办不到啊。"

那能怎么办,那只能走。

离开之后,柳永又开始后悔,开始觉得自己是不是真的可以

收敛些。

然后写词,翻来覆去,辗转难眠,痛苦是真的痛苦。

直到……遇见下一个姑娘。

又是浓情蜜意,又是情到深处,柳永丝毫不长记性,还答应

人家说:"定好日子,我赎你出去。"

然而他又是个穷鬼,他给姑娘们写词写诗混饭吃,哪来的钱

赎身?

到了约定的日子,没钱,柳永去找姑娘道歉,姑娘关了门不

让他进。

柳永就在门外跪搓衣板。

依前过了旧约,甚当初赚我,偷剪云鬟。几时得归来,香阁深

关。待伊要、尤云殢雨,缠绣衾、不与同欢。尽更深、款款问伊,今

后敢更无端。

今后还敢这样不守前约吗？

不敢不敢，那天柳永终于明白了，原来自己所遭遇的，并非才子佳人的美好爱情。

你我只是在风尘中短暂的相遇了，我落魄无路，你寂寞无主，目光碰触的时候，用温柔假装拥有体面的爱情。

其实对两条快要渴死的鱼来说，相濡以沫，不如相忘于江湖。

关于山盟海誓，从此绝口不提。

我要去奔我的前程了，希望你也早遇你的良人，就让我们在寒夜里的拥抱，只活在诗词里吧。

于是寒蝉凄切，对长亭晚，骤雨初歇时候，柳永与姑娘相别。

那一刻的千种风情更与何人说，都是真实的，此后酒醒后的晓风残月里，又与她人相依偎，也是真实的。

或许京城里也会传来消息，曾经的女友已经嫁作他人妇，柳永也会举杯遥遥庆贺。

希望来生我能功成名就，你恰待字闺中。

今生浪荡过了，不知我死的时候，从前与我相爱过的好姑娘，会有几人来看我呢？

罢了，不如相忘于江湖。

第三部分　人间风波恶，处处行路难

从前有个臭棋篓子,跟朋友下棋的时候,习惯落子如飞。

朋友说:"你这样下,肯定会输的。"

臭棋篓子说:"不存在的,你快下,快下。"

须臾之后,臭棋篓子果然就快输了,这厮皱着眉头,开始苦思冥想。

末了,他长叹口气,说:"下棋嘛,是件放松心情的事情,现在还要劳神费力,那岂不是舍本逐末? 不下了,不下了。"

朋友心底一惊,说:"你想干什么?"

臭棋篓子丢了棋子,就溜了,只留下哭笑不得的朋友收拾残局。

朋友在他背后喊,说:"你好歹也是才名动天下的人,能不能要点颜面?"

臭棋篓子不管,反正我是不会输的。

臭棋篓子确实很有才,二十一岁那年,就中了进士第四。

往前数,只有状元、榜眼、探花,但他是第四,就没什么名头。

朋友们有的安慰他,有的笑话他,那年他还很年轻,他还有许多许多朋友。

朋友们也都是书生,都指点江山,激扬文字,而臭棋篓子的文字,更是那批人里的佼佼者。

所以朋友们才能忍受他棋品又差,又不洗澡,不换衣服,说他像个囚徒一般,还在侃侃而谈。

罢了,朋友们想了想,这天天不洗澡还是忍不了的。

那年他的朋友约他去庙里一起玩,玩着玩着,朋友们就说去后面泡温泉。

臭棋篓子一脸茫然,心说泡温泉有什么意思?

朋友们不管,非拉着他泡进温泉里。随后朋友们把自己多带的衣服放在了门口,又把臭棋篓子的衣服一把扔进了垃圾堆。

泡完温泉,臭棋篓子神清气爽,看都没看就把朋友的衣服穿上了。

啧啧,清爽。

从此之后,朋友们隔三岔五就请臭棋篓子泡温泉,形成习惯之后,他才渐渐像个人。

其实臭棋篓子名震京师那些年,他本人已经不在京城了。

中举之后,他去往外地做判官,理论上讲,作为进士第四名,当一年判官就可以申请回京。

但臭棋篓子偏不要,还要在外地做官。

朋友们纷纷劝他，说："何必呢，你有这么大的才学，还是在朝廷里有用啊。"

臭棋篓子倔的不行，他看见民生穷苦，非要多看几眼，多做些事实验一二，才能以后在朝中做番大事。

这么有才，又这么有心，想提拔他的人自然就更多。

那位热心晚辈的欧阳修，就眼前一亮，很想把这个臭棋篓子搞到京城来玩。

奈何臭棋篓子正潜心研究治国之道，几封书信往来，还是没回京。

那段日子里，臭棋篓子仍不修边幅，但他娶了个媳妇，媳妇还有洁癖。

这就很尴尬。

有次搬家，官府里有张藤床，被媳妇带了回来。

随后小吏来要，府里的下人都不敢说话，生怕这是夫人最喜欢的藤床。

臭棋篓子就嘿嘿一笑，往藤床上一躺。

夫人的脸当场就白了，夫人说："你洗澡了吗？"

臭棋篓子笑嘻嘻："怎么可能呢？"

夫人就说："走走走，赶紧让人搬走。"

到了夜里，臭棋篓子过去跟夫人说："其实是因为藤床毕竟是官府的，拿回家不太好。"

夫人翻他白眼，说："那你直接告诉我不就成了？"

臭棋篓子说:"那么多人看着呢,你不要面子的啊？"

夫人心里就美滋滋的,甚至连臭棋篓子没洗澡都忘了。

夫妻二人的感情一直很不错,有次夫人不知怎么想的,可能是七嘴八舌的人讽刺她善妒,被舆论给影响了,想给臭棋篓子纳妾,还把姑娘都找来了。

这姑娘也是家里欠债被卖的,臭棋篓子花钱就让姑娘走了,说:"好好过日子,债我帮你还。"

夫人嘴上说:"你这样搞得我很难做啊。"

臭棋篓子就默默地看着她,不说话,看着看着夫人就忍不住笑起来。

这一生臭棋篓子都独妻无妾,夫人死后也没有再娶。

嘉祐三年,臭棋篓子被调任度支判官,这次他终于进京了,在宫里面见天子,而天子正在钓鱼。

臭棋篓子给天子写了一封奏疏,长达万余字,洋洋洒洒说了自己对国家积贫积弱的看法,并提出了相应的主张。

天子还没看,臭棋篓子的心事便不宁,所以当宫里送来小吃的时候,臭棋篓子就捡离自己最近的那一样吃掉了。

其实他一向都是这样的。

比如有人说臭棋篓子喜欢吃鹿肉,深知他为人的夫人就撇撇嘴,说:"肯定是你们把鹿肉放在他面前了。"

下人还没反应过来,夫人就把鹿肉端走,随便放了点什么在臭棋篓子面前,臭棋篓子还是只吃那个。

所谓无欲无求，两袖清风，夫人知道，自家夫君当得起这几个词。

奈何天子不知道，当天子回过神来的时候，发现臭棋篓子已经把他面前的一盘鱼食都给吃光了。

天子皱了皱眉，再看向臭棋篓子，顿时觉得这个人有点虚伪。

怎么会有人连鱼食还是小吃都分不出来呢？古人说大奸似忠，天子看臭棋篓子，就有点这个意思。

所以这次进京，臭棋篓子的一切主张都没有被采纳。

臭棋篓子沉默了一段日子，在京城里查查刑狱，写写诏书，极其闲散无事。

跟朋友们相处的好时光，大概除了刚来京城的光景，便是眼下这几年了。

四五年后，臭棋篓子的母亲病逝了，他回江宁守丧。此后朝廷再下征召，臭棋篓子始终没有赴任，就在山脚下的清凉寺里，偶尔给来往的学子讲课。

如果故事到这里就结束，臭棋篓子成为一代大儒，其实也算是个好结局。

只是臭棋篓子的满腔抱负推着他走，在无眠的深夜里点亮他的双眸，使他念念不忘，总是回首向北方汴梁。

那年，宋神宗即位，起用臭棋篓子为江宁知府，随后很快召他入京，亲自召见。

这时臭棋篓子的朋友们还很兴奋，心想那个两袖清风的书生又回来了，京城里终于又多一个吟诗填词的好友了。

没想到，这是他们最后的开心日子。

与这些往日里只会发牢骚的朋友不同，臭棋篓子看不惯工作中的许多制度，束缚着他，也束缚着国家，束缚着苍生百姓。

为官在外这么多年，书生已经试过很多法子，有许多法子他行之有效，利国利民。

如今回到京城，天子青睐，已经万事俱备，他便要动一动这个制度。

臭棋篓子是个射手座，射手座大多很浪，天不怕地不怕，十分有使命感。

这些在臭棋篓子心里，汇成了三句话："天变不足畏，祖宗不足法，人言不足恤。"

这个臭棋篓子，正是王安石。

王安石一场变法，激起了轩然大波，那些旧日的朋友，有的参与过范仲淹改革，有的政治主张不同，彼此开始互相抨击。

而变法的内容，更如一把利刃，刺进了这个国家的伤口之中。

这些伤口是怎么造成的呢? 韩琦家几代为高官，吕公著家几代为相国，青苗法限制豪强借贷便是动了他们的家产。

这么多年，因循守旧、恩荫的官员到处都是，庆历新政削了一波，很快便再度充斥天下，司马光古板迂腐，也要为降低恩荫站台。

这么多官员被胥吏玩弄在股掌之中，科举不该多考些策问吗？苏轼言之凿凿地说："科举主要在于识人，而不在于内容，策问也多的是纸上谈兵。"

过往的这些朋友啊，要么是仗着自身清正，内地里却别有用心，要么是用春秋大义，故步自封的可笑夫子，要么就是天真的年轻人。

能用的人，只剩下为了官位而来的蔡确，雄心勃勃的章惇，还有投机的吕惠卿。

这两派人撞在一起，各怀心事，口水变成滔天巨浪，淹没世间百姓。

那几年，国库是充足了些，那位跟苏轼同榜进士的王韶在河湟开边有功，在王安石的一力支持下收复了失地。

只是战事稍败，朝堂的攻击便来了，百姓受的损害稍多，各方的奏折也来了。

那位王安石曾经在清凉寺里教过的学生，一手提拔起来的郑侠，竟然还上了一幅《流民图》说这世间惨状。

这些惨状是谁造成的呢？

王安石盯着漆黑的夜色，他想不通为什么这些曾经的朋友都要跟新法作对，为什么不出谋划策，把阻碍变法的胥吏整顿好，把变法的内容再次整理好？

黑夜里无人作答，只有越来越深的黑暗向王安石涌来。

《流民图》里的惨状,总要有人负责,王安石早就想过今天,既然我站了出来,那天下罪责便尽归我身。

王安石上书请辞,这是他第一次罢相。

只是他没有想到,自己前脚刚走,吕惠卿就忙着夺权,甚至还把自己写给他的信拿出来断章取义,攻击自己,并且攻击自己的弟弟王安国。

朝中的故人给他写信,劝他回来。

刚过完年的王安石又从江宁回来,七日之内就到了京城,当吕惠卿见到王安石神鬼般出现在朝中时,整个人惊的话都说不出一句。

随后吕惠卿被贬陈州。

只是这次王安石人虽然已经回来,变法派内部的热情也已经不如当初,吕惠卿留下的旧部,王安石走后左右摇摆的官员,都开始心怀鬼胎。

于是党争继续,王安石那天资聪颖的儿子,就在这样的时局中病逝了。

白发人送黑发人,王安石但觉心力交瘁,不顾天子的挽留,执意辞职回乡了。

六朝旧事如流水,回到金陵城中,王安石但觉世事苍茫,曾经的雄心壮志,倒不如就停留在没出山的时候了。

往后的岁月里,王安石只短暂的出手过一次。

那是在他走后,党争朝着越来越无耻的方向发展而去,还有人设下文字狱，要杀苏轼。

王安石说了一句："安有盛世而杀才士？"

苏轼获救，多少也有他出的力，而他既然已经说话了，宋神宗当然就要叫他回来。

还是要变法，还是要富国强兵？改到故人反目，改到儿子已死，改到有的百姓深受其益有的百姓苦不堪言，改到王安石独对萧条的四壁。

那年宋神宗病逝，改朝换代，王安石和他的变法，都从朝堂上消失了。

夫人又陪着他回到山野间，说："风风雨雨这些年，都累了，到临老，也就安生过吧。"

王安石点点头，他须发皆白，遥望虚空，忽然想起很久以前，自己名震京师的时候。

他说："昔年好友交游甚多，皆以国事相绝，如今闲适，想重新写信问候，夫人觉得如何？"

夫人展颜说："好，给他铺开纸张，备好笔墨。"

垂老的臭棋篓子提笔，久久不能落下，写些什么好呢，早过了谈诗论词的岁月，他最终长叹一声，一个字都没能写下去。

"公屡欲下笔作书，辄长叹而止。"

放下笔墨，王安石生了一场大病，恰逢司马光入相，病榻上的王安石怅然失神，说："司马十二入相了啊。"

从此一生抱负，一生故友，都化作东流水了。

那年夫人病逝，偌大的天地之间，似乎只剩下他一个人，王安石缠绵病榻，回首此生，只换得痴然一笑。

他说："当时诸葛成何事，只合终身作卧龙。"

笔墨洒在屏风上，他望着这句诗，闭目与世长辞。

注：结尾处王安石题薛能这两句诗时，在侧的是侄子，不是夫人，略作改动。

从前有个书生，他爹给他取名叫侠，小时候书生经常问他爹："侠是什么意思呀，爹是不是要让我做个大大的好人呀？"

他爹摇摇头，说："不，爹只是想让你跟大侠一样可以大碗喝酒大块吃肉。"

书生的小脑袋上写满了问号。

书生他爹是个监酒税的小官，举家搬到江宁之后，生活质量直线下降。那天他爹指着小书生的弟弟妹妹，说："这一个个的'吞金兽'，爹这辈子怕是没大侠的生活条件了。"

小书生虽然不太懂，但还是拍着胸脯，说："爹你放心，我是哥哥，我一定会成为大侠，照顾弟弟妹妹的。"

当然很多年后，书生还是明白了侠这个字的真实意思，扶危济困，舍己救人。

这年头书生就怀揣着朴素的理想，过上了清贫读书的生活。江宁城里学问好的老师不多，前几年有个扬名天下的,未来还会入朝拜相的大人物来了。

这位未来丞相经常在清凉寺讲学,书生听说后,就租了清凉寺的僧舍,日夜苦读。

那时虽然书生自己很清贫,但仍乐于助人,秉持着自己一颗侠肝义胆,经常帮同窗干点力所能及的忙。

清凉寺里求学的人也有年纪大的,书生就帮他们搬书,也有穷到一天一顿饭的,书生就请他一起吃饭。

那天书生见到个衣服洗得发白的中年人,看起来比自己穷许多,瞅着那头发像个把月没洗,书生就请他洗头。

中年人驻足,定定望着书生三秒钟。

书生还很奇怪,心说我请你洗头有问题吗?

直到路过的同窗见到这中年人,毕恭毕敬地喊了声老师。

书生这才反应过来,自己撞见的是来清凉寺准备讲学的未来丞相。丞相冲他笑了笑,觉得这书生很有意思。

当然这一段史书上是没有的,只是后来丞相确实发现了书生特别刻苦,不由就对他上了心。

回头就时不时找书生聊天。

书生也很兴奋,他头一次见到这么有名望的大人物,这大人物还对自己这么好,不仅给自己讲古今大义,还派自己的门生来陪读,照料生活。

书生觉得,丞相就是自己的贵人。

丞相就笑,说:"你才是你自己的贵人,能勤学苦读,最是出色。"

书生一个劲儿地点头。

丞相对他的名字也感兴趣,丞相毕竟见多识广,他说:"你要记得你这时的清苦,天下间比你困苦的人数不胜数,以后你读书有成,莫忘了你的名字。"

侠不是请客吃饭,侠是孤胆掌孤灯。

那时书生年纪还小,还不懂得侠这个字的分量,只是开开心心地答应下来。

这几年是书生最意气风发的光景,清凉寺里秋风夏蝉,对月读书,日色好时,丞相会来请他吃饭,和书生一路谈经义,谈对天下时局的看法。

几年过后,书生进京赶考,高中进士。

但书生这时的兴奋之情,完全比不上又过两年之后,丞相被调入朝中,迅速升为执政官。

书生逢人就说:"这是名臣配明君,要变法振兴国家了。"

丞相也还记得书生,把书生调任,让其掌管一州刑狱,无论书生怎么开展工作,丞相都完全信任,挥手就给他批复。

当然书生也没有辜负丞相的信任,把光州管理得井井有条。

夜深人静的时候,书生经常对自己说:"士为知己者死,丞相就是自己的知己,自己该为丞相尽忠效命。"

三年之后,书生在外地的任期已满,要回京任职。

这三年之中,书生有许多话要跟丞相说,他要为丞相效命,要让丞相在青史里留个好名声。这些年丞相主持变法，他在外地见到许多变法带来的弊端，进京之后，他绝不能让这些奸臣小吏拖累丞相。

所以当丞相知道书生抵达京城，乐呵呵请他来家里吃饭的时候，迎头就被书生劝谏了。

满口都是新法弊端诸多，无法管束官员，丞相别受小人迷惑。

丞相还努力保持着微笑，他说："那要不你来帮我，你帮我变法，当然比那些人强。"

书生说："丞相，现在是变法本身就有许多问题，我当然要帮丞相，但眼下的关键是将变法内容再做调整才行。"

丞相脸上的神情渐渐冷下来，他说："如何调整，是不是要先停变法，再做调整？"

书生还没察觉丞相的情绪，只说那最好不过。

丞相闭上了眼，向后微微一仰，沉声说："朝令夕改，以后再行变法，哪还有人为国出力？你且去吧，或许是我这里不适合你。"

书生呆了呆，这才反应过来，他说："师父，当初是您教我读《孟子》，您告诉我民为贵啊，如今便不顾民生了吗？"

丞相睁开眼，望着书生说："只顾眼前，不计万世，这就是你的道理？"

书生说："没有眼前，何来万世？"

丞相大笑一声道："原来眼前种种，都是因我变法而生吗？"

书生怔在那里，的确，大宋胥吏已经为非作歹许多年，新法只是让这些胥吏多了一层盘剥百姓的手段，真正的弊病不在新法，而在胥吏。

那天书生羞愧地离开了丞相的府邸，只是书生沉思一夜之后，还是觉得不对，既然胥吏借新法之名为祸，那当然要在新法的条令上多加限制，才能真正利国利民。

想到这些，书生也不睡了，连夜起来给丞相写信，提出对新法的建议。

其中关于市易法中不对小商小贩收税等建议，都被丞相同意了。

书生很振奋，觉得老师还是相信我的！

然而没几天，书生就接到调令，自己被贬去当守门小官了。

书生满脑袋都是问号。

后来书生才回过神来，这是丞相生自己气了，把自己放到这来冷静冷静。

那书生能怎么办，当然也不能跑过去说："老师你这就傲娇了，你都一把年纪了，咋还跟我个愣头青较真儿呢？"

书生就只能乖乖去当守门小官。

只是书生在任的时候，汴梁城的风声大起来，先是保守党开始人身攻击变法派，可是丞相两袖清风，实在没的攻击，最多只能骂他大奸似忠，其他变法派全被从头骂到脚。

再后来丞相发了狠，把御史台几乎全给清了，但凡夸变法好的就给安排高位，不支持变法的全给贬出京城。

一时间御史台尽是对丞相、天子歌功颂德的。

书生在门岗上，手一哆嗦，心想老师你这么搞，怎么看都像奸臣了啊！

而且书生之后的几次进谏，丞相全都没听，书生又把听来的民生凋敝告诉丞相，丞相只说这都是保守党在京城散布的流言，不足为信。

书生越发沉默下来，他觉得丞相也开始走偏了。

时局如此啊，他当然也知道丞相如果一松口，变法的心血可能都会付诸东流。

但为了万世功，真的可以不顾眼前人吗？

其间，还发生了一件事，丞相又派人来找过书生，说："你想清楚了没有，想清楚就回来吧。"

书生说："我再想想。"

来人说："门口风凉，在这想着容易得病，文德殿里金碧辉煌，你不想去看看吗？"

书生沉默了片刻，忽然笑道："丞相如今看人，都是这般看法吗？我虽不才，名字里的侠字不敢或忘，用官位富贵邀我，无异于缘木求鱼。"

来人还想再劝，书生制止了他。

"门前清正之风，远好过殿内阴沉之云。"

这番话传回丞相耳中,丞相再也没来找过书生,夜深的时候书生也会问自己,这样值得吗,恩师的青眼,父亲的心愿,这么舍弃了值得吗?

还没问出答案,书生便撞上了一道洪流。

那年北方大旱,加上《青苗法》催逼得紧,多少富户破产,多少贫农流离失所,流民化作一道滔滔洪流,撞进汴梁城来。

书生站在门前,触目所及尽是衣衫褴褛的百姓,更有千里迢迢迢到了京城,却发现一路奔走而来的孩子已经死了,父母跌坐在道旁,失声痛哭。

那一瞬间,书生浑身冰凉,满脑子都是:我要救他们。

即使不变法大宋几十年后会亡国,那倘若变法会让这些人一批批的死掉,这个法宁可不变。

遥远的万世书生见不到,眼前的生离死别他也没法子视而不见。

处理了一整天拥进京城的流民,书生又拖着疲惫的身子去见丞相,只可惜烛火之下,丞相仍旧没有正面回应他。

丞相只说:"有些事不能摆上台面说,我会尽力救他们的。"

书生叹了口气,他说:"老师,如果不能摆到台面上说,又能出多大的力来救呢?"

丞相沉默了好一会儿,抬头说:"你回去吧,夜深了。"

书生点点头,施礼告辞。

往后的几天里,书生不断地写奏折上奏,却全被扣了下来,没有一封能到天子手中。

满朝文武,对流民视而不见,书生铤而走险,画了一幅《流民图》,塞入奏折中谎称军报,送进了宫中。

这一日，天子终于见到了苍生百姓，也再一次开始怀疑新法。保守党趁机发力，使得狂飙突进的变法戛然而止。

丞相上书,辞职。

保守党们欢呼庆功,他们找到了书生,要推举他入朝,要为他谋一个大大的前程。

书生推掉了这些前程,也推掉了所有的宴会,他孤身一人躲在屋子里，想起很多年前自己在清凉寺，丞相笑着请他回家吃饭。

自己确实扶危济困,舍己救人了。

原来负尽恩友,才能做侠。

丞相离开京城那天,书生远远的送过他,他没敢上前,也不敢不看。

这一次书生虽然扬名天下,但变法派也没那么容易失势,丞相手下的头号人物吕惠卿惯会揣度人心,硬是又把天子说得回心转意,重新启用了新法。

而吕惠卿还怕丞相回来,夺了他好不容易又拿到的位置,开始诋毁丞相。

用丞相私下里写给他的书信诬蔑丞相,还请求天子用处置被贬官员的办法来处置丞相,这些法子都没成功,他就开始四处攻击他人,树立威信。

其中就有丞相的弟弟。

当吕惠卿上疏弹劾丞相的弟弟时,御史台里鸦雀无声,只有书生远在宫门前,遥遥上了一封奏折,为丞相的弟弟说话。

当时人说:"言在监门,而台中无人也。"

只是吕惠卿势大,毕竟御史台中都是他的人,最终也不过是书生与丞相的弟弟一起被贬。

离京之时,弟弟与书生在道旁巧遇,彼时遥遥相望,弟弟先举鞭作揖说:"君可谓独立不惧,卓尔不群。"

书生回礼一叹,说:"如果丞相还在,那该多好啊。可惜丞相被小人所误,被时势所误!"

弟弟摇了摇头,他说:"兄长曾经对我说过,为人臣者不该避怨,正该天下怨责尽归于己,而后才能尽忠于国家,国事方可推行。"

马背上的书生忽然失神起来。

许多年前,清凉寺里的那个高大身影仿佛又回到他的眼中,丞相淡淡笑着,说:"郑侠,日后切莫忘了你的名字。"

是啊,这个侠字没忘,只是辜负了你。

天子如此,群臣如此,天下事如此,我是如何能怪得了丞相呢?

这位书生正是郑侠,丞相自然是王安石,丞相的弟弟叫王安国,当时郑侠在马背上沉默了很久,最终又对王安国说:"若是尧舜在上,忠臣满朝,岂会有天下人怨责……"

郑侠又摇摇头,忽然觉得自己也算不上什么忠臣,他拨马南下,去奔赴他的后半生了。

往后的几十年里,郑侠几次被贬,再没过问过政事,一心教书育人,年七十九,病亡。

从前有个书生,本来也能当个官二代,奈何他爹实在太菜。

菜到什么程度呢, 就是他的上司都看不过去了,指着他鼻子怼,说:"你要是不辞官,我就跟朝廷说,要朝廷解除你的职务。"

他爹说:"不至于吧?"

那位上司指着满桌子的公文, 说:"你自己看看,你能批复个啥,半点政务都不通,当个屁官。"

没法子,他爹就只能辞职,面子上还好看点。

于是书生就流落在陈州,从小过上了饥一顿饱一顿的生活。

只是书生异常聪颖,我怀疑是他爹把自己的智商都分给了儿子,只不过智商并不能使书生的生活变得好起来。

每每读完圣贤书,书生都会在冷硬的床上辗转反侧,似乎连自己的心也跟着硬起来。

书生想,以后我一定要拿功名,要富贵,要一人之下万人之上。

几年后的书生渐渐长开，不仅特别有才华，而且还格外潇洒，玉树临风，至于帅到底有什么用呢，显然书生又要给我们现身说法。

嘉祐四年，书生高中进士，被任命为邠州司理参军，立志要大富大贵的书生很快开始积累起自己的贪污经验。

因为经验实在不足，所以第一次当官，贪污受贿就被抓了。

而当上司问罪的时候，发现书生长得实在太帅，忍不住就多问了几句。那书生什么才华，给他个支点，迅速就与上司聊得火热。

上司一看，哟，这年轻人长得好看说话又好听，毕竟年轻嘛，谁没有行差踏错的时候呢。

遂免了书生的罪责，甚至还跟书生把酒言欢，要重用他。

从这里开始，书生进入了平步青云的节奏，当朝中大员来到当地的时候，书生摆酒请客，并在席间写诗夸这位大员。

由于诗写得极好，大员心花怒放，觉得书生是个人才，于是在有机会的时候，就推举了书生去开封府当官。

京城风光好啊，两岸杨柳飘，书生望着汴梁城的大门展颜一笑，跨马入京。

那时正赶上王安石变法，开封府的知府是个保守党，疯狂反对变法。书生刚到开封府，就已经想好了怎么更进一步。

当时有个不成文的传统，是新知府上任的时候，下属要跑过去庭参,一路小跑进官厅,冲着新知府参拜一番。

别人嗒嗒嗒跑过去了,书生施施然走过去,腰杆挺得笔直,丝毫没有参拜的意思。

知府就怒了,说:"你怎么不拜?"

书生说:"我为什么要拜?"

知府气极反笑,说:"千百年来都要参拜,你凭什么不拜?"

书生说:"没有千百年,只有百来年,残唐时节,节度使自己征辟幕僚,参拜是君臣之礼。同理,我朝太宗、真宗都当过开封府尹,参拜也是君臣之礼。如今你我同朝为官,我凭什么向你参拜?"

知府愣了半晌,想喷两句却喷不出来,一阵无能狂怒。

无能狂怒之后,知府就要弹劾书生不讲尊卑,书生也没理他,早就自请解除官职了。

书生这么能怼保守党,还对典故条例这么清楚,当然就被王安石跟天子大为赏识,迅速提拔为监察御史。

当书生立在文德殿中,嘴角不自觉浮上了一抹微笑。

这才是我的舞台,荣华富贵,即将唾手可得。

往后的几十年里,书生左右逢源,在官场上凭着一颗冷冰冰的心与洞察万里的眼光,始终屹立不倒,在王安石罢相后一路做到了宰相。

家财万贯,姬妾如云,其中有位叫琵琶的侍妾,最得书生喜爱。

那些年,名士风流,挥金如土,还能指点江山,翻云覆雨,书生但觉快意人生,莫过于己。

只可惜这样的日子总是有尽头的。

宰相名叫蔡确,在哲宗继位之后,他也渐渐被赶出朝廷。司马光这人比王安石还顽固,对变法的所有成果都反对,对待变法派的人就要一直打压。

蔡确作为变法派的佼佼者,被贬的地方越来越偏僻,一路赶到岭南,司马光就等他病死在荒郊野岭里。

其实蔡确也早已做好了心理准备,这么多年过去,他早就知道人世间的沉浮,更知道人世间的淡漠与疏离。

所以当他被贬到岭南的时候,妻子不愿跟他走,朋友躲避不及,他也早有预料。

他甚至还能养只鹦鹉,教他说话,自得其乐。

聪明人一向知道如何让自己不痛苦。

更何况世间还是有爱意的,那位叫琵琶的侍妾不辞漫漫长路,竟愿意与他同赴岭南。

或许是曾经的三言两语敬重,或许是过往的举手投足温存,姑娘就爱上了他。

蔡确笑了笑,说:"既然你愿意跟着我,那就一起走吧。"

那些年蔡确还跟鹦鹉练了个本事,他只要敲起响板,鹦鹉就伸长了脖子,说:"琵琶,琵琶!"

姑娘笑着走进门来,说:"什么事呀,老爷?"

蔡确呵呵笑着,说:"没事,就是想你了。"

奈何岭南多病，琵琶就病逝在岭南的瘴气里。

临终前或许琵琶还劝过蔡确，她气息微弱，努力笑着，说："你别太伤心，多吃多喝，别太早来见我，我不认你的。"

蔡确也含泪点头说："你放心，我的心很硬的，自从来了岭南，我就想到会有这一天，你安心走吧，我过些日子再去找你。"

琵琶说："要过很多很多日子。"

蔡确点点头说："自然是很多很多日子。"

那天琵琶辞世，蔡确给她办了葬礼，很快就像他所说的，过起了寻常的日子。

喝酒吃肉，交友吟诗，自得其乐。

直到某一天，凌晨酒醒的蔡确无意间碰到了那块响板，响板落地，发出从前的声音。

他霍然清醒过来。

紧接着，他就听见鹦鹉伸长了脖子，喊："琵琶！琵琶！"

声声如惊雷，刹那击破了他心里的层层铠甲。

蔡确突然痛哭起来，在琵琶死时，在琵琶的葬礼上，都不见他这样哭过。

原来那些痛苦，都深埋在心底，并不是消失不见了。

那天蔡确写了首诗：鹦鹉言犹在，琵琶事已非。伤心瘴江水，同来不同归。

落笔，蔡确的魂魄也随之飘零。

从此悒悒不乐，不久遂终。

从前有个书生有强迫症，自小体弱多病，药罐子里长大。闲来无事，就只能读书，同样是个罕见的学霸。

这位学霸读书，跟其他人还不一样，陶渊明同学是好读书，不求甚解，他不行。

书生读书，就一定要杠，还要杠上开花。

比如白居易写诗，说"人间四月芳菲尽，山寺桃花始盛开"。

书生就开始怼了，说："这是什么玩意儿，都四月了，桃花去哪开呀？"

又比如庄子说程生马，书生就一脸懵，说："程是个什么东西，它怎么能生马？"

家里人看不下去了，说："可能是春秋时候的异兽吧。"

书生一挥手，说："你们怎么这么没有科研精神，这种事怎么能说可能呢？"

书生抱着这样的疑问，读万卷书，行千里路，非要把这个东西给搞明白。

后来他到了延州,那里的人把虎豹这种巨兽叫作"程",他这才明白是什么意思。

书生说:"这是口音问题啊!不是程,是虫啊,大虫的虫啊!"

书生的这种强迫症,给后人留下了两种记忆。

一种记忆慷慨陈词,扬名天下,另一种记忆助纣为虐,令人不齿。

我们还是先看他如何一步步走到舞台之上吧。

那年他四十岁,前半生仕途坎坷,胸中一腔抱负,满肚子的经纶,只能在小地方兴修水利。

终于等到被调入京城,也不过是去当个图书馆管理员,研究天文历法。

有时候书生跟朋友喝酒,大家都已经安逸了,他们说:"就这样吧,做点研究,搞搞科技,我们照样还是名留青史的人。"

朋友说:"你想,千秋万代都用我们研究出的历法,不比朝廷里的那群人强?"

书生摇头叹息,他说:"如果给你一个机会呢,给你一个机会大展拳脚,你走不走?"

朋友沉默片刻,拍案道:"走,当然走!"

那会儿的读书人,还都心怀天下,吾曹不出如苍生何,谁不想建功立业呢?

彼时正是熙宁年间,王安石变法。

众所周知，王安石变法的时候，没什么正常人愿意帮他，但凡有才学的人站出来，就能为他所用。

有强迫症的书生，就在此时站了出来。

他干得很好，疏浚河道，主持郊祀，历年来无数贪墨的渠道，都被书生一扫而光，省下来数万两白银。

他还在荒年之中，以工代赈，把饥民都安排在工地里，着实为天下人分忧。

那天书生又走进昭文馆，他最后一次停留在这个地方了，他帮着往日的朋友改进浑天仪，修订新的历法。

临别的时候，他对朋友笑着挥手，说："我走了，我要去更大的天地了。"

朋友默然点头，说："外面风大浪大，你自己小心。"

那几年，书生觉得自己的时代来了，他事无不成，无论是赈灾，还是改良军械，甚至连两国纷争这样的大事，他都担下来了。

那年辽国犯境，小规模摩擦之后，非要重新规划两国疆界，要多拿大宋的三十里地。

谈判不合，辽国使者耍赖不走，定让大宋让步。

书生施施然走到图书馆，把以前两国商定的文件取出来，甩在使者面前，说："从来都是以古长城为界，你往南多要三十里，是何用意？"

朝廷大喜过望，赏了书生一千两金子，让他出使辽国。

书生学富五车，舌战群儒，从古代地理到两国历史如数家珍,驳得辽国宰相哑口无言。

辽相只能叹气,说:"为了这么点地,挑起两国纷争,值得吗?"

书生昂然说:"国家寸土不让,此乃国之道义,民之根本。"

辽相点点头,一笑说:"好,那你回国去吧,还依从前国界。"

两国到底也没有真的打起来,不过书生也没有立刻回国,他仗着自己脑子好用,偷偷把沿路的辽国山川地理给背了下来。

回国就写画成册,发给了朝廷。

辽国就很震惊。

书生还有许多个高光时刻,兄弟们都明白,古代扬名四海的书生,最喜欢干的就是跨界。

这位书生也一样,也跨界——领兵。

那些年书生驻防西夏,常常公款吃喝,把朝廷发来的钱请边民子弟喝酒打猎。

将军们面面相觑,生怕这老头被朝廷给抓回去。

然而并没有,老书生从边民子弟里拉起一支队伍,能征善战,硬是打了场大胜仗。

后来乘胜追击的时候,正赶上另外一路的军队撤退,书生眼珠一转,朝西夏放出流言,说:"自己兼领两路大军,要搞大事!"

西夏派出探子,发现果然到处都是宋军,根本没注意有一拨是从前线退下来的。

西夏军就溜了,城也不要了,粮食也不要了。

书生开怀大笑,尽数收下。

之后书生用声东击西的法子胜了几仗,在西北打出了些名声。

这时候,他人生的所有高光时刻都已经结束了,剩下的都是他为人不齿的历史。

那年朝廷里来了一个官员,是宋神宗的宠臣,一意孤行,要在险地建城。书生经纶万卷,熟知地理,他也知道那地方危险,打起来必会死人的。

但他没说。

他说:"好好好,您说是哪就是哪。"

事败,万余儿郎死在危城之中,书生也因此被贬官。

我们再往前追溯,书生还在朝廷中枢的时候,他那强迫症的本事,也用来整过人。

整的这个人是谁,大家熟悉,苏轼苏东坡。

那年书生去苏轼家坐了会儿,随便要了份诗稿,回头就开始杠,杠上开花,非说苏轼有诗外之意,是在诽谤朝廷。

这才有了后面的乌台诗案,苏轼险些身死。

固然书生没有要杀苏轼的意思,但苏轼把他当朋友,送他一本诗集,他回头就把苏轼给扔进了牢里,委实是个小人。

正如后来,他坐视那么多军中儿郎身处险地,一言不发。

他不是那么的怕死,至少他之前两国纷争,站在辽国境内的时候,仍旧是个昂藏的汉子。

他只是习惯了朝廷，习惯了政治，习惯随着朝野里的风浪左摇右摆。

很多年后，他辞了官，隐居在一个叫梦溪的园子里。

他回首这些年间的往事，会突然失神，种种光辉的时刻都已经在他脑海中模糊了，梦中只有死去的冤魂，以及仍旧笑嘻嘻的苏东坡。

他想：自己当初在昭文馆里多好啊，为何一定要出来见这些大风大浪呢？

梦中垂泪后，书生拖着病体，决定再给世间留下点什么，他要把一生的见闻，一生强迫症里落下的笔墨，都编纂成书。

遂有《梦溪笔谈》。

这位强迫症书生是沈括，写完《梦溪笔谈》的几年后，病逝梦溪园，一生功过，都烟消云散，这本晚年闲散书，反倒亘古不朽。

【繁华一梦，终究成空】

当书生还是一个少年的时候，他已经给自己定下了目标，他要一人之下万人之上。

还要扬名天下，造福万方。

弟弟就眨着大眼睛看他，说："我帮你我帮你，哥哥我们一起扬名天下。"

书生就笑，摸着弟弟的脑袋说："你先好好读书吧。"

其实弟弟跟书生一样，都是过目不忘的那种天才，年纪轻轻，就已经才名远播。

二十三岁时，书生跟他二十二岁的弟弟同中进士，他们看着京城繁华，不由相视一笑。

这注定是他们的舞台。

那些年里，书生跟弟弟都在外地做官，也会碰到饥荒的年景，土豪大放高利贷。

这俩人都有魄力，断然开仓借粮，压下了土豪的粮价，救助一方百姓。

这事被上面的人知道，宰相大为赞赏，甚至还把女儿嫁给了弟弟。

书生有点尴尬,心想:"原来主角不是我吗?"

弟弟想:"嘻嘻,可能我长得比较帅。"

那年的宰相,就是臭棋篓子王安石。

那年月朝堂不太平,王安石的对手太多,兄弟俩一起帮王安石做事就很容易成为被打击的对象。

书生在一起污蔑案里被牵连,仕途受阻,只能在京城做些文字工作。

有时候过年喝酒,弟弟也会安慰他,说:"我们还年轻,总有机会的。"

书生笑得很温和,他的目光悠远,说:"弟弟啊,其实我从来就没有担心过。"

"我注定会坐上相位的。"

那年书生三十六岁,为了给自己一个立功的机会,自告奋勇出使敌国,凭着不卑不亢,谈吐不凡,终于在回国之后步入中枢。

那些年里,天子病重,夺嫡之争水深火热,书生还是一头扎了进去。

而且出手特别狠。

当时的副相找到书生,说:"我们扶立雍王,有个老王要跟我们作对,怎么办?"

书生说:"杀了他。"

副相倒吸一口凉气,好好的读书人,怎么说杀就杀呢?

副相只用了书生计策的一半,便把老王骗到宫里,逼他改变主意。

结果老王刚烈得不行,根本不变心。

书生埋伏好了剑士,随时准备冲出去砍了老王,奈何副相始终也没敢动。

书生叹了口气,心想这蠢官离死不远了。

不久,雍王没立成,老王要扶的那位成了天子,副相被远远贬出京城,很快死掉了。

这位副相,便是"鹦鹉言犹在,琵琶事已非"的蔡确。

当时弟弟泪眼汪汪地瞅着书生,说:"哥啊,你说你跟着掺和什么呢,你是不是也快凉了。"

书生笑了笑,说:"我先垂死挣扎一下,不急。"

当时一位年迈的前辈重新回到朝堂,拨乱反正,把新法全部废除,重新启用旧法,新旧交替之间,只有书生凭自己强大的政治才能,在五天之内让新政令畅行无阻。

老前辈神采飞扬,说若是群臣都像他,这国家岂会是这个样子!

所以虽然后来清算副相一党时波及书生,但念及他是可用之才,终究没把他扔出太远。

几年之后,老前辈去世了,天子长大了,开始亲自执政,想搞些大事情。

书生这种能办事的人,自然又回到京城。

此时,书生四十七岁,官居翰林学士,四十六岁的弟弟,官居尚书右丞。

回到京城意味着更大的机遇,也意味着更大的风险。

那几年里,书生与弟弟得势过,也失势过,新法旧法交替,新党旧党,争得你死我活,乱象丛生之中,弟弟先被贬出京城。

而一向智计百出的书生,在谁都没有注意到的时候悄然搭上了太后的关系。

没人动得了他。

但书生还是离开了京城,去找他的弟弟。

弟弟泪眼汪汪,说:"哥,你不必为了我……"

书生:"我没为了你啊。"

弟弟的眼泪顿时就没了。

书生笑起来,他始终都是智珠在握,他说:"这是以退为进,等我回去的时候,太后会想起我这个不愿给她添麻烦的忠臣。"

弟弟:"那你还能回去吗?"

书生望向京城,说:"你看啊,那里的争斗从来都没有停止过,只是我们兄弟在那,目标太大了,现在我们都已经离开,你说他们会不会斗起来?"

书生笑得高深莫测,他躲开了朝堂新一轮的斗争,去泛舟西湖,在杭州城里诗画自得。

几年以后,朝堂乱糟糟一片,宫里的某位太监也恰好来到杭州时,书生动手了。

他拿出自己的书画送给太监,顺便也给天子美言几句。当今天子也是书画的狂热爱好者,书生的本事独步当朝,自然会被天子看中。

再加上后宫的声音,朝堂的混乱,想做点事情的天子自然又把书生拉了回来。

而书生曾经的对手已经位居宰相,当他看到书生的时候,心中警铃大作,他知道如果这次不能把书生压死,死的就是自己。

可惜,当书生站上朝堂的时候,宰相之势也压不住他了。

从书画谈到家国,书生早捕捉到了天子心意,他侃侃而谈,宰相几句争论,倒惹天子不快。

最终,书生随便揭发了一下宰相任人唯亲的旧案,就把这个持续数年的对手打了下去。

从此一人之下,万人之上。

弟弟曾经来书生的府上看过他,他们之间温和地笑着,弟弟恭喜哥哥终于如愿以偿。

书生含笑,说:"这一路也有劳你了。"

弟弟推心置腹,说:"既然已经走到这一步,是不是有些事情就可以停下来了?"

书生反问:"什么事?"

弟弟说:"比如结交宦官,还要推举这宦官统领三军,结交外戚,帮他们谋求官职。而为了结交这一切,哥哥你搜刮了多少银钱?如今大事已定,哥哥你想造福万方,该收手了。"

书生低头喝了口酒,风从眉间吹过,他笑着说:"停不下了,从一开始就停不下了。"

"停下,我就会死。"

那段曾经相扶持的兄弟情,最终还是崩散了,有人说是因为理念,有人说是因为争权。

最终,登上相位的书生党羽遍天下,他却成了孤家寡人。

他做过许多坏事:杀人、乱政、帮天子搜刮民财享乐不休,伪造了承平景象。

他也做过些好事,大规模的救济贫民,建设社会福利机构,大规模的兴办学校,在学校里招收优秀学子当官。

他这一生宦海沉浮,先后四次当上相国,最终也正如他所预料的——当他无法再登上相位的时候,他就已经死定了。

很多年以后,金军南下,老迈的书生举家南迁避难,只是避得了兵祸之乱,避不了天下悠悠众口,那些年他身居高位,只知逢迎上意,左右逢源,国事如此,又怎能走脱?

书生被贬而死,一路上遭尽冷眼,昨日种种恍惚间涌上心头,作词曰:

八十一年往事,四千里外无家,孤身骨肉各天涯,遥望神州泪下。

金殿五曾拜相,玉堂十度宣麻,追思往日漫繁华,到此翻成梦话。

　　这名书生，就是北宋著名奸臣蔡京。

从前有个不出名的战狼,少年时中了武举,开始去边境执行任务。

战狼嘛,性子都野,仗着自己身手不凡,显然不会是个中规中矩的主。

日常就是嗷嗷叫着:"我要打十个。"

上司劝他冷静,说:"不,你不要。"

战狼:"我想去辽国上京,砍了他们主子!"

上司:"不,你不想。"

反正基本就是这样的情况,某天喝酒喝多了,上司才推心置腹,说:"老子知道你厉害,以后你一定比哥哥我混得好。但这年头,你武人出身,再不改改脾气,迟早被人给玩死。"

战狼嘿嘿一笑说:"喝酒喝酒。"

那年有些悍匪在边境活动,不管你是辽人还是宋人,有钱就砍,来去如风,谁都管不了。

上司给战狼升了官,说:"这事交给你了。"

战狼分分钟就追到了悍匪老巢,然后,然后就发现这伙悍匪人还真不少。

都虎视眈眈,都凶神恶煞,盯着他像盯着死人。

战狼说:"打扰了。"

那悍匪岂能让他走,上去就是打,然后……然后就没打过。

史载这名悍匪头子被战狼"亲枭其首",死得贼惨。

当然,战狼的辖区既然在边境,肯定就有很多两国之间的小摩擦、小纷争。

比如辽人偷偷过来抢水。

这,犯我大汉者虽远必诛,战狼势必是不能忍,当场就打回去了,还恶狠狠划定了边界线,说:"你们一个都不能过来。"

兄弟们星星眼看着他。

没两天,辽人带着大队人马杀过来了,踏过战狼画的那条线,也不打架,没啥事,就为了抢水,就为了找回场子。

兄弟们瑟瑟发抖,这要是不上,有点丢人,这要是上吧,即使有支援会过来,那会儿自己怕是也死透了。

战狼大手一挥,说:"没事,别尿,干他们。"

于是他溜到高处,开始瞄准,搭箭,但见流星掠过苍穹,对面就有辽兵倒地。

箭无虚发,这谁挡得住啊。

辽人开始找掩体,藏在大石头后边,结果还没藏稳,就看到一箭袭来,稳稳射进了巨石之中。

只剩下箭羽,还在颤巍巍地摇。

辽人尿了,吓尿了,这一箭能射穿巨石还是人吗?

溜了,溜了,不来了,不来了。

三十多年后,战狼已经进京当了高官,契丹萧太师恰巧来访,两人说起边事。

萧太师:"哎呀,当初有个何巡检,我那些不成器的儿郎都怕他,后来听说他被调走了,你们大宋重文轻武,这人不会淹没在人海里了吧?"

战狼微微一笑,说:"那位何巡检,正是不才在下。"

萧太师吓了一跳,当即起来给战狼鞠了一躬。

那些年战狼执行过很多任务,去跟西夏打架,被一群西夏铁骑狂追。

战狼就箭如流星,穿透几层的铁甲,从追兵背后透出来,余势不竭,再杀一人。

西夏兵面如土色,不知不觉就慢了下来。

战狼再回头的时候一脸茫然,心想:人呢,咋都不追了。

因为这位战狼兄弟实在太优秀,被人引荐到京城给宋徽宗讲军务。讲得那叫一个清晰透彻,徽宗当时就感慨万分,说:"你这一讲,仿佛敌情都在我目中。"

于是给了战狼更高的待遇,让他去提点刑狱。

战狼说:"啥玩意儿?"

战狼说:"我好好一个兵王,怎么就变成神探了呢?"

没辙,这就是我大宋特色,只要看好你,你就要去当几天文官。

那几年战狼还当过知州,干的也都特别好,治水、护田,搞得有声有色……战狼渐渐也就开始被朝廷里的大人物给盯上了。

此后的朝堂上,战狼的位置起起伏伏,无论想做什么事都无人处理。战狼这才渐渐明白上司说的话,就自己这种活法,不知不觉就会得罪人。

毕竟你到了一个位置,你不站队,就会得罪人。

更何况,那还是北宋末年,靖康之耻,朝廷里到处都是推卸责任找背锅侠的大臣。

这会儿战狼还要进言,说:"不能把兵力都放在外边,真打起来也不能这么打。"

还没打败仗呢,王爷大臣都对自己的安排迷之自信,说:"你就听吩咐,上去打就是了。"

那是靖康元年的正月初二,刚刚过完春节,战狼就来到了沙场。

前方果然败了,金军南下,老弱残兵望风溃逃,黄河南岸无一人迎敌。

战狼孤零零的在斜阳黄沙里静立须臾,叹出口气,决定回京城去,把发生的一切如实告诉朝廷。

奈何越过山丘,才发现无人等候。

没人想让他回到宫里,没人想知道最真实的战报,这样才可以随便找人背黑锅。

战狼被关在了宫门外,朝廷又调了一拨人,交给战狼让他去守西城。

那年战狼六十二岁,他仰天长笑一声,泪水顺着白须落下。

这名将军叫作何灌,靖康的春节刚过,六十二岁的他出城迎敌,背城坚守三日,手杀数人,最终战死沙场。

茫茫热血,倾洒天际。

从前某个兵危战凶的年头，北方外族的铁蹄南下，几乎就要杀进王城。

这个故事的男主郭京是个兵油子，混迹在京城的十丈软红之中。

京城里的达官贵人都很悠闲，仿佛边关的烽火狼烟跟他们一点关系都没有，郭京的日常生活除了执勤，也没什么正经训练。

这就给了郭京发展兴趣爱好的机会。

郭京的兴趣是修道。

撒豆成兵、呼风唤雨，皆是道术。

郭京时常想，倘若我也有这种道术就好了。

游走在京城的长街上，两侧尽是红袖招，听说新近大火的美人还跟宫里的贵人搭上了关系。

郭京想，倘若我真的会道术，必定也能飞上枝头。

可惜郭京不会，郭京只会变几个戏法，使一招袖里乾坤撒出白磷，遥遥指出燃烧的桃木剑，便能点燃一株老树。

凭这一手戏法，郭京也在坊间挣了不少铜板。

那些年里，像郭京这样的小人物还在为生活奔波，劳碌在京城的繁华里，丝毫不知城外的天空下，将要发生什么。

当郭京从军营里回家，深夜沽酒时，万家灯火犹亮。

最近有高丽的使者过来进贡，舟车劳顿，浪费中原的民力财力，搞得百姓苦不堪言。

朝廷里有位新来的书生表示："搞这玩意儿干啥，高丽使者而已，给他脸了？"

然后这位书生就被贬了。

风言风语传到京城的角落里，郭京本来以为这就是朝廷好面子，书生拆穿了这些没用的，因此得罪了人。

结果听人说，书生是因为"所论同苏轼"，就被贬了。

郭京茫然，苏轼咋了，苏轼不是个特别有才华的人吗，这年头说话像苏轼一样都要被贬了？

京城里水太深，郭京表示他搞不清楚。

日子一天一天过，郭京还是混在京城里，当初从军时的热血被消磨干净，研究道术的热情也褪去。

只剩下务实的手段。

变戏法挣钱。

酒酣耳热的时候，郭京还会眯着眼睛呵呵笑，说："实话告诉你们吧，老子这都不是戏法，都是真本事，乃是上天星宿下凡！"

醉话又有谁会当真呢？

郭京醒了之后，都觉得自己演得太浮夸。

奈何市井小民，还真有当真的，三天就有人来问郭京要不要收徒。

郭京能怎么办，郭京也是要面子的啊，当然只能说："不行，不收，机缘未到。"

当然，遇到容貌姣好的姑娘，郭京也会眨眨眼，说："你待月明星稀夜，我去送你一场造化。"

龙卫军里也有嘲讽郭京的，说："哟，这不是仙人嘛，怎么没有荣华富贵，还杵在这呢？"

郭京就呸他们："老子那是大隐隐于世，红尘炼心，懂吗？"

这些年里，天下间发生过许多大事，北方的敌国灭了，更北方的新兴部落壮大，挟灭敌之威要再度南下。

京城里的人还是一如既往，说："中原有天命，天家有龙威，异族哪能入主中原哪！"

没想到，异族就真兵临城下了。

此时，许多年前吐槽高丽使者的书生也已经回了朝廷。

是金子总会发光的，他在地方上有功，政事上有眼光，早被调回朝廷，一步步官居丞相。

那几天亡国的阴云笼罩在书生头顶，他夙兴夜寐，食不甘味，苦苦找寻着力挽狂澜的办法。

终于，一段时间的不眠不休过后，书生疯了。

书生在一首诗里发现了一个人名，这人能在东南卧云，有神迹,精通神术,或许能救世。

随后书生就开始玩命找这个人。

最终,书生从龙卫军中找到了郭京。

那会儿书生派人去龙卫军中请男主,郭京正喝了酒,四面的弟兄冲他大笑,讥讽他又去骗人钱财。

郭京一扬手,酒洒了一地,他说:"老子今朝便要腾云去也,蝼蚁焉能知之?"

使者问他说:"你就是郭京?"

郭京笑起来,酒后的气度卓然,他说:"正是本仙。"

得闻这段消息,书生当时就拍了大腿,力排众议,说:"郭京就是为了这个时代而生的人哪!"

直到酒醒之后。

郭京仔细回忆了一番不久前的经历,恍惚间觉得自己是不是做梦了,但睁开眼之后望见华丽丽的卧室,他知道,自己怕是遇上事儿了。

演技爆炸,自己入戏太深怎么办。

书生不管。

书生两眼放光说:"您就是那个被上天选中的英雄吧!"

郭京斟酌着说:"我要说不是,你不会砍了我吧?"

书生眉头一皱。

郭京整整衣衫,说:"不错,正是本座。"

"都这种时候了,说实话是一定会死的吧,只能玩命装了啊,以后再也不喝酒了！"

几天以后，郭京忽然发现，自己好像多虑了。

那些从前他无法接触的，高高在上的，丞相也好，天子也罢，原来见识也如市井小民。

郭京说自己能呼风唤雨，他们将信将疑。

郭京变了个戏法，说："不好意思，其实我擅长的是撒豆成兵。"

天子、丞相说："厉害啊！请救我大宋江山啊！"

郭京心想，这朝廷里原来都是智障。

天下百姓何其无辜，摊上这么一群智障。

当然，这样的念头郭京也不过转了片刻，他也没那么高的觉悟去劝谏这些人，自己能把这个戏演完活下去，比什么都强。

那些天里，郭京仙风道骨，时常负手走着，站在城头上看敌兵攻城，箭矢落在身旁，仍旧可以谈笑自若。

书生说："哇，高人就是高人。"

郭京淡淡一笑，说："基本操作，都是基本操作。"

身为行走江湖多年的老油条，心理素质已然过硬，哪怕被人当场揭穿，你微微一笑，再微微一笑，别人说不定就以为是自己看错了。

于是日常显圣之后，郭京深得天子和书生的宠信，经常三天两头就去书生家里吃饭。

有时候书生还会跟郭京倾诉，说："肩上的担子重，身上的压力大,等到你一战功成,我就可以归隐山林了。"

说到归隐山林,书生就嘿嘿傻笑,说:"或许还能跟你一起修道成仙。"

郭京看着书生,目光贼复杂。

他是万万没想到,当朝丞相是个傻白甜。

酒喝多了,书生偶尔也会问郭京:"你到底行不行,今天有人来质疑你,被我怼回去了。你要是不行,我就只能以死谢罪了。"

郭京一哆嗦,心想:当初你找我的时候也没见你私下跟我商量啊,这会儿了我说不行,怕是死的不止你一个吧。

其实有时候郭京也会旁敲侧击地问书生,说:"你们这种人不累吗,天下人这么多,你照顾不来的,不如早早跟我回山修道。"

能跑赶紧跑,到时候被拆穿了也不会被砍死啊。

奈何书生不跑,书生虽然脑子坏了,但骨头还挺硬。他说:"你们修道的不懂,我们世俗人,总要担点什么。"

郭京低头看着杯中酒,默然良久。

或许是出于骗了傻白甜的愧疚,又或许是郭京本来就有些良心,他尽量在装神弄鬼之余减少朝廷的损失。

比如说,朝廷盼着他给士兵施法,驻守一方城门。所谓施法,就是你被强化了,能刀枪不入,快上。

当然郭京自己清楚,这不是让你快上,是让你快送死。

所以郭京决定不祸害正经军人,他找来大街上的流氓无赖,说："行吧，我这强化也是看缘分的，这些人有缘，我决定送他们一场造化。"

有正经武将想出去奋战，郭京还皱着眉说："你这个不行，虽然你体格不错，但你命中带煞，明年正月会死，出去势必乱了气运，不行不行。"

最终，招募三百人，施法之后让他们出城。

一群人站在城楼上，提心吊胆，唯独郭京还很冷静，嘴角带笑，仿佛一切尽在掌握中。

论演员的自我修养，也不过如此了。

书生当场就被折服了："哇，高人不愧是高人。"

然后那三百人就都死了。

书生目瞪口呆。

郭京也皱起眉头，楼上一群人怒目而视，他就只微微摇头。

郭京说："问题不大，一点小小的失误，你们等着，我亲自下去施法。"

郭京回头，冲那一群大佬淡定微笑，表示不要慌，场面都在掌控之中。

瞅着郭京的微笑，再微笑，大佬们就拿不准了，觉得或许……是自己的问题也说不定。

于是给郭京准备了绳子，让他给自己施法，出城迎敌。

郭京就拿着绳子，心里惊涛骇浪，路过书生的时候，郭京还深深看了丞相一眼。

这些天推杯换盏,傻白甜单方面的推心置腹,让郭京对这人观感很复杂。

"如果有多一根绳子,你会不会跟我走?"

这句话在郭京脑海中一闪即逝,像一道闪电,短暂的亮起在阴暗的天空中。

几分钟后,郭京顺着绳子出了城,一拐弯就跑没影了。

城楼上一群大佬呆若木鸡。

最呆的就是书生。

演技好把自己绕进去怎么办,没关系,喝两杯酒压压惊,再绕出来。

至于烂摊子怎么办?

问题不大,京城爆炸。

当日京城便自郭京所在的城门处被攻破了,天子、妃子、公主,都被掳走,成为阶下囚或是卑贱的奴仆,无论贵贱,皆受尽凌辱,京城里都是大火与惨呼。

那位书生为了保护太子,一并被抓走了。

有人劝过书生说:"不如逃了,敌人要的是太子又不是你。"

书生摇头说:"我宋之大臣,且太子傅也,当死从。"

这位书生叫孙傅,很快孙傅就死在了北方燕朔之地。

城破那天,郭京还没有跑远,他看着胡尘纷扬,隐约间或许也能猜到书生被抓。

他面无表情,站了很久还是转身离开了。

这就是靖康之难，也称靖康之耻，满朝公卿不信何灌，去信一场比闹剧更可笑的骗局。

　　北宋末年的朝堂上，衮衮诸公，皆不无辜。

第四部分　千古苏东坡

【楔子】

　　当年少的徐君猷踏入汴京时,他想过很多种名留青史的途径,或许是直言劝谏,或许是功在社稷,只是许多个春秋过去,直到他离开京城,两鬓萧萧,山水迢迢,那个读书人最终的梦想,他还是遥不可及。

　　元丰三年八月,徐君猷到任黄州,结识了一位人到中年,命途坎坷的书生。

　　几年后徐君猷病逝在退休路上,魂下九泉,忽然发现自己就名留青史了。

　　徐君猷一脸茫然。

　　九泉之下的读书人很多,懂行的凑过来一看就知道,徐君猷身上的书香气重啊,估摸能名留几千年不成问题。

　　这就不免有人凑过来问:"兄弟你是做什么的,搞了什么大新闻,能名留千载啊?"

　　徐君猷眨眨眼,说:"我也没干什么啊……"

　　这时不远处响起一个声音,那声音说:"嘻,这情况一看就是他没本事,多半是遇到个朋友,朋友随手给他写了点诗词祭文之类的,无意间带了荣誉给他。"

徐君猷尴尬片刻道:"还未请教,这位仁兄高姓大名?"

那人笑了笑,说:"不才汪伦,敢问兄弟你的朋友是哪位,能给你这么厚重的文气?"

徐君猷的脑海中立刻蹦出黄州书生的影子,他刚认识书生的时候,书生一脸的身心俱疲,两鬓星星,形销骨立。

只是当书生见到徐君猷带着美食好酒来访,抬头一笑,双眸之中像是平地卷起一阵春风,于是万树桃花刹那盛开。

望着那双眼睛,徐君猷怎么都不敢相信这是一个四十余岁,死里逃生的中年人。

想起这个朋友,徐君猷忍不住笑起来,他扬眉对汪伦说:"我这辈子平平无奇,所能一提的,除了治下百姓安宁之外,也就只有这一个朋友了。"

那位朋友,正是苏轼,苏东坡。

庆历三年，范仲淹带着一身风霜回到京城，他望着古老的城墙，双眼疲惫，腰背笔直。老范的目光随东风掠过汴河两岸的杨柳，掠过繁华的汴梁城，看见这座古城之中潜藏着的汹涌暗流。

范仲淹闭上双眼，抬手扬鞭道："进城吧，天下人还等着我们呢。"

这一日，宋仁宗召见范仲淹，授官枢密副使，三十三岁的官家凝望着五十四岁的老臣，缓缓道："大宋江山，便看卿等。"

范仲淹深吸一口气，肃然一礼。

关于新政的风波，很快传遍了汴京城，国子监的名笔石介但觉明君在上，忠臣满朝，痛快淋漓，遂作《庆历圣德颂》，天下读书人，莫不以先睹为快。

蜀中，眉州，天庆观。

最近张易简的心情很雀跃，他年少时也曾读书万卷，想过经世致用，虽然十几年过去，他只能穿着道袍，清心寡欲，但对满朝名臣的盛世景象还是心向往

149

之。

奈何张易简看不到《庆历圣德颂》的全文。

这两个月里，张易简四处联系自己山外的朋友，有人说近日会带来与他共赏，只是"近日"究竟是何日，谁也说不清楚。

张易简很焦灼，这点连跟他上课的稚龄童子都看得出来。

天庆观名为道观，其实还有些别的活动，张易简在道观的北极院里办了个小学，为稚龄童子开蒙读书。

以前，学生们上课玩闹，张易简最多沉声喝止，这两天直接叫学生们抄书了。

其中有个受罚的孩子不服，他跟自己的同窗说："陈太初，你觉不觉得自家先生变了？"

陈太初没有被罚抄，小先生一般正襟危坐，捧着本书煞有介事地读，对同窗的提问像是完全没有听到。

同窗显然很明白陈太初的性子，他叹了口气，揉了揉稚嫩的手腕，继续抄书。

当课间来临的时候，陈太初才捧着书悠悠开口，说："我认为没变，只要你莫再乱讲话，先生就不会罚你。"

同窗甩了甩手，腮帮子有些气鼓鼓的，他说："陈太初你不必讽刺我，先生肯定变了，变了肯定是有原因的，你不好奇？"

陈太初正襟危坐，眼神却有点飘忽，忍不住偷偷瞄了一眼同窗。同窗嘘了一声，一双大眼睛里泛起笑意，伸手指了指张易简。

张易简正盯着山门。

陈太初的眼神飘过去，又飘回来，他轻声说："先生在等人？"

同窗激动起来，说："我知道先生在等什么人，我娘在家等我爹的时候，就是这种神情，三步两步一回首，先生一定是在等他夫人！"

陈太初不屑，说："先生是出家道士，要修行的，哪有夫人？"

同窗说："所以才令人激动啊！"

陈太初一震，终于不再保持正襟危坐，脑袋转过去，也随同窗一起睁着大眼睛看向山门。

西风乍起，卷过山路上的落叶，张易简眼前一亮，山门外有道熟悉的影子拾级而上。张易简三步并作两步，上前迎过朋友，哈哈大笑就揽住了朋友的臂膀。

随后快步走进了后院屋中。

陈太初充满好奇的大眼睛又如古井变得无波，甚至还淡淡扫了同窗一眼。同窗的脸还红着，不过刚才是因为激动，现在是因为尴尬。

同窗还是不服，他说："为什么先生会因为等一个朋友变化这么大呢，他们会聊什么啊？"

停顿片刻，同窗眼睛里又开始放光，他说："陈太初，你去不去听？"

陈太初犹豫片刻说："君子非礼勿听。"

同窗跳起来，凑到陈太初旁边说："我们才多大啊，我们还没学完学问，做不了君子。既然不是君子，当然就可以听。"

陈太初想了片刻，觉得很有道理。

道观的后院人烟稀少，陈太初跟同窗悄悄溜过去，正听到张先生跟朋友高谈阔论。朋友自京城而来，所说京城繁华皆是盛景，令偷听的两个孩子一时神往。

片刻之后，张易简终于等到朋友拿出那卷《庆历圣德颂》，二人一起低声诵读起来。

陈太初的同窗调皮起来胆子就大，此时探出脑袋，趴在窗户上向里瞧，将这篇《庆历圣德颂》尽收眼底。

陈太初眼睛瞪得老大，他伸手拽同窗的衣服，低声催促道："快下来！"

同窗充耳不闻，还对这篇文产生了浓厚的兴趣，不由跟着默读起来，默着默着，也不知是哪一句，忽然就读出了声。

西风吹来，没有吹老梧桐树，八九岁的陈太初觉得自己被吹老了。

两位长辈回过头的时候，同窗还沉浸在文章之中，浑然不觉，只有拉扯着同窗衣服的陈太初对上了那两位的目光。

陈太初头皮发麻，身为好学生的自觉令他立刻松开了同窗的衣服，并低眉袖手，道了句："先生好。"

同窗这才反应过来，抬头一看，两只眼睛忽闪忽闪，脑子一抽说："啊，真巧，张先生也在啊。"

陈太初尬到想哭。

两个孩子站在窗外,两个中年书生立于桌前,朋友与张易简对视一眼,笑道:"蒙童向学之心倒是不浅。"

张易简得见京中故交,又睹新文,心中焦灼顿去,朗然笑道:"向学之心未必深,好奇之心更胜罢了。"

陈太初垂首应是,同窗竟还是不服,同窗说:"好奇之心,也可以化作向学之心。"

张易简问:"如何化作向学之心?"

同窗说:"我以好奇之心来到先生这里,却见到了一篇奇文,这才生起向学之心,不然才不会发出声音被先生发现。"

张易简的朋友哈哈大笑,逗这个八岁的孩子说:"那生了向学之心,又能如何呢?"

同窗说:"自然是能多记一篇文章。"

这下张先生的朋友的笑意就不是那么浓厚了,他摇头说:"念你年幼,故可以巧言跳脱,但不可大言欺人。"

同窗的笑意倒多了起来,陈太初在旁边叹了口气,觉得自己又要见证同窗的人前显圣了。

"我才不会大言欺人,如果先生不信,我这就背给你听。"同窗笑着回答,答完之后也不等张先生与他的朋友再做回应,便直接背起《庆历圣德颂》来。

洋洋洒洒数百字,同窗尽诵其词。

朋友神情一震,问张易简道:"这孩子天资聪颖啊。"

同窗笑得更开心,不过他还有话没问完,背诵过后,关于这篇颂文里的种种人物,他还都不清楚,于是又问道:"这里边说的仲淹、修,都是什么人啊?"

张易简挥了挥手说:"八岁孩子何必知道他们? 你现在的任务,就是回去抄书。"

同窗心里一咯噔,但更多的是一股倔强感涌上来,他仰着头问先生道:"为什么我不能问? 这些人是天人吗? 是天人,那我就不问了,那如果跟我一样是人,将来我也能像他们一样,我又为什么不能问?"

张易简眉头一挑,他的朋友在旁赞道:"这童子好气魄!"

朋友又转头看着张易简道:"这个……这两个孩子,究竟是什么人?"

陈太初再叹一口气,觉得自己又成了背景板。

张易简指了指陈太初道:"这孩子叫陈太初,恭谨治学,聪颖守礼。"

至于陈太初的同窗,张易简指到这个孩子不免开始苦笑,他说:"今后二十年,我或许能以此子为荣,不过此时此刻,我实在不想要这等荣耀。"

"他叫苏轼,眉山苏轼。"

大宋的子民还是好啊,民心可用。

下午六点,我忙里偷闲,还写了首诗。我又想起在密州擒贼抗旱之后,潇洒打猎喝酒的日子,这次抗洪之后,我痔疮也该好得差不多了吧。

晚上七点,雨又开始下。

晚上七点十五,瓢泼大雨,狗老天,狗王安石。

晚上七点半,黄河水又开始涨,我立在草庐前,刚换上的衣服又已经湿透,天色早黑,火把不燃,我让百姓先行回家,士兵训练有素,能在夜间守堤坝。

还有百姓不走,说:“知州不走我们就不走。”

啊,这群傻子。

晚上十点,洪水反复过几次之后,终于又平静了一会儿。我靠在草庐上睡着,又梦见在密州谈诗饮酒的时光。

那是文人墨客的风景,等我做完百姓父母官事,就去看看风景。

晚上十二点,夜,抗洪还在继续。

这样的日子,苏轼过了很多天,大水穿过城下,泥溅城头,水深能有二丈八尺九寸,苏轼始终结庐城头,不肯退。

最终筑堤九百八十四丈,号召全城官兵百姓,将洪水死死堵在了徐州城外。

苏轼抹了把头上的汗，觉得自己特别棒，心想改天跟朝廷请个功，完事还是回江浙找个繁华地带当官吧，山东太累了。

这时的苏轼还不会想到，当他如愿以偿，在四十二岁那年去了湖州，会突然遭遇人生中最大的危机。

注：苏轼徐州抗洪见于《宋史》，做茯苓饼治痔疮见《与程正辅书》，给王安石起外号叫野狐精种种，应是后来在金陵之事。

最近汴京城里的风声很大，变法的新党几次入宫面圣，中书丞李定日日面沉如水，走过宣德门的时候虎虎生风，像是赶着去投胎。

反正驸马都尉王诜心里是这么骂的。

其实京城里没几个人看得起李定，这年头为了当官，连母丧都不报，自己娘下葬都不陪在墓前，迟早要被记在奸臣传里。

见到李定又急匆匆地出去，王诜还好整以暇坐在御街两侧的长廊里，伸手要了份干脯。

同僚们笑着低声道："苏子瞻近日为朱寿昌寻母之诗写了序，你们看没看？"

王诜当然看了，嘴角不禁浮起一抹笑意，吃着干脯道："子瞻笔力如刀，还是一如既往，明里说朱寿昌孝感动天，又提了一句闲笔，说世上有不养母者，竟无羞愧之心。这话想来李定也见到了，所以这些天才如此难堪。"

同僚道："不得不说，骂得痛快！"

王诜跟着低笑，正准备再吃些东西就打道回府，州桥方向忽然传来了脚步声。匆匆而来的脚步声很快响过了相国寺，穿破了晨雾，闯入王诜的视线之中。

那是王诜府里的亲随，快步跑来已经气喘吁吁："驸马，祸事了！"

王诜还很平静，说："临大事须静心，慢慢说。"

亲随道："李定接了诏命，正四处寻人派遣，如今虽然还没人受命，但想必很快就有了。"

王诜道："什么诏命？"

亲随喘息已定，一字字道："赴湖州，抓苏轼！"

王诜霍地一下站起来，大声道："李定凭什么抓苏子瞻，就凭苏子瞻骂了两句全天下人都该骂他的话？"

亲随被王诜吓了一跳，有点呆。

同僚轻咳两声，拽了拽王诜的袖子，低声道："临大事须静心，晋卿别急，别急。"

王诜甩掉同僚的手道："静个屁的心，苏子瞻都要被抓了！"

亲随这才反应过来，以极快的语速道："苏轼写了《湖州谢上表》，里边有两句'陛下知其愚不适时，难以追陪新进；察其老不生事，或能牧养小民'。人们说这两句讥讽了朝堂新贵，说这些人尽是一味生事，四处扰民的乱臣。随后也不知李定他们说了什么，大抵就变成了苏轼反对陛下制定的国策，肆意攻击朝政，不敬朝廷，陛下大为恼火，要抓他回京！"

王诜立在廊下，愣了几秒，脑海中转过这些罪名对应的刑罚，最终忽然反应过来。

这是没有固定刑罚的！

说得轻了，讽谏政事不过是罚俸两年，说得重了，不敬君王能砍头抄家。

王诜目光一变，对亲随道："即刻动身，去湖州……不，去南京找苏子由，让他再派人去湖州通知苏轼，生死大事，早做安排。"

刚刚跑过来的亲随施了一礼，又迅速消失在京城的晨雾之中。

无论什么时候，永远不缺只为眼前利益奔波的人，固然李定在找人抓苏轼的过程中遇到了一点点坎坷，最终一个叫皇甫僎的人站了出来。

皇甫僎站出来后，沉默片刻，才沉声道："下官愿赴湖州。"

那天京城里先后奔出几匹快马，疾驰向南，黄土扬起两道黄线，其中一道先行，于是先到了南京。

南京城(今河南商丘)中，苏辙还悠然自得，汴京的消息没传这么快，更早到他案头的，是自家老哥跟晁端彦的一番谈话。

晁端彦路过湖州，跟苏轼说有些话你知我知，藏在心中就行，别总说出来。

湖州的生活很闲适，苏轼喝了两杯舒服得很，摆摆手说："其实我知道,你就是怕我被朝廷给砍了,但是非黑白都不能说了,朝廷真要砍我,我何惜这条小命?"

晁端彦回头就跟苏辙告状了,要苏辙劝劝他哥。

苏辙哭笑不得,正准备给哥哥写信,门前忽然传来了一阵骚动。苏辙放下笔,心中莫名涌起一股悸动,他抬头望去,正见到王诜的亲随大步而来。

当亲随把苏轼的事快速说清,苏辙下意识就想到哥哥跟晁端彦的对谈,双手一颤,下意识拍在桌案上!

亲随道:"我家先生不好叫我亲赴湖州,所能做的,只有如此了,还请苏判官尽快派人。"

苏辙点点头,不顾自己还有些发晕,便开始长声呼人。

自京城出发的皇甫僎片刻不停,已占了先机,这时苏辙派人,已经落在后途,苏辙站在南京城的高墙之中,沉默片刻就毅然转身去了府衙。

这般时刻,即使自己的人先到湖州,哥哥多半也逃不过御史台,只能再行营救。无论是上书还是联系故交,乃至孑然一身,辞官救兄,拼上一个孝字,也要叫朝廷不杀子瞻!

两路人马星夜疾驰,奔赴湖州,或许是命运善待,皇甫僎的儿子忽生急病,他停了半日。

就是这半日的工夫,苏辙的人马终于先到了湖州。

当听完京城里的消息,苏轼一时失神,像是忽然被雷劈中,他想:"我就说说而已,朝廷真要这么狠吗?"

片刻的恍惚过后,苏轼第一反应是先去府衙告病,无论皇甫僎何时到来,第一时间总是寻不到他的。

只是,然后呢?

真的要弃官逃亡吗,那纵然不死,也要一身才华抱负付诸东流,可京城快马而来,沿途没有半点消息,这不像来抓人的,倒像是怕他名满天下,要将他悄然赐死!

苏轼一日三惊,在后堂来回踱步,只来得及写了几封信,还未等寄出,皇甫僎便到了。

湖州通判来到后堂,面色紧张地告知苏轼,苏轼整个人僵在原地,下意识反问道:"那我该如何是好?"

通判默了一下道:"总是要见的。"

苏轼又问:"那我该脱了这身官服去见,还是如何?"

通判不忍道:"太守还是太守,朝廷没有公文下达,您不必以罪人之身自处。"

苏轼长吸口气,目光又落回案上,低声道:"等我写完这封信,托子由为我处置后事再去吧。"

燕子低回,阴云满天,苏轼写完信后又呆呆地在后堂坐了很久,他想:"我这一生没做过什么坏事,怎么就落到这等田地了呢?"

片刻后苏轼又回过神来,古者仁人志士,多的是没做坏事,却不得善终之人。

只有青史几行,为他们作传。

苏轼眨了眨眼,撑起身子,顶着雨前的大风慢慢走至堂前。堂前除了皇甫僎,还站在两名御史台的捕吏,白衣青巾,顾盼狰狞,腰间还有鼓鼓的一块。

　　皇甫僎也不说话,只定定地望着苏轼。

　　苏轼心跳更急,他忽然想到了捕吏腰间的东西是什么,那或许是两把匕首。

　　苏轼又闭上眼,四十三岁的苏轼声音有些发颤,道:"先让我别妻子,再赴黄泉,如何?"

　　湖州通判面色不忍,听到这话,更是扑通跪倒在皇甫僎面前。

　　风急云厚,堂前寂寂,皇甫僎在久久的沉默过后,终于吐出一口气道:"不至于此。"

　　随后皇甫僎一挥手,两名捕吏快速跟上,按住苏轼的臂膀,请他出城登舟,苏轼睁开眼还想再说些什么,皇甫僎抬手制止了他。

　　皇甫僎凝神望着他的眼道:"多说多错,苏太守还不知悔吗?"

　　苏轼面色凄惶,无言以对。

　　那天皇甫僎抓苏轼登舟回京,湖州百姓闻讯,送行者泣下如雨。当苏轼家里得到消息的时候,王闰之告诉自己,这一定是假的,哪有这般毫无征兆的抓捕呢?

　　随后王闰之才感受到风,她回过神来,才发现原来不是起了

258

风,而是她下意识跑出了府,要追去看看自己的丈夫。

王闰之赶到的时候,轻舟已离岸,她看着苏轼被赶到船上,像是赶一只败狗。

能大声呼喊并与之随行的,还只有苏轼与王弗的儿子苏迈,王闰之是女眷,就只能留在府中安顿人心,等着苏轼回来。

王闰之想,如果你不回来,那便要我去找你了。

这一路上,苏轼被捕的消息很快传开,有人告诉扬州知州鲜于铣,朝廷一定会追查与苏轼交往密切的人,不如此时先把苏轼的书信通通烧毁。

扬州府衙的后堂里,鲜于铣沉默片刻,叹息道:"真烧了书信,我就是欺君负友,我自认还不是那般人物。"

这句话说完,鲜于铣忽又振衣而起,他道:"备马,我要去见苏子瞻。"

幕僚们面面相觑,没人挪动脚步,鲜于铣回头笑道:"怎么,苏子瞻被捕,本官便不是扬州知州了?"

很快,扬州城里扬起一阵黄尘,鲜于铣轻装简从离开府衙,去见过路的苏轼。只是皇甫僎立在门前,神色尴尬,吞吞吐吐地说谁都不能见御史台的罪人。

鲜于铣也不走,又问道:那苏子瞻情况如何?"

皇甫僎道:"前不久苏轼见到故友杜介的平山堂了,当日慨叹,说想君黄冠草履,在药垆棋局间,而鄙夫方在缧绁,未知死生,慨然羡慕,何止霄汉。想来总是难熬。"

259

鲜于铣也跟着叹息，随手施礼告辞。

能像鲜于这样的朋友其实不多，这条路上没有那么多人来见苏轼，他这几十年所交的朋友太多，酒肉朋友也太多。

即将进京城的时候，苏轼在汴堤上见到了千万株柳树，像他第一次来京时见到的那样。春风又斩杨柳束，杨柳成刀，斩我也是同一束。

苏轼又闭上眼睛，不让自己乱想下去。

御史台外多种松柏，自汉朝始，便有许多乌鸦落在柏树上，冷冰冰地望着京城，就像是御史冷冰冰地驳斥百官。

所以人们把御史台称为乌台，苏轼进京以后，就被关在乌台狱中。

那天苏轼睁开眼睛，对即将分别的儿子说道："以后每日送饭，若朝廷还未定我死罪，便送肉送菜，若定了死罪，送我一尾鱼即可。"

苏迈痛哭流涕，点头应是。

往后的许多天里，御史台搜捡各地的苏轼诗词，轮番审讯，苏轼神思恍惚，加上那些诗词也的确有太多不满之意，御史台便审出：《戏子由》是不满新法，给王诜写的诗更是说朝廷无术，贪婪暴政，给司马光写诗是讽刺新法，给王定国写诗也是……

苏轼问过御史台，说："新法便不容讽刺吗？"

御史台没人理会，李定兴冲冲拿着这些罪证便呈上去了，离去前斜眼看了次苏轼，冷冷一挥手，又把苏轼关回狱中。

那些呼喊与不公，都藏在乌台狱中，幽幽百尺井，仰天无一席，苏轼在幽暗的空间里，越发觉得自己必死无疑。

此时的汴京城里四方角力，乌台狱中的苏轼独自凄惶。

当李定、舒亶等人数次发力，要定苏轼死罪的时候，殿前的副相王珪再次进言，说："苏轼有不臣之心。"连赵顼都有些被吓到了。

赵顼说："苏轼固然有罪，但没这么过分吧？"

王珪硬着头皮道："苏轼做诗，说岁寒唯有蛰龙知，龙飞于九天之上，他写蛰龙无异于诅咒陛下，乃是不臣。"

赵顼被王珪的神发言惊到了，一时无言，同在殿前的章惇终于忍不住横身出列道："王相未免太不通经史，龙又并非单指人君，诸葛卧龙，荀氏八龙，按你的说法，岂不是要通通问斩方可一谢天下？"

王珪有点尴尬，默默退了回去。

退朝之后，章惇紧紧盯着王珪，三两步赶上前去，目光灼灼地问道："相公与苏轼仇深似海不成，非要灭他一族？"

王珪也是要脸的，只推说道："这些天李定、舒亶说得已经够多，这番话舒亶只能叫我来讲。"

章惇冷笑道："舒亶叫你讲你就讲，舒亶的口水也能吃吗？"

王珪一时错愕，心想你怎么能这样跟我说话，我好歹也是副相，而且你跟苏轼不是政敌吗？

还不等王珪发怒，章惇早已拂袖离去。

大理寺的判决很快便下来了,判决很轻,只徙二年,而且正遇到朝廷有赦令,此时处于大赦期间,不必惩处。

御史台众人当场就炸了,李定、舒亶等人多次上书,指出苏轼名满天下,其心可诛,如果不严加惩处,如何施行新法?

大理寺的判决被攻击得体无完肤,乌台狱中的苏轼,有一日忽然收到了一条鱼。

苏轼望着送来的这尾鱼,双手不住的颤抖,他想:"原来我就要死了。"

那天苏轼深吸口气,用颤抖的手吃掉了这尾鱼,泪水洗去脸上的浮尘,他躺在硬榻上平静了很久,才终于勉强可以开口。

苏轼叫来乌台狱吏,哑着嗓子问道:"兄台叫什么名字?"

狱吏受宠若惊道:"学士不必称兄台,小人梁成,学士有什么吩咐?"

苏轼摇头道:"我还不是学士,只求梁兄帮一个忙,替我将写成的两首诗送给我弟弟,以全我此生心意。"

梁成不住点头,取来苏轼的诗,藏于枕中,交班时偷偷带走。

至天明,梁成找到早已赶来京城的苏辙,把诗交给了他。苏辙展开诗卷,赫然写着:"是处青山可埋骨,他年夜雨独伤神。与君世世为兄弟,更结来生未了因。"

第二首诗,苏辙没来得及看,汹涌的泪水已经决堤,苏辙整个人趴在案上,吞声哭泣。

次日,苏辙上书,愿以自己官职为兄长免官,不允。

苏辙还在想着更激烈的求救方式，苏轼的故友范镇也开始上书，连后宫仁宗朝的曹太后都在无意中与赵顼提起。

曹太后的目光悠远，说那时苏轼、苏辙刚来京城赶考，仁宗说自己发现了两个宰相之才啊，如今这个宰相之才已经要死了吗？

赵顼默然无以应。

而更令赵顼感到诧异的，是王安石与弟弟王安礼，这对兄弟原本已经因为变法而不合，此时却同为苏轼求情。

王安石说："安有盛世而杀才士乎？"

赵顼叹了口气，心想："要是您老还在朝中，事情哪至于闹到今天这步田地。"

这么多人求情，使赵顼最终维持了大理寺的原判，判苏轼免于惩处，但赵顼以个人名义加以责难，贬苏轼为黄州团练副使。

至于为何没有死罪，苏轼却吃到一尾鱼，实在是因为苏迈来京仓促，银钱不够，去借钱时把送饭的任务交给了他人，他人不知约定，无意间送出了一尾鱼。

于是当苏轼被释放出狱的时候，他还恍惚如在梦里。

只是出狱之后，来接他的这些朋友倒分外真实，苏轼笑着，哭着，恨不能扑进苏辙怀里嗷嗷大哭，但终究还是都忍住了。

这些朋友里，也有太多因为他而被贬谪之人，比如王定国、泄密的王诜，比如弟弟苏辙，甚至是司马光……

但至少新党的章惇还在，京城的冬天里，苏轼置酒答谢章惇。

举起酒杯的时候，苏轼恍惚间又想起狱中给弟弟写的诗，一时间百感交集，胸中忽然又涌出相似的韵律，万般锦绣，仿佛能脱口而出。

所以苏轼忍不住自己和了自己一首诗，诗曰："却对酒杯浑似梦，试拈诗笔已如神。"

章惇整个人惊在原地，什么叫我能拼自己的命，所以也能拼别人的命啊，我看你才是不要命的那个。怎么就试拈诗笔已如神啊，你刚从乌台狱出来还不以为耻反以为荣是怎么回事？

苏轼也反应过来，自己因诗获罪，刚出狱又写诗，实在是不知死活。

苏轼尴尬饮尽杯中酒，自己拍了自己一巴掌道："犹不改也！"

章惇失笑出声，继而越笑声音越大。

注：《孔氏谈苑》叙苏轼被捕一节详尽，可看《苏轼以吟诗下狱》。救苏轼者散见于《宋史》《泊宅编》《闻见近录》《太仓稊米集》。苏轼出狱即写诗，自嘲犹不改也，典亦出《孔氏谈苑》。

【东坡居士】

元丰三年,正月初一,京城里的人家还沉浸在春节红火的气氛里,汴河两侧的杨柳岸已经落满了雪,青衫戴罪的书生,正自大雪中启程。

道旁相送的人很多,脸上都或多或少带着些唏嘘,送别的话也大同小异。

"苏子瞻啊,你可管管自己的嘴吧。"

这位正月初一离京的书生,正是四十五岁的苏轼,苏轼拱拱手表示谢意,并深深点头,保证自己再也不随便做诗了。

送行的人们纷纷叹息,只觉得这苏胖子肯定改不了。

其实苏轼并不胖,凤翔的时候稍微胖过,随后就遭遇了丧妻丧父的打击,杭州好不容易又胖点,很快又在密州、徐州累瘦下去了。

只是因为他好美食之名太响,让不熟悉他的人总觉得他是个胖子。

此去黄州,北风凄怆,道阻且难,新党的奸臣怕是还会给他增加些波折,三年五载之中,苏胖子这个形象又要遥遥无期了。

离开这些朋友,苏轼跋涉在北风飞雪之中,不免也开始觉得自己有些凄凉。这份凄凉持续了十几天的工夫,就又被冲淡了。

因为苏辙从南京跑到陈州,特地来送苏轼。

苏轼两眼泛着泪光,拉着弟弟的手就又有点想哭。苏辙也没好到哪里去,但弟弟还是要面子的,表情管理还是要到位,即使泪光盈盈,微笑还是没变。

苏辙笑着说:"这次来也不单是送你,还有件事要告诉你。"

苏轼拉着手,重重点头道:"你说。"

苏辙道:"兄长还记得陈希亮吧?朝廷里有人知道你在凤翔时与他不合,如今陈希亮虽然已经逝去,但他儿子还在,朝廷派他儿子去了岐亭。那里离黄州很近,摆明是要对付你,兄长要小心行事。"

苏轼茫然道:"但我跟陈希亮不都一笑泯恩仇了吗?"

苏辙叹道:"哥,纵然陈公大度,但你曾经那么讽刺过人家,那他儿子能轻易放过你吗?"

苏轼不说话了,两鬓的华发垂下来,又被他一口气吹开,满脸写着一个累字。

"我知道了,我会小心的。"

那年苏轼离京,赴任杭州,一共走了三个多月,这次被贬黄州,二十多天就已经到了岐亭,再往前便是黄冈城。

罪人之身,逃不了这一身风尘,苏轼勒马在岐亭镇外,不由得又为自己叹了口气。

此处距岐亭还有五里,但苏轼却已经不能再往前了,因为不远处的山坡上,有一队人马早早等在了原地。

苏轼认出了来人,又叹口气,那人正是自己在凤翔有过数面之缘的陈季常。

这个距离,陈季常也认出了苏轼,他双目放光,哈哈一笑便拍马向前,唬得苏轼差点掉头就跑。直到陈季常来到身前,爽朗地把臂言欢,苏轼才茫然间反应过来。

这位陈季常显然没有记恨自己,反而对自己充满善意。

苏轼有些奇怪,他拱手问道:"季常兄不记怪我冒犯家严?"

陈季常左右望了望,随后又挤眉弄眼低声道:"家严一向喜欢责难我,无论我做何事都要批判三分,那年在凤翔被子瞻兄讽谏之后,终究少说了我几句。近日陈某为官岐亭,朝中那些大人物的想法我固然能猜度几分,但子瞻兄的那份恩情陈某还是记得的。"

苏轼一时哑然,只道是世事无常,恩仇难断。

随后苏轼跟着陈季常到了家里,陈季常设宴款待,酒过三巡之后,苏轼才渐渐明白,其实自己讽谏陈希亮的称不上恩情,那都是玩笑话。

真心话,陈季常十分佩服苏轼为民发声的胆魄。

苏轼苦笑道:"要是早知道有可能死,大抵我就不这么刚了。"

陈季常也笑,举杯道:"我相信子瞻兄说的是实话,但我更相信下次再遇到不公之事,你还是会站出来。"

苏轼心有戚戚焉,碰杯道:"只盼那时还能有人救我吧。"

陈季常哈哈大笑,苏轼也跟着笑起来,二人喝得起了兴致,陈季常家的屏风后面,却骤然传来一声低喝。

这声音脆生生的,语气里却都是不容辩驳的味道:"陈季常,说好的六杯酒便罢呢!"

正碰了杯准备要喝的陈季常神色极其尴尬,竟一时僵在当场。苏轼眨眨眼,放下酒杯冲屏风后面拱了拱手道:"敢问您是?"

那声音又不说话了,陈季常轻咳两声道:"正是拙荆柳氏。"

苏轼有点蒙,他还以为是陈季常的姐姐,长姐如母,才声色俱厉,万没想到竟然是妻子。

陈季常不动声色地把酒倒掉,空酒杯悄悄放在一旁,低声道:"拙荆也是为了我好,近日五脏不调,不能饮酒过甚。"

苏轼默默饮下杯中酒,也凑过头去低声道:"先有严苛之父,后有河东之狮,季常兄的日子不好过啊。"

河东狮的绰号一出,陈季常先是愣了几秒,随即再也忍不住,哈哈大笑起来。

二月一日,苏轼离开岐亭到了黄州,不久后王闰之和孩子们也抵达了黄州,只是令苏轼没想到的是,弟弟也跟着一起来了。

苏轼当然很奇怪,问他:"你怎么过来了,不用赶着去赴任吗？"

苏辙一本正经地说："都是往南，顺路。"

苏轼心想顺什么路啊，你从南京（今河南商丘）去江西赴任，怎么顺路就顺到黄冈城了？

无论如何，陈季常的款待，弟弟的短暂逗留与家人的团聚，终究是让忧心忡忡的苏轼不再焦虑。只是心态平稳之后，过去种种不免又会袭上心头。

进黄州后，苏轼住在定惠院中，多年以来睡眠质量极好的他罕见的失眠了。

苏轼睁着眼睛看外面的夜色，一声断雁叫西风，最是惊人清梦。

苏轼不想睡，他自己也不清楚怕梦见什么，是梦见年少时的壮志，还是梦见以后只能谪居残山剩水之中，永不得起用的未来。

月色正好，苏轼叹了口气，披衣起身，走到庭院里对月独酌。

缺月挂疏桐，漏断人初静，时见幽人独往来，缥缈孤鸿影。

惊起却回头，有恨无人省，拣尽寒枝不肯栖，寂寞沙洲冷。

这首小词流水般从苏轼心头淌出，他苦笑一声，心道如今确实是试拈诗笔已如神了。然后他抬头望着墨蓝色的苍穹，又想，张横渠说的为万世开太平，怕是遥遥无期了。

那一夜苏轼借着酒意还是睡去了，当他醒来时天已经大亮，驱散了他心头的一些悲凉。

于是苏轼开始写信，给章惇写信感恩，给司马光、王定国写信，说自己愚昧获罪，咎由自取，有如今的结果已经喜出望外。我现在住在定惠院，还能跟着僧人一起吃素，修身养性，实在没什么可悲伤的。

写完这几封信，苏轼没由来又悲伤起来。

这种悲伤之下，苏轼给朝廷写《到黄州谢表》，显得更加悲哀，一支妙笔，极尽卑微：天地能覆载之，而不能容之于度外，父母能生育之，而不能出之于死中。

无论天地父母，都不如天恩浩荡。

这种悲伤一直持续到中秋，弟弟苏辙寄信过来，说同僚们对他都很好，酒喝得多，都累出了肺病，他会好好调养，哥你不必担心。

苏轼端着酒杯，眉头紧锁，一方面是担心弟弟的身体，另一方面又罕见地感受到了孤独。

从前苏轼无论去什么地方，都少不了朋友，如今在黄州，除了陈季常三天两头来找他偷偷喝酒，便只有章惇、秦观等人的书信陪他。

月已圆，人难聚。

世事一场大梦，人生几度秋凉，夜来风叶已鸣廊，看取眉头鬓上。

酒贱常愁客少，月明多被云妨，中秋谁与共孤光，把盏凄然北望。

270

当苏轼中秋凄然写词的时候，他并不会知道，有一位叫徐君猷的书生正从京城跋涉而来，要到黄州为官太守。

过了八月的苏轼回顾自己这么多年的人生，忽然发现自己还有一桩要紧事没有完成。

那年苏洵故去，叮嘱他完成《易传》注疏，拖了这么多年，人在黄州，终于也有时间写了。

只是落笔还没多久，沉寂多日的定惠院里忽然响起了叩门声。

苏轼起身开门，门外站着两个书生，一个年事已高，一个年富力强，两人的笑容里都带着一点激动，见到苏轼之后像是见到了成都府里的熊猫。

苏轼眨眨眼，有点茫然。

其实苏轼大概对自己的名声还有些误解，百年制策第一，密州治蝗，徐州治水，从上书反对变法到乌台诗案，更不必提如今俨然海内文章的声望，但凡是个读书人，都想来结识一番。

所虑者不过是担忧新党攻讦罢了。

这种顾虑徐君猷与孟震没有，他们来黄州本就要与苏轼交游，离京时不少高官叮嘱过他们，要看好苏轼，不要走了罪人。

徐君猷表面上好好好，内心里极其雀跃，他想：若是苏子瞻当真要走，说不定我也要与他一起遁入空门了。

而与徐君猷同行的孟震，更是一拍即合，两人相约一到黄州，便要去拜访苏轼。

窝在定惠院的苏轼完全不知道自己的名望已经到了这样的地步。

那天徐君猷与孟震笑着自我介绍完，二人拉着苏轼便要做东，一番宴饮过后，苏轼恍惚以为自己从来没有遭逢大难。

当徐君猷到来之后，苏轼在黄州的悲凉生活就有了些好转，他这会儿才反应过来，乌台诗案前自己便已名满天下，而乌台诗案之后，那些真正欣赏他的人只会觉得他更令人心疼。

为了这些人，也不能一直伤怀下去。苏轼这么想着，跟徐君猷干了一杯酒。

那年苏轼四十六岁，在黄州东坡筑室，开垦荒田，与家人一并耕读，自号东坡居士。只是这时虽有苏东坡的名号，但他距离苏东坡所代表的那种意象，还差了些许。

苏轼人在东坡这两年，建造雪堂，种植瓜果，写诗填词，仿佛没什么能难得倒他。

除了酿酒。

黄州的官酿又贵又难喝，苏轼被贬来黄州，俸禄也不太高，思忖半晌，他觉得自己动手，丰衣足食，没承想酒一酿出来，苦硬不可入口。

简而言之，就是难喝。

苏轼望着自己酿出来的一大缸酒，陷入了沉思：果然穷人就是一事无成。

但苏轼觉得不能这样浪费粮食，自己酿的酒无论如何也得喝,所以当他又舀起几勺喝掉之后,忽然觉得甘甜酸苦,反正都是一瞬过口的事,只要能醉人的都是好酒。

念及此处,苏轼又兴奋起来,自己酿的酒显然能醉人啊,能醉人就是好酒!

所以苏轼叫人把徐君猷喊来,孟震这厮就算了,孟震竟然连酒都不喝,一点情趣都没有。

当徐君猷听说苏轼酿了酒,抱着对苏东坡的信任,兴冲冲地去了,舀起一勺就灌进肚里。

苏轼兴奋问道:"如何?"

徐君猷憋得满脸通红,整个喉咙里又苦又辣,他哑着嗓子道:"子瞻啊,以后别酿酒了,否则我也要如孟通判一般就此戒酒了。"

苏轼道:"不至于吧?"

说着苏轼还舀起一勺,慢慢地喝进口中,接着回过头又瞅徐君猷道:"是不至于啊!"

徐君猷拍拍苏轼的肩膀,没说话,抱了抱拳,灰溜溜儿的告辞了。

这天苏轼在日记里写:我酿了一坛好酒,奈何客人好像不太喜欢,但客人喜欢不喜欢,又跟我有什么关系呢,我觉得我酿了好酒。

几天后,苏轼收到了徐君猷托人送来的一坛酒。

苏轼开坛一尝,陷入了更久的沉思:前几天我酿的那是什么玩意儿,那也叫酒?

当天苏轼叫来邻里乡亲,把徐君猷送的酒分给大家一起喝了,没办法,要是不尽早喝光这坛酒,自己屋里那坛液体怕是就没人喝了。

这两年里,苏轼时不时会想起龟山老僧的话,超脱于红尘之外,方能此心澄澈。只是这些道理听起来容易,做起来却难得很。

固然已经走过一遭生死,苏轼始终不能忘怀得失。

白日里耕读纵酒,聊以忘忧,午夜梦回的时候,一旦想起那些红尘里的人与事,曾经的抱负与读书人的壮志,还是会感到伤怀。

寒食节那天,苏轼北望京城,他很想回到金殿前,为朝廷,为大宋的江山、百姓再多做些事,只可惜似乎再没有机会了。

于是他写诗道:也拟哭途穷,死灰吹不起。

寒食过后,徐君猷又叩响了苏东坡的家门。

正伤怀着的苏轼百无聊赖,徐君猷一把年纪反倒热情,拉着苏轼要去与他分薪火,一并起灶开宴。

其实还没等开宴,徐君猷打量了一眼苏轼,便知道他又在伤怀。

徐君猷笑道:"用舍由时,行藏在我,这可是你自己写的词,如今怎么就忘了?"

苏轼唉声叹气,说:"那会儿毕竟还年轻,现在才知道,行藏从来不在我,别人想叫我藏我就只能藏。"

徐君猷说:"别人想叫你藏,你自己就不想藏吗?我辈读书人,谁不想优游林泉,跟嵇康、阮籍同啸高山之上?"

这话叫苏轼呆了几秒,总觉得藏不藏这件事,还是要讲究个被动主动的。

事了拂衣去,跟被迫隐居岂能一样?

只是徐君猷举的例子实在是好,嵇康、阮籍这些人,碰见朝廷是那副模样,就只能隐居竹林,这难道就不是被迫?

道不行,乘桴浮于海罢了。

这番道理,此前那么多朋友书信安慰的时候,苏轼也不是没有听过,但想通真的是很奇妙的事,早也不行,晚也不行,就在那一个瞬间。

或许是这两年的时光终于冲淡了生死的忧惧,这次再听徐君猷说来,苏轼忽然便明白了。

那年苏轼四十七岁,举杯在席上为徐君猷做诗,诗曰:

为公分作无尽灯,照破十方昏暗锁。

这一日,苏东坡杯酒入人间。

从此,那些后世耳熟能详的诗词文章再次层出不穷。

清明节后不久,三月七日,苏轼约老徐去沙湖买田,沙湖在黄州东南三十里,一群人喝了酒开始往沙湖赶。

路中遇雨,仆从们先去沙湖约田产主人去了,一群人狼狈躲雨,苏轼深深呼吸,但觉雨中天地别有妙趣。

遂有《定风波》:

莫听穿林打叶声,何妨吟啸且徐行。竹杖芒鞋轻胜马,谁怕?一蓑烟雨任平生。

料峭春风吹酒醒,微冷,山头斜照却相迎。回首向来萧瑟处,归去。也无风雨也无晴。

只是喝多了酒,又淋雨吹风,当天苏轼还没觉得有什么奇怪,照样去沙湖买田买砚台,回头就发现自己左手有点肿。

徐君猷哈哈大笑,心说让你装。

苏轼能怎么办,苏轼只能默默收拾行李,去麻桥找名医庞安时针灸。庞安时一针下去,过片刻,苏轼左手的水肿便渐渐消退。

苏轼一脸振奋:"庞神医名不虚传啊!"

庞安时耳聋,笑道:"别夸我,夸我我也听不见,你若有心,就别给我诊钱了,给我留两幅字吧。"

同为风雅之士,苏轼自然不会焚琴煮鹤,两幅字写完,还请庞安时一并游清泉寺。

庞神医在当地自然也少不了朋友,于是又是一群人浩浩荡荡去清泉寺里畅饮。庞安时虽耳聋,却谈笑无碍,指着清泉寺里的一道流水,说这是王羲之当年的洗笔泉。

苏轼眼前一亮,掬起一捧水尝了尝,赞叹道:"果然甘甜。"

庞安时正在介绍风物的手忽然僵住,心想这是洗笔泉啊,你是怎么想到去尝的呢,文人肚子里都是墨水,是这个意思吗?

苏轼没多想,目光又追到清泉寺旁另一条溪流上——那条小溪是自东向西流的。

刹那间诗情勃发,苏轼作词《浣溪沙》,有句:"谁道人生无再少,门前流水尚能西,休教白发唱黄鸡。"

一群人轰然叫好,庞安时瞪大了眼,四处拉人,要他们快快把苏轼的新词写下来。

众人畅饮欢笑,半醉而别。

回到黄州东坡后,苏轼倒在床上,嘴角还挂着笑意,王闰之说有杨元素的来信,苏轼兴致又起,当场回了杨元素两句诗。

说莫把存亡悲六客,已将地狱等天宫。

两三年的光景,苏轼已自生死忧惧的阴影中走出,恍然间又发现了世间的另一番天地。

黄州酒劣,但猪肉是真便宜啊,这么便宜岂能不买!

至于买回来怎么吃,苏轼想了想:"没事,实在没什么好吃的做法,就发明一种做法。"

遂有东坡肉,东坡肘子,东坡之上天天炊烟袅袅,苏轼还忍不住写诗写赋,再次强调黄州的猪肉太好吃啦。

远在江西的弟弟一脸茫然,心想哥你怎么了,忽然疯了吗?

哥哥不仅没疯,甚至在他想通之后,仿佛整个世界又都对他好起来,有位叫杨世昌的道士慕名而来,送了苏轼一份蜜酒方。

苏轼大喜过望,按方酿酒,终于酿出好酒,叫来徐君猷想一雪前耻。

徐君猷本不想来,但实在磨不开面子,说来也可以,东坡的猪肉确实香,但我宁愿不吃你一块肉,也绝不喝你酿的酒。

赴宴之后,喝了半口,徐君猷觉得真香。

苏轼与杨世昌道士对视一眼,同时哈哈大笑起来。

而好酒好肉吃完,苏轼就又开始浪,完全忘了自己几年前是怎么进的乌台狱,酒后挥笔《鱼蛮子》,说人间行路难,踏地出赋租,讥讽赋税之重。

苏辙收到这首词,沉默良久,一方面是确认了哥哥没疯,甚至精神状态比以前还好,另一方面苏辙仰天长叹,下定决心等掌权之后,必须要把政敌一一赶走。

否则以哥哥的性子,免不了还要走一遭乌台。

身在江西的苏辙正为哥哥的未来担忧,久居黄州的苏轼兴冲冲地在听杨道士吹箫,而当一曲吹罢,苏轼又兴致勃勃地拉杨道士去赤壁玩了。

古之战场,江流有声,断岸千尺,配这一曲洞箫,岂不妙哉?

至于人世间的忧愁,且夫天地之间,物各有主,苟非吾之所有,虽一毫而莫取。惟江上之清风,与山间之明月,耳得之而为声,目遇之而成色,取之无禁,用之不竭,是造物者之无尽藏也,而吾与子之所共适。

当《赤壁赋》《念奴娇·赤壁怀古》等文章诗词写罢,天下间都知道苏轼在黄州快要成仙了。

所以当有传言苏轼乘舟长啸,登仙而去,还真的有太多人信。

那天苏轼与徐君猷等人一场大醉，朋友送他回家之后发现家门已锁，叩门不应，仔细一听里面鼾声如雷，苏轼大笑三声，写下首《临江仙》。

词句有："小舟从此逝，江海寄余生。"

第二天这首词就被朋友传遍了黄州，再接着就有人开始发挥想象力，说苏轼挂冠服于江边，放歌长啸，入海登仙矣！

人道是：此日苏东坡再入陆地神仙境。

宿醉刚醒的徐君猷一脸震惊，离京时那些高官的叮嘱又响起在耳畔，难不成苏东坡真的跑了？

跑了你还不叫我！

徐君猷迅速爬起来，打马就去了东坡，随即发现苏轼正打着鼾，睡得贼香。

徐君猷默然良久，觉得自己一定是脑子坏掉了才会相信这种离奇的传言，而更离奇的是这个传言竟然一路传到了京师，连赵顼都听说了。

赵顼失笑，苏轼的才华又开始在他心中加深了印象。

最近朝中要修国史，以苏轼的才干，还是叫他来比较好吧？赵顼端详着苏轼的名字，心中默默想着。

只可惜那位喜欢吃舒亶口水的王珪屡次劝阻，修国史的任务落到了曾巩头上。

当然，这些远在京城的事务，身在黄州的苏轼也不清楚，最近他的消息很闭塞，因为生了红眼病，只能天天窝在家里，外人都不见。

宅了个把月之后,黄州又有流言传出去,说苏轼得病死了。

那位苏轼的忘年交范镇闻讯痛哭,拿出银钱就要寄去黄州吊丧,直至门人劝阻,说你至少写封信去确认一下,这才住手。

而当范镇的信发至黄州,苏轼一脸茫然,心想我怎么就死了。

得红眼病的日子确然无聊得很,医生还叮嘱他连肉都不能吃。

纵然苏轼把道理讲得十分透彻,也没人给他半口肉吃。

养好病后,苏轼在黄州又开始悠然自得,写点小词,说:

但屈指,西风几时来,又不道流年暗中偷换。

再有半夜睡不着的时候,也没有伤怀,起来去找张怀民玩,夜游承天寺。

苏轼在黄州的最后一年,除了天天摆着一张棺材脸的程颐看不惯他,讥讽他"得则肆,失则沮。肆则悦,沮则悲。不贤不良,孰加于此",叫他有些愤愤之外,只有一件事令他难以自持。

那年他开开心心送徐君猷退休,没想到前脚一席酒宴刚送别了徐君猷,后脚徐君猷就病逝在退休的路上。

这位在黄州陪伴他度过最落魄时光的朋友,竟这样溘然长逝。

苏轼沉默良久,忙碌数日之后,提笔恍惚,为徐君猷写下祭文:

轼顷以愚蠢，自贻放逐：妻孥之所窃笑，亲友几于绝交。争席满前，无复十浆而五馈；中流获济，实赖一壶之千金。曾报德之未皇，已兴哀于永诀。平生仿佛，尚陈中圣之觞；厚夜渺茫，徒挂初心之剑。拊棺一恸，呜呼哀哉。

四年的黄州之任，就在为徐君猷办完丧事之后，也走到了尾声。

曾巩修的国史，赵顼始终不太满意，他要准备再次起用苏轼，将他调到离京城更近的汝州去。

那年苏轼四十九岁，回望了一眼黄州东坡，再度踏上新的路途。

注：大致行程见于《苏轼年谱》，酿酒、红眼病、诗词文章事见于《东坡志林》《苏轼文集》《避暑录话》，原文纷纷，过长不录。

自黄州至汝州,这条路并不好走,迢迢长路,坎坷非常。

这一路上没钱没粮,那首"唯愿孩儿愚且鲁,无灾无难到公卿"之中所写的幼子,也死在漫漫长路之中,苏轼刚刚擦完自己的泪水,又听到妻子在哭。

便又是一阵悲从中来。

苏轼开始给朝廷写奏表,申请不去汝州,去近点的常州。

表曰:

自离黄州,风涛惊恐,举家重病,一子丧亡。今虽已至泗州,而资用罄竭,去汝尚远,难于陆行。无屋可居,无田可食,二十余口,不知所归,饥寒之忧,近在朝夕。

恳请转调常州,苟全性命。

…………

这是苏轼自己向朝廷哭诉的离黄历程,而实际上苏轼离黄赴任的历程,与给朝廷看的表还是有一点点的不同。

这天欧阳修喝足了酒，又拿走了苏轼写好的几卷新词，美滋滋的回府去了。

宛如一个养成游戏的资深爱好者。

而苏轼、苏辙参加制科考试的消息，也很快传遍了京城，起初几日，不少故旧与读书人前来拜访，致使幽静的西冈宅院一片喧哗。

苏轼想了想，决定搬出去。

苏辙笑起来，说："你终于要努力啦？"

苏轼叹道："欧阳公如此厚爱，我想不努力都难啊。"

那年兄弟二人离开西冈宅院，谢绝往来的宾客，搬去怀远驿一心温书备考。

只是没想到制科考试即将开始，苏辙病倒在怀远驿中，苏轼手忙脚乱地照顾他，苏辙反倒很看得开，脸色苍白，努力在笑，他说："哥，我没事，受了风寒，几日即可痊愈。这总是你的机会，我终归会留在京城，你还是要好好温书。"

苏轼瞪着他，说："温什么书，你要是不能去考，我也不去了！"

苏辙笑道："哥你别闹，这如何对得起欧阳公？"

苏轼就恼起来，说："我不管，你要痊愈，你该痊愈，你该叫天下人都认真看看你的才干，你是我四海一子由，怎么能我去考试，你躺在病榻上呢？"

苏辙深吸口气，又咳嗽了两声，才握着哥哥的手说："好，我尽量快些痊愈。"

奈何病来如山倒,病去如抽丝,制科考试的日子到了,苏辙仍旧没有病愈。不过即使如此,苏辙最终也参与了这次考试。

因为制科考试延期了。

那位与欧阳修一样同为庆历名臣的韩琦韩文公,上书宋仁宗,称年轻一代的京华名士,非二苏莫属,如今举办制科考试,二苏兄弟但少一人,此番考试的权威性都会大打折扣,国家考试为选才,不如为苏辙延期,等他病愈。

宋仁宗准了。

当这个消息传到怀远驿的时候,苏轼手舞足蹈,苏辙的目光越发锐利。

苏辙想,这次要出全力了啊。

而此时正在为制科考试出题的宋仁宗打了个喷嚏,他仍然不知道自己开恩为苏辙延期考试,会收获苏辙怎样的一份大礼。

这一年的制科考试,题目很宏大,问:为什么田野虽然已经都被开辟,百姓却还没有生计,为什么边境已经安宁,兵马却还要时时驻守,为什么天下所有的利润都已经收尽,开支却还是比收入要大?

就在这场考试之中,不再跳脱的苏轼用温和的文风,透彻的目光,取得了"百年第一"的绝佳成绩。

但这场制科考试的主角不是他。

而是苏辙,苏子由。

苏辙见到这个题目之后，眉头一皱，洋洋洒洒，把潜藏在他沉静外表下的锐利倾洒而出。

苏辙说："田野哪里全被开辟了，京西那么多土地不去开垦，放任荆棘丛生，被逃兵罢士所占据，而且边境又怎么能说已经安定，多少次西夏进犯，大宋守军分散而守，没有一处是能切实守住的，这也能叫安宁？"

这题目起的就有问题。

苏辙写到此处，笔锋一转，直言天下大弊之一。

"天下所有的利润都已经收尽了吗？且不说是不是收尽，但陛下是怎么收尽的？小民眼中的仁义不过是要为他们保存利益，如今赋税征敛，层出不穷，陛下利益尽收，则是用仁义为代价换来的，不以财结民，民怨当然深切。

"更不必说为什么开支那么大，开支大小，单看宫中用度就能明白。

"宫中贵姬千余人，有用没用的东西，无论是什么，只要官家要，不管有没有，多难办，通通都采办过来。大臣不敢谏，诤臣不敢争，还有岁币之辱，当然开支极大。"

苏辙深吸口气，收笔的时候又扫了一眼文章开头。

那里早早点出了这篇文章的中心思想，生怕别人看不见一样，明晃晃地写着：陛下无事则不忧，有事则大惧，臣以为陛下失所忧也。

这篇雄浑犀利的文章一出，京城文坛震动，苏辙之名一时更在苏轼之上。

那些天苏轼脸上写满了得意之色，比后来他知道自己成绩乃是大宋开国以来第一名还要得意，逢人就想问，知道苏辙吗，看过他的文章吗，他是我弟弟，哈哈哈哈……

苏辙倒还是很冷静，还给哥哥打预防针，说："这般行文，未必能中了。"

苏轼浑不在意道："官家大度惯了，不会与你为难的。"

苏辙眉头皱了皱，他当然也不会诋毁官家，只是总觉得哥哥这个态度，日后迟早会出事。

这些天里，只有宋仁宗，揉着脑袋，但觉自己不久前是犯了什么病，为什么偏偏要等这个苏辙来参考？

前些年被包拯骂也就罢了，毕竟是个清正老臣，这冒出来的又是谁啊？

当然也有官员提议，不如罢黜苏辙。

宋仁宗把卷子丢给他，心情郁闷道："怎么罢黜？ 固然有错漏，但他是文章写得不好，还是道理讲得不对？朕因直言取官，焉能以直言黜人？"

过了会儿，宋仁宗似乎又觉得自己这个状态不太对，默默喊人把苏辙的卷子拿回来，与苏轼的卷子放在一起。

宋仁宗顿了顿，望着两张卷子唱叹道："今为大宋，取二宰相矣。"

于是这一年，兄弟二人同登制科，苏轼以凤翔府判官，外任西北。

注:《师友谈记》中韩琦有言"今岁召制科,诸士为苏轼、苏辙最有声望,今闻苏辙偶病,未可试。如此人兄弟中一人不得就试,甚非众望,欲展限以俟。"

欧阳修有《举苏轼应制科状》。

苏辙有《御试制策》,言辞颇利。

《石林燕语》有载,宋制科考试,上二等为虚,中者亦为四等,苏轼中第三等,已为头筹。

二十四年前，苏轼还是个虎头虎脑的小崽子，满脑子还想着找妈妈。

只是那天他忽然发现娘亲忙起来了，屋里屋外都是人，父亲很紧张地等在外面，他嗒嗒嗒跑过去问父亲："这是在干什么呀，娘亲呢？"

苏洵回道："你娘要给你生弟弟了。"

关于什么是弟弟，苏轼似懂非懂，当他看到小小的一个苏辙被抱出来之后，所有家人都在欢呼，他也跟着一起笑，只有苏辙哇哇大哭。

苏轼想，原来这就是弟弟啊。

这二十四年里，苏轼从来没跟弟弟分别太久过，最多不过是几个月没见，如今外任为官，阔别数年，苏轼望着弟弟，总觉得有许多言语要说，却一句都说不出口。

郑州，西门，弟弟挥手笑哥哥，说："走吧，我会在京城等你的。"

苏轼点点头，愁眉苦脸的，翻山越岭去向西北。这条路上有人放歌,仆人背着书和衣服,欢声跟着唱了两句,回头才发现自家主人闷闷不乐。

苏轼往日在家里,也不在意威严,仆人也没停下,还鼓动他一起唱。

苏轼不唱,苏轼说:"啊,你说这都冬天了,弟弟在京城也没几件厚衣服,会冷吧?"

仆人很奇怪,说:"先生,往年您的衣服不都是二先生给您买的吗,应该是他担心您才对吧?"

苏轼干咳两声,横了仆人一眼道:"跟你说你也不懂。"

刚走出没多远,苏轼实在忍不住了,又叫住仆人,让他把纸笔拿出来,自己要写诗。

仆人秒变乖巧脸,捧着纸笔恭敬递给了自家先生。

苏轼提起笔,这一笔的墨痕从郑州西门,一直画到了凤翔府,铺天盖地的诗词,全都在想弟弟。

离开郑州的时候,苏轼无比怀念他们住在兴国寺的时候,那时弟弟的感触真切啊,"安知风雨夜,复此对床眠"。

苏轼沉吟感慨,写诗曰:"……路人行歌居人乐,僮仆怪我苦凄恻。亦知人生要有别,但恐岁月去飘忽。寒灯相对记畴昔,夜雨何时听萧瑟。君知此意不可忘,慎勿苦爱高官职。"

这首郑州西门别弟弟写完之后,苏轼长舒一口气,顿觉心中的块垒消去不少。

苏轼扬眉挥鞭,继续骑马向西。

其实这条路苏轼也不是没有走过，出蜀入京，还是会经过一些关中地带的，而故地重游，苏轼就不禁又会想起弟弟。

比如经过渑池的时候，苏轼想起跟弟弟同游佛寺，一时恍惚。无独有偶，弟弟收到哥哥寄过去的郑州告别诗，忍不住又回了首怀渑池诗。

苏轼捧诗唱叹，提笔继续回信，和了弟弟一首新诗，而这首新诗就是著名的《和子由渑池怀旧》。

人生到处知何似，应似飞鸿踏雪泥。

就是这首诗里出来的。

至于到凤翔府后，两人相隔千里，思念之情就更加泛滥。

苏轼去登终南山，想弟弟了给弟弟写诗，苏轼出门去办公，那几天里用诗写日记，写着写着就又想起弟弟，说这里的山水很像天庆观呀，这里的蛤蟆也好玩，我突然就想起小时候跟你一起捉蛤蟆的时候……

出门办公结束后，回到家里，建了小院要写诗告诉弟弟，院子里修了草木也告诉弟弟，院子里还有些花鸟，一一写诗告诉弟弟。

还写五百字长诗送弟弟，到了除夕这种大日子，更是兄弟俩来回寄诗不停。

苏轼美滋滋说："诗成十日到，谁谓千里隔。一月寄一篇，忧愁何足掷。"

这样的美好日子，在苏轼二十八岁的时候暂且告一段落。

那年宋仁宗宾天,宋英宗继位,凤翔知府也换了一个人,名叫陈希亮,在蜀中与苏家有旧,论辈分,陈希亮还是苏洵的长辈。

陈希亮到任的那几天,苏轼正在外面奔波,考察凤翔府的水文。

这两年苏轼到了关中,美食没怎么吃到,除了羊羹——也就是如今的羊肉泡馍,别无他物,而美景也没工夫连日赏玩。

因为苏轼发现关中徭役过重,朝廷规定,关中要定期输送木筏,自渭水至黄河一路向东,只是水害难免,应徭役的往往家破人亡。

宋朝的徭役分两种:一种是贫困农户应徭役,去输送木筏的多是这种人,输送途中,很有可能就会送命,朝廷补贴些银钱作罢。而另一种是衙前役,找人去衙门里听候差遣,派活给你,若是活干不好,就要赔钱,甚至赔掉性命。

如今又到了输送木筏的时节,无论谁被勾去应役,多半是要家破人亡了。

那会儿苏轼正在小摊前吃羊羹,回头就撞见被勾去应徭役的农夫家人哭声动天,衙门里前来勾人的胥吏眉头紧皱,一脸的不耐烦。

应役的人叫韩冈,这时节被勾去衙前役,多半是叫他负责输送木筏了。他倒比家人冷静,还叮嘱家人把那些田地资财,尽快交给亲眷。

胥吏们只顾冷笑,有人道:"便是转移了资财,办不好国事,又怎能讨得好去？"

韩冈咬着牙，说："是你等与我有私怨，假公济私而已！"

胥吏们更是笑得开了，纷纷道："放屁，我们都是为官人奔走，为国事操劳，谁惦记你家那几亩地不成？"

苏轼在旁听着，觉得碗里的羊羹忽然就不香了。

跟小贩结了账，苏轼望着前方夹着韩冈准备进城的两个胥吏，闷声不响跟了上去。

两个胥吏倒也不是没注意到苏轼，不过看苏轼年纪不甚大，气质又有些不羁，只道是游学的书生，全不理会，一路走进衙门。

到了衙门前，苏轼还在后面跟着，两个胥吏眉头才再次皱起来。

这俩胥吏回头，瞪着苏轼道："你是何人，衙门是你能随便来的吗？"

苏轼笑了笑，一双手先摸出一面手巾擦了擦，又从怀里掏出官凭，缓缓道："凤翔府判官苏轼，来见县令。"

两个胥吏联想到苏轼一路从城外跟进来，自然是把他们与韩冈的对话都给听去了，一时面如土色，其中一个胆子小的，更是双腿一软，抓着韩冈臂膀，才没倒在地上。

韩冈死里逃生，喜出望外，恨不能当场把头磕给苏轼。

苏轼望了他一眼，自然是知道他的想法，苏轼摇头道："如果他们的程序得当，本官也没有办法为你免去徭役。"

韩冈的笑容凝在脸上，宛如被一盆冷水给浇了。

苏轼接着又笑道："不过我可以跟着你先去观测水文，一探这输送木筏的徭役，究竟能不能减免其害。即便不为救你，也为救以后应役的百姓。"

这一波三折闹的，韩冈要是个年长的，怕是心脏病就要犯了。

那几天里，苏轼带着韩冈一路观测水文，重新修订衙规，废除输送木筏不顾水文的规定，还顺便又敲打了那两个胥吏一番。固然强龙不压地头蛇，但韩冈跟着苏轼跑了这么多天，自然也没人真这么不开眼，非要帮着两个胥吏欺压他了。

至于这场徭役之害，史称："自是，此害减半。"

为百姓谋了一福祉，苏轼当然天天就乐乐呵呵的，但新来的凤翔知府陈希亮，也不知为何，偏不喜欢苏轼这种模样。

陈希亮严肃，沉稳，怎么看苏轼怎么不顺眼。

苏轼写了什么公文，求雨文章，陈希亮都给他批改一番，驳斥回去。

这种事刚出第一次的时候，苏轼还有些茫然，这是什么意思啊，最近京城里自家的粉丝欧阳修又有新言论了，说三十年后，无人议论我的文章，全去看苏家兄弟啦。

还说如今的苏轼，已经超过了我。

而超过了当代文宗欧阳修的苏轼，文章水平却被陈希亮打了个大大的叉。

这还没完，苏轼去谒见陈希亮的时候，陈希亮还晾着他，就叫他在门外干等着。二十八岁的苏轼还没老，这辈子也没见他老，受了气从来不憋着，非要找时间怼回去，而且怼得特别精准，令人无地自容的那种。

以苏轼的品性，本不该被那么多人针对，而他之所以能招来一生中那么多的敌人，与他这个毛病息息相关——江湖人称苏嘴欠。

那天陈希亮在家建了个高台，请苏轼作记，苏轼当然也不客气，唰唰就写。

说这台子现在固然是个好东西，但物之兴废，谁能说得准呢？这台子的兴废都说不准，更何况人事之起落得丧呢？

简而言之，就是我觉得你这老东西迟早要失势。

陈希亮看到这篇文，倒罕见的没再怼苏轼，而是对朋友说："我这人看苏洵就像是看自己的儿子，看苏轼就像是看孙子，我是怕他年少得高名，怕他自满，所以敲打他几次，没想到他竟然还生我气了，这就是年轻啊。"

这话传到苏轼耳朵里，他终于反应过来，原来老陈是个挫折教育的爱好者啊。

搞什么挫折教育啊！

苏轼他惹不起，但躲得起，最好不在府治里待着了。

那个新春，弟弟又写信来，文字很沉稳，但里面附诗说："应有新诗还寄我。"

哥，你好多天都不给我写诗啦！

心累的哥哥瘫在家里，给弟弟写回信道："懒不做诗君错料。"

注：这章兄弟互动多见于二人文集，诗句已写，全文不录。

再次遇见章惇的时候，是嘉祐七年的长安。

那年苏轼刚刚盼来一场大雨，缓解了关中大旱，为此写下《喜雨亭记》，同时为关中徭役重修衙规之事也告一段落，清闲几日之后，又有了新的公务。

永兴军路、秦凤路这两路的士子要参加解试，苏轼去主持考试。

当苏轼打马抵达长安的时候，城门前有人正在出示官凭，那人一脸的傲气，目光随意向门前卫卒一瞟，便又很快收了回去。

"章子厚！"

这一眨眼间，苏轼便认出了前方的官员，他朗声笑着叫出口，催马去往章惇身侧。

正收了官凭，准备进城的章惇闻言回首，目光微微一闪，同样一眼就认出了苏轼。章惇那副孤傲的神情终于化开，一抹笑意浮上来，他在马上抱拳道："子瞻别来无恙。"

苏轼笑得比章惇还开心，眼角的皱纹绽出来，回礼道："自京城一别五年,没承想又在长安相会。"

谈笑间,苏轼也进了长安城,寒暄几句才知道原来此次考试,自己与章惇还是同僚,一并为这些士子出题。

这番缘分令苏轼心中对章惇又多了几分好感,问起嘉祐二年之后的经历,才知道章惇虽然因为耻居族侄之下,第二次赶考还是轻而易举的中了,同样任官西北。

苏轼对章惇这种傲然自负,又有真才实学的不寻常人物很是欣赏,章惇也笑着谈起欧阳修在京城里的说辞,自认文章诗词一道,比苏轼差得远。

二人相谈甚欢,考试两路士子结束后,相约一并游山玩水。

西北的秋天总是肃杀,西北的山水也多有奇险之处,章惇来西北比苏轼更早,这一路上为苏轼介绍了许多后者未曾到过的好去处。

长安城南,有南山诸寺,章惇与苏轼同游,过南山寺,抵仙游潭。

空潭写秋色,万仞临绝谷,苏轼在这等景色旁边,自然是诗兴大发。而章惇与苏轼所理解的游山玩水,倒是有所不同。

章惇为苏轼指点这仙游潭的妙处,道："此地正以下临万丈深渊著名,若是能过仙游潭,去对岸峭壁上书名为记,岂不美哉?"

苏轼怔了怔,瞅瞅万丈深渊,又瞅瞅仙游潭边窄窄的木桥,摆手道："不美,一点都不美。"

章惇哈哈大笑，找南山寺寻了一支饱蘸浓墨的大笔，又要了一根绳索，撩起长衫下摆，昂然踏上了独木桥。

苏轼在他身后又想呼喊，又怕惊了这位同窗好友，只能站在原地干看着。

章惇大步跨过独木桥，左手丢出绳索，往崖边树上一系，双脚踩在峭壁上，右手挥如椽大笔泼洒浓墨。

万仞峭壁之上，赫然出现一行字——章惇、苏轼来游。

题字完毕，章惇又施施然走回了原地，苏轼全程瞠目结舌，只有一句喟叹。

"子厚必能杀人！"

章惇失笑道："这什么意思？"

苏轼道："能拼自己的命，当然也能拼掉别人的命。"

章惇再次大笑，拍了拍苏轼肩膀，示意一起回寺饮酒。二人离开之前，苏轼又回头看了一眼仙游潭对岸的峭壁，他抿了抿嘴，心想：这么大的山，总能去得了对岸吧？

何必要这么拼命呢？

西北风凉，苏轼裹了裹衣襟，为自己找了个理由，便再度美滋滋地去与章惇喝酒了。

这天二人酒至半酣，又听到寺里人说这附近有老虎，俩人酒后正疏狂，苏轼三分胆色撑到了六七分，睁着明灿灿的眸子道："子厚，去探探虎穴？"

章惇更是来者不拒，拍案说好。

南山寺至虎啸处，这一路上的狂风终于还是把苏轼给吹醒了，当两匹瘦马都嗅到了猛虎的气味，战战兢兢不敢前时，苏轼也尿了。

苏轼说："从前我听过一句话，叫行走江湖，安全第一，马犹如此，人何以堪？"

章惇笑道："我当然有我的法子，你若不想跟来，就先回去吧。我要去的地方，还没有到不了的。"

苏轼挑了下眉，深深道："子厚好胆识！"

章惇刚想不动声色的谦虚两声，回头就发现苏轼已经调转马头，嘚嘚嘚往回溜了。

章惇失笑，继续前行，找了一面铜锣，又捡起一块石头，挥鞭催马前行。

没走多远，章惇迎面撞上了一只猛虎，猛虎骤见生人，背部渐渐弓起，双眸死死盯着章惇。酒后的章惇比往日更加兴奋，他喜欢这种身在危险之中的刺激，也喜欢与猛兽争斗，喜欢与人、与天、与世事争斗。

章惇的一双眸子比猛虎还亮，他同样一眨不眨地盯着猛虎，双手缓缓举起，一点点看着猛虎身上的毛发根根直立。

猛虎有点慌张犹豫，他左右徘徊着，不敢攻击，也不想退。

西风吹来，林木萧萧，天地似乎有一刹那的寂静，继而章惇双目爆出精光，他一声断喝，手中石块猛击铜锣。

一声巨响，猛虎骤然受惊，后跳数尺，章惇身子前倾，还有催马之态,猛虎再不犹豫,掉头就跑,只听到身后一声声的大笑。

那天章惇回到寺里,丢下铜锣,饮酒三杯,红着脸对苏轼道:"子瞻,日后你定不如我!"

苏轼翻了个白眼,回来的工夫里,苏轼忙前忙后,又是许下钱财,又是许可以为南山寺请求扩建,才找了一批僧人准备支援章惇。

没想到章惇真的这么回来了。

苏轼陪了三杯酒,醉意重新又涌上来,躺在地上指着章惇的肚子吐槽道:"子厚腹中,尽是谋反底家事。"

章惇再次大笑出来。

那些年里,苏轼常与章惇来往,还给弟弟写信,说章惇这人乃是世间少有的魁杰,至于功名利禄,不过是他翻手间事。

苏辙没有回信,倒是深深记住了章惇的名字,很多年后,苏辙将成为扳倒章惇的主力,那时他们的恩怨早已交织,再难分清了。

这些日子王弗也跟着苏轼在西北,陪他走过青年,即将步入三十岁。处理公文,做些文章,苏轼从来也不避着夫人,甚至连交游的朋友,也会偶尔为了满足夫人的好奇心,允她在屏风后听听看看。

王弗时而提点苏轼,说:"有些人值得交,有些人不值得交,有些人值得交,你要注意你的毛病,你这张嘴什么话都往外说,可不是什么人都像陈希亮一样的。"

王弗说这话的前几日里，挫折教育的资深爱好者陈希亮刚请苏轼去自家台子上赴宴。

那些苏轼讽刺他的话，他倒也还真不太放在心上，这会儿就换成苏轼不好意思了，在席间赔礼道歉，言之凿凿，要为陈公多写几篇文章。

王弗说的话当然很有道理，不过此刻与陈希亮相处，结果也很融洽的苏轼完全没放在心上，只顾嗯嗯啊啊点着头。

王弗就放下筷子，挑眉看着他。

苏轼干咳两声，说："都老夫老妻了，还来这套？"

王弗小鼻子皱起来，说："那你依不依我？"

苏轼笑道："都依娘子，娘子识人之明，洞若烛火，以后为夫都要靠娘子指教啦。"

只是往往世事不会像人预料的那般，陈希亮在不久之后病卒，没有等到苏轼的许多文章，而苏轼的身后也没人为他指教，告诉他什么人值得交，什么话应该注意了。

更没有人会在他不同意的时候，用柔中带刚的法子，轻轻安抚好他，叫他这一生走得更加平稳些。

那些重回眉山再喂桐花凤的梦境，都在这一年成空。

这年苏轼三十岁，自凤翔回京师，送弟弟赴任大名府，妻王弗病卒京城。

生离死别，尽上心头。

而苏轼还没有走出丧妻的悲痛，很快有另外一种悲痛，缓解了丧妻的痛苦,使他第一次深切明白到"麻木"这两个字的意思。

三十一岁,苏轼、苏辙的父亲,苏洵病卒。

苏洵临终前,握着苏轼的手,努力笑道:"为父此生,能见你们兄弟二人至此,别无所求,要托付给你的,就是要你完成为父的遗志,注完《易传》而已。"

苏洵望着半空,目光空了片刻,叹道:"其余诸事,汝母早已教完,如今我该去寻她了。"

苏轼的泪止不住流,声音却发不出来,只有不断地点头,一直点头到握着自己的那只手无力地垂落床边。

而立之年,苏轼只有四海一子由。

注:与章惇事见《宋史》《道山清话》《耆旧续闻》。至妻与父死年,各见墓志铭与年谱,而立之年的老苏太惨了,笔者心累,不录原文。

206

六朝旧事如流水，金陵城仍旧是那座金陵城，风雨也时常盘旋在钟山之上。

久居金陵的人都知道,钟山脚下,有间简易的棚屋,往来的学子不远万里,但凡到了金陵,总要去这间棚屋下听先生授课。

今日浮云初散,朝阳东升,三五成群的学子已经到了钟山之下。

讲学的地方也很简易,甚至可以说是简陋,不过是一方土台,几个石凳,借着绿树成荫,便登台授课了。

新来的学子难免惴惴不安,问同窗道:"这里的先生当真是那位?"

同窗坦然道:"不是那位,岂能有这般简易气象?"

新学子点头道:"是这个道理,不过那位身负大宋二十年人望,为何只有这般派头?"

同窗肃然道:"不是如此,又焉能有二十年人望?"

新学子若有所悟,静静等着先生开课,只是先生久候不至，土台前只有一个中年人正在摆放桌椅，准备书卷。

那中年人衣衫洗得发白，头发也多日未洗，偶有几丝乱发飘在半空，看起来颇不修边幅。

新学子笑道："不愧是王公，家中的仆从也这样简朴不羁。"

同窗看智障一样看着他，一字字道："这便是先生本人。"

新学子一呆，再回头时正对上王先生回眸，那张方正而又严肃的面容里透出一股坚定不移的味道，一双眼睛无坚不摧，仿佛他要做的事，没有任何一人能够阻止。

肩负大宋二十年人望，多少次高官厚禄，都不能请动他去京赴职，潜心为百姓操劳。

前几年刚刚赴京出任，却又正逢母丧，这位先生才回了金陵钟山之下。如今守丧期满，登台授课，过往的学子自然不肯放过。

"今日要讲的，乃是《洪范传》，世间灾异与人无干，天变不足畏也！"

台上的先生声音洪亮，一开口如斩钉截铁，未来五十年，大宋都将被他的声音所笼罩，所影响。

那位远道而来的新学子心头一震，暗想：王安石不愧是王安石！

这年金陵的王安石守丧期满，登台授课，而三十二岁的苏轼正扶柩还乡，埋葬他的老父。

自京入蜀，这条路上风霜伴随，与多年前并无二致。夏末初秋的凉风漂荡在水上，不长不短的队伍依次过河。

队伍最前方是两个相貌有些相近的兄弟，前些年在京城或者凤翔养出的肉，这两年间又重新消失了。苏轼的目光一直望着前方，没有看过身后的灵柩，前方的山峰落在他的眼中，令他觉得有些许熟悉。

苏辙心有所感，开口道："那是龟山。"

苏轼"啊"了一声，想起自己见过这座山许多次，为母守丧，出蜀入京，他都见过这座山，而距离他第一次登上这座山，已经过去很多年了。

那时他刚刚离开家乡，短暂的出门游历，父母双全，那个姑娘还在不远处等他。

苏轼突然说："不如上龟山看看吧。"

苏辙点点头，说不上是要陪哥哥走走，还是单纯让哥哥多陪陪自己。

龟山并不太高，山上的树木枝影横斜，苏轼、苏辙就走在细碎的阴影与点点的碎光之中。龟山之上有座庙，苏轼对苏辙说："十几年前我来龟山的时候，还去过这座庙，庙里有个老和尚，佛法一窍不通，倒是可爱得很。"

苏辙微微一笑，以表捧场。

庙前的迎客僧对来访的两兄弟很热情，毕竟龟山不是名山，庙也因为前任住持的怠懒，完全没有发展成大寺的景象，此时能见到两个气度非凡的书生，就像是久旱逢甘霖。

奈何听闻老和尚已经成了前任住持，苏轼忍不住一叹，转头对苏辙说："故人多零落，今日才知道这是什么滋味。"

苏辙面不改色，平静道："至少还有你我。"

苏轼脸上多出一抹笑意，他点头喟叹："是啊，好在还有你我。"

门前的小和尚有点茫然，他说："二位施主，你们是不是误会了，前任住持只是觉得自己应该卸任，并未圆寂啊。"

苏轼尬在当场，一时失语。

庙里的钟声悠然响起，苏轼又见到了龟山老僧，两人见面的时候，老僧正在拿着扫帚到处清扫落叶，小和尚说他总是如此。

苏辙说："大概这就是修行吧。"

小和尚神色古怪道："但他总是扫了几下之后，就喊着好累好累，又把扫帚丢给师兄弟了。"

苏辙沉默下来，这次连他都有点尴尬了。

如今见了面，苏辙终于有机会问了，他说："长老天天扫片刻的落叶，有什么意义？"

老僧挤眉弄眼道："扫地僧啊，要是别人不知道我的身份，见我扫着地，过来问话，我扯几句佛经唬他，最后他再从别人口中知道原来我是前任住持，岂不是特别震惊？"

苏辙张了张嘴，最后只能扭头对苏轼道："长老确实可爱。"

苏轼也笑起来，但他的目光还是沉静的，他望着老僧道："这么多年，没想到长老还活着。"

这话说得很直接，苏辙听了都有些不舒服，老僧倒还是笑得很开心。老僧说:"我跟你们当然不同,我六亲不认,屁事不管,吞风饮霞,当然活得长。"

苏轼叹气说:"长老真如自然,不通佛法,方通佛法。"

老僧摆了摆手道:"那不是我的事,正如你再登龟山,也不是你的事。你的心不该在此处,甚至不该在你身后的灵柩处。"

"那该在何处?"

"反正不在身后,要么去往身前,要么就跳出红尘外。"

苏轼有一瞬间的茫然,身旁的苏辙若有所感,阳光从老僧背靠的大树后透过来,使那老僧特别像人间佛陀。

那天老僧跟苏轼、苏辙谈了很多,他说:"其实别看你们现在很伤心,但贫僧倚老卖老,就告诉你们几句实话吧。这种伤心悲哀,于你们而言并不是那么重要,过几年你们便忘了,还是会冲进红尘里。如今王安石在金陵讲学,随时可能重出天下,像他这样的人出来,一定会搅得天翻地覆,到时候你们能忍得住? 还不是要拼了命的去打滚,去致君尧舜,都是读书人,这你们自己心里该有数。"

苏轼说:"那怎么才能不冲进去?"

老僧似笑非笑,眯眯眼瞅着苏轼道:"什么时候,你们自己险死还生一遭,才能懂得红尘无聊。"

苏辙更为年轻,他反问道:"不入红尘,也难逃一死,何必不入?"

老僧挥了挥手道:"嘻,我就随口说两句,我又不懂佛法,你问我这么多干吗,自己爱怎么办就怎么办吧。"

这话说完,老僧又站起来,提着他的扫帚开始继续扫地。一旁被晾下的兄弟二人对视一眼,忽然一笑,对老僧施了一礼。

老僧挑了挑眉,又转头看了他们一眼,最终目光凝在苏轼的身上。

老僧说:"十四年了啊……"

离开龟山的时候,老僧这句话还回荡在苏轼耳旁,他心中翻涌起一阵莫名的感喟,继而脱口便吟成了诗。

"再涉长淮水,惊呼十四年,龟山老僧在,相见一茫然。"

回蜀,守丧。

三年的时光很快就过去了，这三年朝廷里只发生了一件大事——宋英宗驾崩，而继位的天子是个雄心壮志的年轻人，名叫赵顼，史称宋神宗。

京城还是那个京城，汴河两岸的杨柳依依，宫里的假山流水几经变换，总是差不太多。

至少在赵顼的眼中是这样的。

从前宫里的侍讲王陶教他读书的时候，他便不太留心古今帝王将相相处之道，只凭着过人的记忆力，将那些知识通通记住罢了。

只有讲起本朝边事，赵顼的眼中才涌起色彩。

多少年了，大宋想光复幽燕，吞灭灵武，却无数次兵败，赵顼都想要问罪西北二境，那里的官员究竟是怎么办事的，西夏弹丸之地，怎么能输这么多次？

赵顼问过王陶，要雪数代之辱，究竟应该如何行事？

王陶正色道："殿下只需善用名臣，广开言路，天下清正者自能激浊扬清。"

赵顼面上仍旧很恭谨,说自己受教了,其实心里翻了个天大的白眼,想:这些文臣全在说些废话,范仲淹不是名臣?还不是只能在西北维持局面,韩琦更是名臣,去了西北直接一败涂地,用你们能拿出几个方略,遂我壮志?

那些年里,赵顼表面上扮演着恭谨守礼、孝义聪敏的好形象,稳扎稳打成为储君。

赵顼人在东宫,最喜欢做的事情就是找从前官员的策论、奏折,赵顼默默把他看过的奏折分成几类:辣鸡、菜鸡、鸡肋、还可以、这个厉害了。

最后一类文章只有一篇,名叫《上仁宗皇帝书》,赵顼翻回开头,记住了作者的名字。

乃是王安石。

赵顼成为太子之后,有些话终于也可以试着问出口了,他问东宫的属官:"想一雪前耻,平定西北,谁能为我分忧?"

赵顼的属官之中有两人对视一眼,报出了一个令赵顼很耳熟的名字。

那二人道:"满朝文武,唯有王安石。"

赵顼记住了这句话,并且在未来的日子里深以为然,国库早已空空如也,范仲淹等人努力积累的财货,又在西北的几次败仗,以及国丧之中再次挥霍了个干净。

治平四年,宋英宗驾崩,赵顼继位时,面对的就是亏空近两千万两的国库。

赵顼没有再遮掩自己的脸色,他在文德殿里质问过群臣,群臣给出的建议无非就是减少官员的赏赐,不能再劳民伤财。富弼还说,边事花费甚大,二十年不言边事,虽然花点岁币,还能有不少盈余。

赵顼差点没当场气笑出来,年年都要花费的岁币,苏辙都知道是屈辱,真要盈余,把西夏灭了岂不是更多?

只是赵顼望着满朝文武,没有发作,因为他知道满朝清流,都不想自己盯着钱看。

他是天子,要做圣君,要君子不言利。

赵顼很想找几个人出来,把他们的家抄了,再告诉他们君子不言利,你现在是君子了,赶紧回来上班吧。

奈何这些名臣,司马光也好,韩琦、文彦博也罢,偏偏又没什么罪过,只是家里人土地占得多些,恩荫多些,靠他们生活的佃户也多些罢了。

二十岁的赵顼只觉得自己要被湮没在文德殿中,这时他忽然又想起身处东宫时属官的话。

满朝文武,唯有王安石。

这一年,赵顼改元熙宁,把还在金陵老家讲学的王安石一路叫来了京城,私下召见,目光里都是火焰。

王安石静静地望着年轻的天子,他深吸口气,自己等了二十年,终于等到了今日。

那天,王安石上《本朝百年无事札子》详述这百年以来,繁华无事的背后危机四伏,这个百年就这样过去了,下个百年呢?

赵顼目光灼灼,下意识跟着问道:"是啊,那下个百年如何?"

王安石断然道:"当下已不能再想百年之后,时至今日,应该有,也必须要有一位明君横扫沉疴,变法富强,大展作为。"

赵顼奋然起身,握住王安石的手,眼神中的激动几乎要化作实质。

"朕有介甫,大事可为!"

熙宁二年,汴京城的街头巷尾都响起一阵疾风骤雨,王安石官拜参知政事,以副相之身执朝廷大政,变法的风声迅速传开。

而此时,汴京城外回来一行人。

三十四岁的苏轼回京时抖落一身风霜,眼角也已经有了皱纹,不过进城时一笑展颜,显然已经从三年前的轮番打击中挺了过来。

苏辙默默地跟在哥哥身旁,心想岂止挺得过来,甚至还过得很好。

苏辙想到这里,不由又瞄了一眼身后的马车,那里边坐着一个姑娘,是他的小嫂子。

当看到这个小嫂子的时候,苏辙的心情总是很复杂。这位小嫂子是王弗的表妹,名叫闰之,前几年在眉山时,她跑前跑后,迎来送往,几乎时时陪着苏轼。

即便有风言风语,她也总是笑着,跟苏轼说:"那些我不在乎。"

那时苏辙还在旁边，忽然就听到自己哥哥脑抽反问道："那你在乎什么？"

二十岁左右的小姑娘脸红起来，这些年里她总是推辞，不愿许配人家，其实还是因为心里早记着一个人了。

只可惜那人与自己身份敏感，王闰之时常坐在家里的庭院前，揪着春花秋草，一发呆就是一个下午。

望着脸红且沉默的王闰之，脑抽的苏轼立刻反应过来一时又不知说什么好。

这两人还不是最尴尬的，最尴尬的是搬了一摞信件进来，磨好墨正准备写回信的苏辙。苏辙当时就在心里无数次的吐槽，说："哥你干吗要问呢，你傻的吗？"

再尴尬的事，也会有过去的时候，王闰之经年累月的关怀，又把苏轼跟王弗的孩子带得好，两人一大一小，谈诗玩水，相处得极其融洽。

终于有一天，苏轼忽然半夜敲了苏辙的门。

苏辙心里一阵无语，暗想："哥你来也要挑时候啊，你现在单身我不是啊。"

苏辙披上衣服，开门时就一脸平静了，他问苏轼道："有事？"

苏轼有点局促，他说："闰之这事，你觉得怎么办好？"

苏辙忍住了翻白眼的冲动，努力平心静气道："这事你问我做什么？"

苏轼苦笑道："那我还能问谁？"

苏辙当时就心软了，两人去书房谈了半宿，考虑到苏轼这性子无论如何不可能完全沉浸在旧情之中不复娶，此时有这样一个姑娘为你等了这么些年，总要娶人，不如娶她。

苏轼说："我觉得你对我有什么误解，我怎么就不可能……"

这话苏轼没说完，因为苏辙就后仰着身子看他，目光里都是冷漠，一脸"你继续编，我看你自己信不信"的模样。

苏轼长叹口气，摆摆手，有点心累。

不过夜里苏轼辗转难眠，又自己想道："如果我真的一点都不情动，我又为何要问子由呢？"

想通这一节，苏轼忽然就很想哭，他觉得自己此时仍旧忘不了王弗，但好像又不影响自己开始喜欢王闰之。

苏轼骂了自己一句："呸，渣男。"

所以当回到汴京的时候，苏轼带着王闰之一起回来了。

苏轼在汴京的街头探问近况，笑呵呵的买来些烤饼给王闰之品尝，骤然听到有些读书人议论起王安石得用的消息，苏轼递饼的手不由一顿。

王闰之心细，问道："夫君怎么了？"

"没事，听到了故人的名字。"苏轼怔了怔后，脑袋里全是王安石的名字。

其实当初制科考试时，王安石便是苏轼初考的审阅人之一，而自从离开龟山后，苏轼对老僧口中的王安石印象更为深刻，多次打听之后，对王安石的学问也有了进一步认识。

"祖宗不可法，天变不足畏啊……"

苏轼转头望着北方，那里的宣德门依旧高高伫立，背后的文德殿里喧腾一片，恰有一阵风从北方吹来，似乎起点就在朝堂之中。

那阵风汹涌澎湃，吹起苏轼苏辙的衣衫，猎猎作响。

【出刀】

　　三月的春风还很料峭，汴京城里的寒意还很深切，尤其是凌晨天光未亮的时候。

　　宣德门前的御街两侧已经挤满了人，热腾腾的羊羹，甜滋滋的干脯，京城里有头有脸的小贩都挤在长廊中，招呼着来往的官员。

　　苏轼睡眼惺忪，虽然回到京城也有些时日，可每次参加朝会还是很艰难。

　　之前苏轼就跟弟弟吐槽过，说自古艰难唯一死，我看这话不切实，自古艰难唯早起才是。

　　苏辙没心情跟哥哥打趣，这些天他在王安石新创设的制置三司条例司工作，这一司的主办是吕惠卿，天天吊着眼睛打量他们，一封封文书催命似鬼。

　　这些文书的内容，多半是关于变法的，《青苗法》也好，《均输法》也罢，苏辙都不认同。

　　同在这一司工作的还有章惇，因为苏轼的关系，最初苏辙还与章惇走得近，他私下里请章惇吃过鱼羹，问他愿不愿一起上书，请副相暂缓新法。

那天鱼羹上蒸腾而起的水雾遮住了章惇半张脸，他望着苏辙道："子由不信王公啊。"

苏辙叹道："如今变法势在必行，可事有缓急，当务之急是要除去积弊，而非另兴新政。"

章惇似笑非笑道："除去积弊，当年欧阳修也曾随范文正做过此事，到头来还是梦幻泡影，只落下了他们的清名。"

苏辙眉头一皱，反问道："子厚什么意思？"

章惇放下了筷子，身子与桌子微微拉开了距离："我的意思便是，满朝文武反对变法者多，却无人给出新方略，不过是捡起庆历旧事，反复论述罢了。这样的书生再多，清流再汹涌，对国事又有什么裨益？"

苏辙沉默很久，才从雾气里看清章惇的面容，他道："原来子厚是王公门徒。"

章惇笑道："谈不上是谁的门徒，只是有人要做事，我也想做事，恰逢其会罢了。"

"那这件事若有害处呢？"

"那也只有先做下此事，再慢慢缝补，焉有畏死而不生者？"

这番话在大朝会前，还一直在苏辙脑海里响，他想：固然王安石与章惇有他们的道理，但付出代价的并不是他们，而是下面的百姓。

既然如此，有些道理，始终是要争一争的。

这一天的大朝会上，苏辙上书，言明只需清除三冗，足以充实国库,另行新法必将害民。

文德殿里,章惇沉静地看着苏辙,那天他与苏辙分道扬镳后,就去找过王安石,对他说苏家兄弟所学,与我辈相异,若要推行新法,必成阻挠。

这番话以后会不会传出去,会不会落入苏轼耳中,章惇不关心,也不在乎。

此时他的目光又飘向苏轼,苏轼脸上还带着点困倦,又因为弟弟上书而有了些振奋,这样的人不会因为他就事论事而与自己反目。

只可惜,以后纵然苏轼还能指着他的肚子,说里面全是谋反家底事,章惇也不敢像从前那样放肆大笑了。

但那并不重要。

目光渐渐收回,章惇等到苏辙上书完毕,横身出列。

"冗官冗兵固然可以精简,冗费又岂能是精简二冗便可清除的? 正该与新法一并推行!"

三言两语,章惇便把清除三冗,引到是否该与变法同时推行。吕惠卿等人再多说几句,话题就开始变成:新法推行,究竟是否会有害民之举?

双方争到后来,欧阳修、司马光、范镇等名臣都已经下场,纷纷指出唐朝时已经有人指出过《青苗法》的弊端,所谓《青苗法》,是官府借贷给百姓,度过无粮的时日。

只是如此一来,官府催穷人的债必定会导致强收贷款,而借贷给富人，不过是让富人拿着钱来提高利息，坑害穷人罢了。

王安石冷笑一声，振衣道："王某在外为官多年，《青苗法》一力推行，怎么没见到几位所说的奸佞胥吏？"

面对吵成一片的朝堂，赵顼很快厌烦了，朝会结束后，王安石当先走出文德殿，他不用看也知道背后还残存着故人敌视的目光。

欧阳修曾经举荐过他，司马光也极其赏识他的文章，但那都不重要。

王安石想，国家兴亡，必要变法。

泱泱乱局之中，四月如期而至，王安石并没有因为阻挠而延缓变法的脚步，四月新党开始提议变科举，兴办学校，废除诗赋，主考经义策论。

而科举考试诗赋不及格的苏轼偏偏跳了出来，上书说，选拔人才主要看的是识人之明，而不是依靠废除诗赋，天底下那么多能臣不提拔，兴办学校又有何用？庆历年间就办过学校，又出过几个能臣，荒废至今，劳民伤财。

这番话说得极有道理。

就连王安石也不得不承认这番话有道理，因为赵顼觉得有道理。

而且赵顼还把苏轼叫到了宫里，这是苏轼第一次进宫，四月的天也不算多暖和，苏轼却总觉得热，他想起很久以前跟弟弟初来京城时说过的话。

胸中万卷,笔下千字,致君尧舜,又有何难?

赵顼觉得自己纵然不能成为尧舜,至少能当一个文帝、景帝,要是能光复幽燕,吞灭灵武,那或许连世祖也能搏一搏。

如今朝廷里吵得一塌糊涂,变法他是肯定要变的,但兼听则明的道理他也懂。

而反对变法的人中,苏轼的文章最好,他科举成绩诗赋不及格,赵顼也已经查到,觉得这人私心也少,顿时对他起了兴趣。

当天在金殿里的奏对,也令赵顼十分满意,苏轼是个会说话的臣子,开口就说:"陛下天纵文武,不患不勤不明。"

赵顼乐呵呵地说:"苏卿不必这么客气,政令得失,或者朕有什么过失,你但讲无妨。"

苏轼就更加振奋,觉得金殿里的气温都升高了,他施礼再道:"唯有三害,求治太急、进人太锐、听言太广。"

赵顼闻言眼前一亮,这才是他要找的人才啊,不错,自己确实听言太广,有些事该独断还是要独断。至于太急、太锐,变法初始,总是难免的,什么人的话都不必全听。

总的来说,这场召见赵顼还是很满意的,苏轼同样很满意。

离开宫中后,不少故人前来找他,大家一起喝喝酒写写诗,苏轼不免有些得意,说如今时局虽然乱象丛生,但忠臣满朝,陛下知人纳谏,终究会有云开月明的时候。

众人也笑着举杯,恭喜苏轼入陛下青眼,日后还要多多仗义执言。

苏轼满口答应。

酒席散去之后，苏辙眉头紧蹙，他觉得近日的酒宴目的都不纯粹，许多人都是为了把苏轼抬出去。如今朝中局势错综复杂，反对变法的人这么多，欧阳修、范镇这些人，王安石动不了，再往下年轻一代的官员之中，随时都可能被王安石罢免。

除非有一个人木秀于林，为他们遮风挡雨。

苏辙对苏轼说："我觉得你现在就像是那个人。"

苏轼醉眼惺忪，笑道："是啊，但总要有人去做那个人。"

这时苏辙就懂了，他也跟着笑起来，端着最后一杯酒道："风急浪高，兄长保重。"

只是苏辙没有想到，风急浪高，头一个浪就先把他给打没了。

其实无论是章惇还是吕惠卿，变法派的人永远都不会忘掉那日大朝会里站出来的苏辙，如今苏轼俨然入天家青眼，除不掉他，便先断一臂。

这年八月，苏辙被贬出外，任陈州教授。

京城里一次又一次不见硝烟的拼杀过去，王安石独断御史台，但凡拥护新法的，推荐上任，诋毁新法的，屡谏罢免。

直至御史台成为他的御史台。

王安石的面庞隐藏在御史台的暗处，满朝文武，既然没人支持我，那就我来选人。

这年，欧阳修辞官离去，汴京城繁华如昔，宫中甚至下令采办数千盏灯，要过好上元节。

苏轼已经沉默了很久，虽然他的进言还是会得到赵顼的认同，但他仍旧没有进入中枢的机会，王安石无数次对赵顼说过，苏轼所学怪异，不能入中枢。

所以苏轼只能改变一些小事，比如进言赵顼，停止采办宫灯。

这些宫灯不过是为了雕砌浮华，欣赏把玩，可宫中的官员下去采办，压价强买，不知会令多少百姓家破人亡。

赵顼准了，汴京城今年的上元节少了些光亮。

此时还会来苏轼府邸见他，与他饮宴交游的人已经不那么多了，六十余岁的礼部侍郎范镇倒是不在意，还时常前来拜访。

俩人本来想在院子里喝酒，奈何冬天的北风实在太冷，还是灰溜溜儿地去了屋子里。

苏轼喝了口范镇带来的好酒，眼睛眯起来，哈出一口气，身子向后一仰，满脸都是享受。

范镇呵呵笑着，说："这可是先帝御赐的，轻易不给别人喝。"

苏轼眼睛亮亮的，说："那怎么给我喝了？"

范镇道："这种时候，还敢去揭宫中的短，值得一饮。"

苏轼又喝了一口，兴致勃勃道："要是能天天喝到这样的好酒，被贬万里也值了。"

屋子里的炉火正旺，关于目前的朝事，两人也没多少可说的，随口喝着酒，老头突然开口道："我想举荐你去当谏官，你准备好。"

苏轼想了想，说："那我要多喝你两口酒。"

范镇笑道："要给老夫留点啊。"

苏轼也笑起来，没说话，直接伸手去抢范镇边上的酒壶了。

天色阴沉，大雪还未飘落。

几个月后，又是一年春好处，推行新法正如火如荼的新党没有想到，朝堂上会突然冒出几位老臣，异口同声，要举荐苏轼当谏官。

苏轼的名望、资历、智识都有目共睹，这次出任谏官又事发突然，新党一时手足无措。

老范捋着胡子在文德殿的角落里笑，他想这次能在御史台磕出一角，便总不能让王安石只手遮天。

苏轼安然立在殿内，像是这涌起的风云与他无关。

只是该来的终究躲不过去，在发现无法找到借口再次阻拦苏轼出任谏官之后，新党之中有位谢景温站了出来。

谢景温扫视过密会的新党众人，寒声道："只要苏轼有罪，自然不能做谏官！"

章惇皱眉道："苏轼何罪？"

吕惠卿淡淡道："无论何罪，总之有罪。"

于是很快，谢景温就找到了苏轼的罪状，当年苏轼守父丧的时候，回乡出蜀，都夹带私货，乃至贩卖私盐，不仅不孝，更触犯国法。

汴京城的风，更大了。

朝中汹涌一片，司马光也曾站出来驳斥，说："新党之中，李定连母丧都隐瞒不报，贪图功名，难道不是不孝，怎么还留在御史台做官呢？"

谢景温没理会司马光避重就轻的驳斥，而是掷地有声道："苏轼贩卖私盐，有人证在此。他母家的程氏外弟，亲口作证，苏轼触犯国法！"

满殿哗然，苏轼也不能再保持沉默，只能上表自辩，并避嫌去官。

其实程氏那一脉，与苏轼的关系并不好，他的姐妹曾经嫁过去，却饱受不公，年纪轻轻死在了程家。

只是苏轼没想到，程家会在这种时候被新党翻出来。

苏轼想，回头要多去跟老范讨几杯酒了。

这个念头还没转几天，苏轼就听到了范镇的消息，范镇暴走了。

范镇一生清正，如今前脚刚刚举荐一人，后脚立刻被人指着鼻子骂，说："你举荐的人人品不行还触犯国法，你是什么眼光？"

范镇连上四道奏疏，请求致仕。

那四道奏疏之中，言辞犀利，说："陛下有纳谏之资，大臣进拒谏之计；陛下有爱民之性，大臣用残民之术。"

同僚如此，恕老臣不再奉陪了！

这封奏疏被赵顼甩给王安石看，王安石拿着奏疏，一股怒气勃然发作，直至双手颤抖，双目通红。

这些名臣轮番上奏,真按这种说法,王安石清楚自己日后一定会是大大的奸臣。原来袖手谈忠正的都是忠臣,出手救国家的都是奸臣!

王安石跪在赵顼面前,痛陈心迹,并大骂范镇用心不正。

赵顼望着愤怒的王安石,忽然也有些累,他不想再听这些吵闹了,顺手就同意了范镇致仕。

苏轼的案子也还在查,单凭一个程家人说明不了什么,谢景温铁了心要把这个案子坐实,可他找出当年运送苏洵灵柩的船工,几经拷问,却一无所获。

没有证据,谢景温倒是想制造证据出来,被王安石与章惇制止了。因为有程家人的诬告,所以御史台才去查案,这很正常,但若是制造证据,那恐怕会反噬自己。

熙宁四年,司马光外任,欧阳修致仕,范镇致仕。

刚刚洗脱冤屈的苏轼去送范镇,努力挤出笑意,拱手道:"范夫子虽退,名望更重!"

范镇望着长空断雁,只是摇头,他说:"奸臣在朝,天下受其害而我独享清名,我还没这么大的心。"

目光收回来,范镇又望苏轼道:"以后有缘,再来找老夫饮酒吧。"

苏轼点头道:"会有那么一天的。"

范镇走后,苏轼回望汴京城,那里阴云似铁,故人长绝。苏轼站在城门外沉默了很久,他回到家中之后,就开始磨墨。

磨墨，就是磨刀，出笔就是出刀。

弟弟被贬了，座师请辞了，朋友退休了，原来青眼有加的陛下也厌倦了自己，偌大的汴京城里只剩下风急浪高。

那该如何是好？

苏轼想，那就在我临退之前，再出一刀。

遂有《上神宗皇帝书》，逐条批驳新法，青苗法的弊端正如之前所说，均输法乃是国家经营商业，官僚作风之下商业不兴，还剥削了原本的商人，农田水利法不分地域，只要兴修水利工程，以工程判断政绩，放眼望去全是劳民伤财，却没有一丝一毫对乱开工程的官员进行责难的条例。

除了新法本身，王安石等人独断御史台，谏官一齐失语，注定会百弊丛生，而天子不知。更不必说新法本身的目的乃是与民争利，从百姓身上剥削，注定会失人心，乱风俗。

洋洋洒洒万余字，从新法本身，到行新法的手段，再到新法的目的，都被这一刀斩了七七八八。

这一刀劈出去，连赵顼都有些恍惚。

所以苏轼必须离开。

三十六岁那年，苏轼第一次致君尧舜的梦想破灭，面对汹汹而来的风浪，自请外任，通判杭州。

注：素材取自《宋史》《苏轼年谱》为了故事性，时间先后有些许的偏差。

出了汴京城,江阔云低,西风乍起,四野望去更无许多人烟。

苏轼的仆从偷偷瞧着苏轼,生怕这位变相被贬的先生心情不佳,所以这一路上伺候得十分殷勤,端水送餐,周到万分。

苏轼悠然自得,感到自家仆从好像比以前更用心了。

直到仆从发现苏轼走的这条路好像不太对,按理说去往杭州,不应该拐到这条路上啊。这条路通往哪呢,仆从私下问了问车夫,才知道前边就是陈州。

陈州,二先生好像在那当教授。

仆从再看看苏轼骑在马上,满是期待的模样,忽然就反应过来了,自家先生岂止没有沮丧,简直心情大好,他能离开京城去看他弟弟了啊!

那一瞬间,仆从就丧失了所有动力。

苏轼一脸茫然,心想这是怎么了,刚才不还一个手势,一个神情,就有酒有饭吗?

啧,男人,变心真快。

其实刚出京城的时候,沮丧当然也是有点,不过江湖风光如此清丽,再愁眉苦脸的,显然对不起这些风光,也对不起即将见到的弟弟。

至于朝事,该出的刀都已经出了,现在是要为官一任,苏轼想得很开,自己现在的任务就是造福一方百姓罢了。

更多的事再想不过是自寻烦恼。

苏轼觉得自己是个聪明人,聪明人从来不做自寻烦恼的事,屁颠屁颠去陈州找弟弟了。

几天之后,苏轼跟弟弟说:"不行啦,还是要去上任,该走啦。"

苏辙就说:"好啊,哥哥我送送你吧。"

这一送又是一次游山玩水,又是一次酒宴欢饮,当醒过来的时候,几天又过去了。

苏辙瞅着他哥,很关心,说:"醉意沉沉的,上路也容易受风寒吧?"

苏轼一拍大腿道:"不错,所以只好再多留几日!"

就这样,苏轼一直在陈州待了七十多天,终于不能再拖延,与弟弟执手相看泪眼,要分别两地了。

片刻的沉默过后,苏辙忽然又说:"要不我还是送送你吧。"

苏轼一脸尴尬道:"别送了,再送我就到不了杭州了。"

苏辙干咳两声道:"不,是真的送你,走走走,我跟你一起多走几里地。"

多送几里地，就从陈州一路送到了颍州。当时退休的欧阳修正在颍州，听说两兄弟一起到来的时候还有些茫然，心想："不对啊，苏子瞻不是要去杭州吗，苏子由不在陈州吗，是怎么忽然就来我这儿的？"

见面之后，苏轼、苏辙一本正经跟欧阳修讲了陈州送别的经历，老欧阳哈哈大笑，请他们同饮颍州西湖之上。

浪荡了几个月后，两兄弟终于还是要分别了。离开颍州的时候苏轼望着弟弟，每次分别总是有千言万语，千言万语不好说，开口便成了诗。

苏轼说："秋风亦已过，别恨终无穷。"

欧阳修就在后边看着，带着一脸慈爱的笑容。

多日之后，从秋走到冬，苏轼终于到了杭州，杭州的生活远比京城惬意，唯一能让苏轼心情变差的，就是杭州也开始推行新法了。

苏轼写信给弟弟吐槽，说："新党搞这么多事，烦得我啊，连吃顿好的都没力气。"

苏辙回信，说："哥你消停点吧，人在外面也不能乱说话，当心告你个诽谤朝廷。"

苏轼心想："我跟你吐槽一下你还教训起我来。" 苏轼不开心，苏轼想起弟弟在陈州的住处，想起弟弟人高马大，经常撞到门楣，忽然又笑起来。

然后就开始写诗笑话弟弟。

《戏子由》:"宛丘先生长如丘,宛丘学舍小如舟。常时低头诵经史,忽然欠伸屋打头。"

陈州也叫宛丘,宛丘先生说的当然就是苏辙。苏轼也不单只是开弟弟的玩笑,这首诗多半还是会流传出去的,苏轼心想:怎么也要嬉笑怒骂之余,夸一夸子由。

于是又写:"门前万事不挂眼,头虽长低气不屈。"

而写到这里,苏轼又有点意犹未尽,弟弟的境遇写完了,自己的境遇这么惨,怎么也要多吐槽两句吧?

所以又有了:余杭别驾无功劳,画堂五丈容旖旎。平生所惭今不耻,坐对疲氓更鞭棰。道逢阳虎呼与言,心知其非口诺唯。

居高忘下真何益,气节消缩今无几。文章小技安足程,先生别驾旧齐名。如今衰老俱无用,付与时人分重轻。

我如今是余杭别驾,活成了自己曾经最讨厌的人,对小民也举起鞭子,碰见个同僚也只能说"是是""对对对"曾经文章动京城,你我共知名,如今老了,半点都没用了。

苏辙收到这诗,第一反应是:"啊,哥哥写得真好。"

第二反应是:"哥哥才不像自己说的那么差。"

第三反应是:"这还是在吐槽新法不便,要他对小民举鞭,与智障同僚啊。"

反正苏轼在杭州这些年,除了跟几个好友一起游玩喝酒,治理民生,其他的时间经常吐槽新法。京城里有他曾经的同僚沈括来找他,他也拉着沈括一起吐槽。

回头沈括就把他告了,说:"苏轼在杭州,多怨谤之词。"

苏轼一脸茫然。

这时苏轼忽然就想起王弗来,有些意兴阑珊。

三十七岁那年,欧阳修病逝,消息传到杭州,过去种种浮上心头,苏轼一场大哭,倾尽心力为欧阳修写了祭文。

三十八岁,苏轼还在杭州,他结识了忘年交张先,写"云破月来花弄影"的那位,时年八十。

当然很多年以后,会有些人对不上云破月来花弄影是哪位,但说"一树梨花压海棠"的那位,大家就知道是张先了。

那年张先八十五了,还娶小妾,苏轼写诗调侃他,说他"鸳鸯被里成双夜,一树梨花压海棠"。

这时如果苏辙在哥哥身边,免不得又要被吓出一头冷汗,哥哥这吐槽力度太强太精准,很容易就跟人反目成仇的啊!

苏嘴欠的江湖诨号,真不是白起的啊!

只是张先得诗之后,不仅没有生气,反而哈哈大笑,还和了苏轼一首,写自己:"愁似鳏鱼知夜水,懒同蝴蝶为春忙。"

苏轼倒吸一口凉气,八十五了,还有这种精力,不失为有点厉害。

那几年苏轼在杭州,过得还算逍遥自在,最忙的时候是去临安治理蝗灾,治理蝗灾的间隙还能有空给弟弟写诗,说或许蝗灾就是变法招来的。

苏辙当场就有把哥哥的诗烧掉的心。

苏轼三十八岁那年，蝗灾治理完，调令下来，朝廷任命他去密州当知州。

离开杭州前，杭州太守杨元素，还有老不修张先等人一顿又一顿的送别，流杯亭喝一顿，西湖之上喝一顿，垂虹亭、碧澜堂、醉眠亭，这些个好听的地方，个个喝一顿。

而每次酒宴，总少不了要赋诗写词。

太守杨元素美滋滋得了一首好词："醉笑陪公三万场，不用诉离觞。"

古城杭州也得了一个雅号，叫"酒食地狱"，苏轼写信跟弟弟哭，说："这一天天的，又吃又喝再吃再喝，老哥我实在是顶不住啊。"

苏辙总觉得哥哥是在秀，他笑了笑，觉得蛮好的。

"路边旅馆的灯不太好,隔音也有些差,从梦里被鸡鸣吵醒,就见到月光收敛,这时我忽然想你了,子由。"

苏轼在马上把新词的开头写完,准备这一路上写好这首词,寄给弟弟。

孤馆灯青,野店鸡号,旅枕梦残,渐月华收练。微吟罢,凭征鞍无语,往事千端。

"想起你,自然就想起很多年前的往事,那时我们刚到京城啊……"

当时共客长安,似二陆初来俱少年。有笔头千字,胸中万卷,致君尧舜,此事何难。

"后来的事你当然也知道,不过现在老哥也看开了,时运世事,容得下我们总会有我们出手的时候,现在最重要的,就是身体康健,多喝两杯酒了。"

用舍由时,行藏在我,袖手何妨闲处看。身长健,但优游卒岁,且斗樽前。

这首词寄出去,苏轼眉头展开,去往密州赴任。

民生多艰啊，之前在杭州优游快乐的苏轼一进密州境内，顿时变得忧心忡忡。

密州的蝗灾比杭州更重，道旁以蒿蔓裹蝗虫，累累相望二百余里，人人面有菜色。苏轼停车探问过几个老农，老农垂头丧气，说："若不是年迈体衰，或许早就逃了。"

苏轼细问一遭，才知道密州的情况之恶劣远不止蝗灾。

因为密州官员根本没有上报蝗灾严重至此，为了政绩，诸多赋税全都没停，因此催生出无数盗贼，劫掠当道，百姓流离失所。

苏轼沉默了很久，他抬头望向北方，密州城州治诸城遥遥在望。

密州的官员早在城门口等着了，交头接耳，都说新来的知州是个大才子，又懂吃喝，该配些美人，再张罗一桌好菜。

有人问通判刘庭式道："刘通判可备好了？"

刘庭式一向是个温和的人，点头道："略备薄酒，当地菜肴，只等苏太守到。"

问话的官员皱眉道："怎么才略备薄酒，更不能只有当地菜肴，刘通判这是什么意思？"

刘庭式还是很温和，平静道："蝗灾严峻，一切从简就是。"

那位官员还想多苛责两句，路旁忽然飞驰过一匹快马，马上的人隐约听到了他们的对话，却并没有回头，径直往城门去了。

官员眉头皱得更紧，心想："哪里来的书生，这么没有素质。"

过了片刻，苏轼的仆从由后面跟上来，这些官员才知道飞驰过去的正是苏太守本人，乃是要去衙门里写公文的。

官员战战兢兢道："写什么公文？"

那个跟了苏轼很久的仆从斜了这官员一眼，笑道："自然是揭开黑白，将密州的蝗灾与大盗一一上达天听！"

官员头皮一阵发麻，差点两眼一黑晕倒过去。

刘庭式倒是一如既往的温和，回头望着诸城，心想："苏子瞻果然名不虚传。"

那些天里，苏轼斋戒吃素，滴酒不沾，节俭秋雨，一边又四处奔走，招揽人手捕灭蝗虫。

这年苏轼三十九岁，在密州忙得脚不沾地，连上厕所都上的艰难，就此得了痔疮。

通判刘庭式肃然起敬。

苏轼一脸古怪地瞅着他，说："你是对痔疮肃然起敬还是对本官起敬？"

刘庭式道："都有，都有。"

苏轼笑骂了两句，甩给了刘庭式一堆工作。这位刘庭式是个深情人物，高中进士过后，回家娶了青梅竹马的盲女，后来妻子病逝，刘庭式终不复娶。

或许是这一年跟刘庭式相处得太多，除夕累病之后，刘庭式又天天来看自己，老刘的深情在除夕之后的某一天里，影响了苏轼的梦。

他梦到了王弗。

醒来之后，他沉默了很久，今年他就要四十岁了，十年前自己从凤翔刚回到京城，还是那样的年少轻狂，如今密州的风尘大，事务多，梦中的王弗不知还认不认得自己啊。

他脑子里空空荡荡，许多词句没由来的涌出去，自己化作了一首词。

十年生死两茫茫，不思量，自难忘。千里孤坟，无处话凄凉。纵使相逢应不识，尘满面，鬓如霜。

夜来幽梦忽还乡，小轩窗，正梳妆。相顾无言，惟有泪千行。料得年年肠断处，明月夜，短松冈。

苏轼爬起来，用冷水洗了把脸，醒都醒了，再做些公务吧。

前不久还有变法的人来推行什么《手实法》，要百姓自己申报自己的土地，如果少报了，随时可以被人举报，举报人可以获得被举报者的财产，朝廷也要罚款。

苏轼觉得这是赤裸裸的剥削。

那天苏轼当场把推行《手实法》的提举官给怼了回去，他瞪着那年轻的官员道："本官是密州知州，只要本官在一日，就不许你欺凌本官任上的子民。想在这里推行《手实法》，你回去告诉吕惠卿，叫他罢了本官！"

提举官灰溜溜儿地走了。

只是《手实法》的害处不能不说，苏轼又开始写公文，准备上书朝廷。

几个月后，《手实法》还是被朝廷废了，朝廷看过苏轼的公文,又派安抚司领悍卒捉大盗归案。

安抚司的人到来之后，苏轼终于闲了点，正躺在竹椅上乘凉,拿一卷菜谱,准备自己下厨犒劳自己一番。

刘庭式就走了进来,叹道:"这位大人,出事啦。"

苏轼当场变脸,兴致勃勃变成忧心忡忡,说:"又怎么了?"

刘庭式道:"这群安抚司的悍卒,闯入寻常百姓家中,劈头就说你私藏了宫中禁物。然后便是公然劫掠,若有反抗,拔刀就杀。听闻百姓联名上告,又畏罪潜逃,还有传言说这些悍卒要就地占山为王了。"

院落,秋风,再无摇椅和手中菜谱,苏轼眉头紧皱着,来来回回地走,还破口大骂,说:"这也是来查案的?我早该想到,我早该想到!"

刘庭式也面沉如水,说:"我这就差人去拿!"

刘庭式说罢转身,苏轼一伸手又把他给叫住:"回来!就这么抓人能抓住谁?"

刘庭式说:"自然抓那些畏罪潜逃的兵。"

苏轼摇着头,说:"你去哪抓?"

刘庭式茫然起来。

苏轼想了想道:"来,你去把上告百姓的控诉书拿来,随我出门一趟。"

刘庭式没明白苏轼的思路,但无所谓,他相信苏轼一定有办法。

然后刘庭式就更加茫然地看了一出戏。

苏轼走出衙门,把控诉书怒摔在百姓脸上:"大胆刁民!安抚司的兵,怎会做这样的事!"

苏轼怒冲冲走到百姓面前,低声道:"配合下,演戏。"

百姓:"啥?"

接着百姓反应过来:"啊啊啊,你个狗官!"

苏轼沉默了一下,觉得这位百姓的演技有点浮夸。不过戏不能停,苏轼挥手道:"辱骂本官,来人,拖下去!"

因了这场戏,逃窜的悍卒认为苏轼不敢惹事,他们大可放心。

遂又聚拢回京。

结果半路上,秋风萧瑟,悍卒们迎头撞上了布防妥当的苏轼。

苏轼沉着脸,一挥手道:"都给本官拿下!"

百姓欢声雷动,苏轼也敞开了心扉,这年头抓贼就不能靠朝廷,还是要靠自己。苏轼下令:"只要能捉到贼人,必有重赏。"

刚从旱灾、蝗灾里走过来的密州人忽然发现多了一条生财之道,从此就开始劫掠大盗。

江湖人都清楚,那几年的密州绿林好汉,是真的没有排面,几个月后硬生生让百姓给抓到绝迹了。

苏轼终于放开心事,痛饮了一番。还意气风发,喊人一起打了会儿猎,写了首词。

"老夫聊发少年狂……西北望,射天狼。"

这首江城子密州出猎,便是这段时日所写,这段时日里苏轼放松下来,还建了个超然台,写赋写词,跟人一起在台上宴饮,乐呵呵地写道:"且将新火试新茶,诗酒趁年华。"

甚至苏轼连推行新法都觉得真香,别的不说,至少免役法是真的好用,密州多少被徭役折腾的百姓因此受惠。

其实如果大宋各地的官员,都是王安石、苏子瞻,大概新法的效果会好上几十倍吧。

这年苏轼有些怀念王安石了,而此时的王安石经历丧子之痛,辞官回了江宁,苏辙写信来,说:"自己又被调去了京师。"

此前苏轼摆平密州诸多事务之后,就请求过朝廷,让自己去齐州做官,至少能挨着弟弟。

朝廷没同意。

这时四十一岁的苏轼举起酒杯,向京城方向示意,再一次思念自己的弟弟。

"明月几时有,把酒问青天……"这首著名的《水调歌头》,就在密州万事俱定,京城风云再起的时候,写给了弟弟。

这个世界我已经关心过了,现在醉意蒙眬,我只想你。

要不是因为想你,我至于酿这么多次酒,都酿不出味道吗?

苏轼笑了笑,心想也快见面了,明年我回京述职,老弟你可要在京城等我啊。

注：《苏轼年谱》载治蝗灾、出钱捕盗贼事，批评《手实法》提举官确有其事，台词为笔者演绎。

那年汴京城外的河水涨了不少，风急天高，铅云似铁，随时可能会下暴雨，苏辙就在这样的天气里离开了京城。

其实苏辙本来只是想去城外的驿站里等人，奈何等了半日，苏辙便坐不住了。

苏辙问仆从道："已经过去多久了？"

仆从听着这句苏辙问了十几遍的话，无奈道："刚过三个时辰。"

苏辙点了点头，忽然站起身来，他道："再去前面迎一迎兄长吧。"

这一迎，就走出了三百五十多里，从京城一路迎到濮州附近，终于接到了回京述职的苏轼。

两人隔着长河遥遥相望，七年未曾见，今日终于又能把酒言欢。

一樽酒，黄河侧，无限事，从头说。大雨还未下，两兄弟谈笑正欢，说起当初对床夜语听萧瑟，不禁又有些默然。

这一聚，苏轼写成《满江红·怀子由作》，将多年离别苦，满腔吟入河。

至陈桥驿处，朝廷的诏命已经到了，不必再回京述职，令密州知州苏轼，改任徐州知州。

苏轼接着诏命，扭头望向不舍的苏辙，心想你走出三百五十多里，与分别七年的哥哥再次相聚，而相聚匆匆，此生还是要长向别离中，再生华发。

真是令人发指的人生啊。

阴沉的天色终究还是起了一声惊雷，连绵的暴雨开始落下，当苏轼抵达徐州的时候，黄河又已经开始泛滥，连日暴雨，似乎要推着河水，淹没徐州城。

苏轼在徐州的一天，是这样过的：

凌晨四点，睁眼，闰之问我怎么醒这么早，我没好意思告诉她。

痔疮犯了，疼。

前几天跟弟弟相聚，走的时候弟弟和一群人都给我饯别，我真不是图那点肉那点酒，实是推脱不过。

凌晨六点，吃早饭，想吃红烧肉，想喝酒，但不能。闰之很奇怪地看我，还问我今天怎么只吃素，我也不想啊，但是痔疮疼。

听说茯苓可以治痔疮，改天看能不能做成好吃的。

凌晨六点四十五,我刚到衙门,就见提举常平司的人快马来报:"黄河在曹村决堤,泛洪梁山泊,洪水冲入南清河,很快河水会再次暴涨,届时将水漫徐州城。"

我派人回去告诉闰之,让她不必等我回家吃饭了。

上午七点,有人从县里一路跑进徐州城,要来鸣冤告状,说:"我要说的事,你千万别害怕。"

我和通判告诉他,我们是朝廷命官,我们不会怕。

这人说县令强逼他向官府借钱,借完了没几个月就催着要还,说是《青苗法》,是国策,试问这谁不知道,但我没想借钱啊,还要我倾家荡产去还钱,我就像韭……

通判说:"这样,您先回去等消息,一有消息我们立刻通知您。"

我想,又是王安石这个臭狐狸搞的,呸。

但这个村民显然不想回去,他觉得事情没解决,回去就会被县令打死。我只好告诉他,徐州要被洪水淹了。

村民不信。

行吧,信不信随你。我把他安置在衙门里,准备出城去探探水情。

上午七点十五,还没到城门口,就看见一排排豪绅,车马浩荡,挤着出城。我让人问他们为什么要出城,他们还骂我,说:"徐州城就要完蛋了,还不跑你傻啊?"

一两个豪绅知道洪水要来很正常,怎么一下子所有豪绅都知道了,到底是哪个王八蛋泄露的消息?

我想了想,明白了。

只要一个豪绅得到消息,他就会告诉所有人,不然只有他自己一个人跑出城,我很容易就能把他抓回来,说他动摇民心。

现在他们显然人多势众,就有恃无恐了。

毕竟法不责众,至于城里乱起来,洪水还能不能抗住,究竟会死多少人,他们不关心。

这群王八蛋。

我很生气,后果很严重。

上午八点左右,开始下大雨,我骑马冒雨,带上所有衙役,亲自奔出城外。

马背颠簸,痔疮好疼。

那些豪绅带着车马,不如我和衙役快,我拦在他们面前,有人还想跑,我问他:"你强冲本官,是要反吗?"

上午八点半,豪绅都回到徐州,雨还在下,我看不清城里的情况。好像有百姓在窃窃私语,衙门里那个来告状的村民,哭着喊着要回家。

我登上城头,大声说:"有我在此,洪水绝不会没城!"

上午九点半，南清河水暴涨，已经逼近徐州。衙役去发动百姓，我带人去豪绅家里叫他们出人，拿着农具去城外筑堤抗洪。

上午十点，河水涨得更凶，人手不够。我的衣服已经湿透，心想回去又要被闰之幽怨的目光盯很久了。

我告诉通判，让他在这里守着，我要去武卫营调兵。

上午十点十五，我骑马到了武卫营。武卫营的统领大老远就来迎接我，满脸都是笑，我说："借你点兵马去抗洪。"他更是笑开了花，说："能为知州大人效力是我的荣幸。"

没必要，真的没必要。

我觉得大宋武将都这样迟早要完。

上午十一点，我带兵回到徐州城外，黄河已经猛涨，士兵推沙土，加固堤坝，还是撑不住。

通判偷偷跟我说："大人，要不撤吧。"

大家都有些尿了，其实我也尿，我还有好多诗词与美食没有尝试，我说好给弟弟的回信也没写完，我能不尿吗？

但没办法，苏轼苏子瞻可以尿，大宋徐州知州不能尿。

我在大雨里呼喊，说大伙儿撑住！本官在此结庐共守，洪水不退，本官不走！

中午十二点，刚结成的草庐被一波浪冲垮了。

中午十二点半，算了，我放弃结庐了，拿铁锹去起土筑堤。

中午十二点三十五，我被武卫营的士兵给扔回来了，还有俩人看着我，死活不让我去前边，就留在后边拉我结庐。

下午一点半，水还在涨，大雨好像小了点。妈的，是哪个提议黄河改道的，改过来就没消停过，以后如果还有人提这种脑残建议，我大不了不做官也不能让他搞。

下午两点，洪水暂时回落，王安石这个臭狐狸，天灾这么多肯定也有他变法的缘故，惹得天怒人怨。

下午四点，黄河平静了些，衙门里那个来告状的村民请求回家，他怕家乡也遭了大水。我告诉他现在还不安全，你一个人回去随时可能被大水冲走。

村民不管，村民说死也要回家。

我说行，如果洪水落了你还活着，我帮你去跟县令说。

下午五点，闰之让人给我送来了饭，打开一看我差点哭出来。

全是肉。

啊，痔疮疼，闰之我错了，我不该瞒着你。

我回头一定把茯苓饼做出来。

我把饭分给了士兵和民夫，我差点哭出来，他们中倒是有人已经哭出来了。

大宋的子民还是好啊，民心可用。

下午六点，我忙里偷闲，还写了首诗。我又想起在密州擒贼抗旱之后，潇洒打猎喝酒的日子，这次抗洪之后，我痔疮也该好得差不多了吧。

晚上七点，雨又开始下。

晚上七点十五，瓢泼大雨，狗老天，狗王安石。

晚上七点半，黄河水又开始涨，我立在草庐前，刚换上的衣服又已经湿透，天色早黑，火把不燃，我让百姓先行回家，士兵训练有素，能在夜间守堤坝。

还有百姓不走，说："知州不走我们就不走。"

啊，这群傻子。

晚上十点，洪水反复过几次之后，终于又平静了一会儿。我靠在草庐上睡着，又梦见在密州谈诗饮酒的时光。

那是文人墨客的风景，等我做完百姓父母官事，就去看看风景。

晚上十二点，夜，抗洪还在继续。

这样的日子，苏轼过了很多天，大水穿过城下，泥溅城头，水深能有二丈八尺九寸，苏轼始终结庐城头，不肯退。

最终筑堤九百八十四丈，号召全城官兵百姓，将洪水死死堵在了徐州城外。

苏轼抹了把头上的汗，觉得自己特别棒，心想改天跟朝廷请个功，完事还是回江浙找个繁华地带当官吧，山东太累了。

这时的苏轼还不会想到，当他如愿以偿，在四十二岁那年去了湖州，会突然遭遇人生中最大的危机。

注：苏轼徐州抗洪见于《宋史》，做茯苓饼治痔疮见《与程正辅书》，给王安石起外号叫野狐精种种，应是后来在金陵之事。

最近汴京城里的风声很大，变法的新党几次入宫面圣，中书丞李定日日面沉如水，走过宣德门的时候虎虎生风，像是赶着去投胎。

反正驸马都尉王诜心里是这么骂的。

其实京城里没几个人看得起李定，这年头为了当官，连母丧都不报，自己娘下葬都不陪在墓前，迟早要被记在奸臣传里。

见到李定又急匆匆地出去，王诜还好整以暇坐在御街两侧的长廊里，伸手要了份干脯。

同僚们笑着低声道："苏子瞻近日为朱寿昌寻母之诗写了序，你们看没看？"

王诜当然看了，嘴角不禁浮起一抹笑意，吃着干脯道："子瞻笔力如刀，还是一如既往，明里说朱寿昌孝感动天，又提了一句闲笔，说世上有不养母者，竟无羞愧之心。这话想来李定也见到了，所以这些天才如此难堪。"

同僚道："不得不说，骂得痛快！"

王诜跟着低笑，正准备再吃些东西就打道回府，州桥方向忽然传来了脚步声。匆匆而来的脚步声很快响过了相国寺，穿破了晨雾，闯入王诜的视线之中。

　　那是王诜府里的亲随，快步跑来已经气喘吁吁："驸马，祸事了！"

　　王诜还很平静，说："临大事须静心，慢慢说。"

　　亲随道："李定接了诏命，正四处寻人派遣，如今虽然还没人受命，但想必很快就有了。"

　　王诜道："什么诏命？"

　　亲随喘息已定，一字字道："赴湖州，抓苏轼！"

　　王诜霍地一下站起来，大声道："李定凭什么抓苏子瞻，就凭苏子瞻骂了两句全天下人都该骂他的话？"

　　亲随被王诜吓了一跳，有点呆。

　　同僚轻咳两声，拽了拽王诜的袖子，低声道："临大事须静心，晋卿别急，别急。"

　　王诜甩掉同僚的手道："静个屁的心，苏子瞻都要被抓了！"

　　亲随这才反应过来，以极快的语速道："苏轼写了《湖州谢上表》，里边有两句'陛下知其愚不适时，难以追陪新进；察其老不生事，或能牧养小民'。人们说这两句讥讽了朝堂新贵，说这些人尽是一味生事，四处扰民的乱臣。随后也不知李定他们说了什么，大抵就变成了苏轼反对陛下制定的国策，肆意攻击朝政，不敬朝廷,陛下大为恼火,要抓他回京!"

王诜立在廊下,愣了几秒,脑海中转过这些罪名对应的刑罚,最终忽然反应过来。

这是没有固定刑罚的!

说得轻了,讽谏政事不过是罚俸两年,说得重了,不敬君王能砍头抄家。

王诜目光一变,对亲随道:"即刻动身,去湖州……不,去南京找苏子由,让他再派人去湖州通知苏轼,生死大事,早做安排。"

刚刚跑过来的亲随施了一礼,又迅速消失在京城的晨雾之中。

无论什么时候,永远不缺只为眼前利益奔波的人,固然李定在找人抓苏轼的过程中遇到了一点点坎坷,最终一个叫皇甫僎的人站了出来。

皇甫僎站出来后,沉默片刻,才沉声道:"下官愿赴湖州。"

那天京城里先后奔出几匹快马,疾驰向南,黄土扬起两道黄线,其中一道先行,于是先到了南京。

南京城(今河南商丘)中,苏辙还悠然自得,汴京的消息没传这么快,更早到他案头的,是自家老哥跟晁端彦的一番谈话。

晁端彦路过湖州,跟苏轼说有些话你知我知,藏在心中就行,别总说出来。

湖州的生活很闲适,苏轼喝了两杯舒服得很,摆摆手说:"其实我知道,你就是怕我被朝廷给砍了,但是非黑白都不能说了,朝廷真要砍我,我何惜这条小命?"

晁端彦回头就跟苏辙告状了,要苏辙劝劝他哥。

苏辙哭笑不得,正准备给哥哥写信,门前忽然传来了一阵骚动。苏辙放下笔,心中莫名涌起一股悸动,他抬头望去,正见到王诜的亲随大步而来。

当亲随把苏轼的事快速说清,苏辙下意识就想到哥哥跟晁端彦的对谈,双手一颤,下意识拍在桌案上!

亲随道:"我家先生不好叫我亲赴湖州,所能做的,只有如此了,还请苏判官尽快派人。"

苏辙点点头,不顾自己还有些发晕,便开始长声呼人。

自京城出发的皇甫僎片刻不停,已占了先机,这时苏辙派人,已经落在后途,苏辙站在南京城的高墙之中,沉默片刻就毅然转身去了府衙。

这般时刻,即使自己的人先到湖州,哥哥多半也逃不过御史台,只能再行营救。无论是上书还是联系故交,乃至孑然一身,辞官救兄,拼上一个孝字,也要叫朝廷不杀子瞻!

两路人马星夜疾驰,奔赴湖州,或许是命运善待,皇甫僎的儿子忽生急病,他停了半日。

就是这半日的工夫,苏辙的人马终于先到了湖州。

当听完京城里的消息,苏轼一时失神,像是忽然被雷劈中,他想:"我就说说而已,朝廷真要这么狠吗?"

片刻的恍惚过后,苏轼第一反应是先去府衙告病,无论皇甫僎何时到来,第一时间总是寻不到他的。

只是,然后呢?

真的要弃官逃亡吗,那纵然不死,也要一身才华抱负付诸东流,可京城快马而来,沿途没有半点消息,这不像来抓人的,倒像是怕他名满天下,要将他悄然赐死!

苏轼一日三惊,在后堂来回踱步,只来得及写了几封信,还未等寄出,皇甫僎便到了。

湖州通判来到后堂,面色紧张地告知苏轼,苏轼整个人僵在原地,下意识反问道:"那我该如何是好?"

通判默了一下道:"总是要见的。"

苏轼又问:"那我该脱了这身官服去见,还是如何?"

通判不忍道:"太守还是太守,朝廷没有公文下达,您不必以罪人之身自处。"

苏轼长吸口气,目光又落回案上,低声道:"等我写完这封信,托子由为我处置后事再去吧。"

燕子低回,阴云满天,苏轼写完信后又呆呆地在后堂坐了很久,他想:"我这一生没做过什么坏事,怎么就落到这等田地了呢?"

片刻后苏轼又回过神来,古者仁人志士,多的是没做坏事,却不得善终之人。

只有青史几行,为他们作传。

苏轼眨了眨眼，撑起身子，顶着雨前的大风慢慢走至堂前。堂前除了皇甫僎，还站在两名御史台的捕吏，白衣青巾，顾盼狰狞，腰间还有鼓鼓的一块。

皇甫僎也不说话，只定定地望着苏轼。

苏轼心跳更急，他忽然想到了捕吏腰间的东西是什么，那或许是两把匕首。

苏轼又闭上眼，四十三岁的苏轼声音有些发颤，道："先让我别妻子，再赴黄泉，如何？"

湖州通判面色不忍，听到这话，更是扑通跪倒在皇甫僎面前。

风急云厚，堂前寂寂，皇甫僎在久久的沉默过后，终于吐出一口气道："不至于此。"

随后皇甫僎一挥手，两名捕吏快速跟上，按住苏轼的臂膀，请他出城登舟，苏轼睁开眼还想再说些什么，皇甫僎抬手制止了他。

皇甫僎凝神望着他的眼道："多说多错，苏太守还不知悔吗？"

苏轼面色凄惶，无言以对。

那天皇甫僎抓苏轼登舟回京，湖州百姓闻讯，送行者泣下如雨。当苏轼家里得到消息的时候，王闰之告诉自己，这一定是假的，哪有这般毫无征兆的抓捕呢？

随后王闰之才感受到风，她回过神来，才发现原来不是起了风,而是她下意识跑出了府,要追去看看自己的丈夫。

王闰之赶到的时候,轻舟已离岸,她看着苏轼被赶到船上,像是赶一只败狗。

能大声呼喊并与之随行的,还只有苏轼与王弗的儿子苏迈,王闰之是女眷,就只能留在府中安顿人心,等着苏轼回来。

王闰之想,如果你不回来,那便要我去找你了。

这一路上,苏轼被捕的消息很快传开,有人告诉扬州知州鲜于侁,朝廷一定会追查与苏轼交往密切的人,不如此时先把苏轼的书信通通烧毁。

扬州府衙的后堂里,鲜于侁沉默片刻,叹息道:"真烧了书信,我就是欺君负友,我自认还不是那般人物。"

这句话说完,鲜于侁忽又振衣而起,他道:"备马,我要去见苏子瞻。"

幕僚们面面相觑,没人挪动脚步,鲜于侁回头笑道:"怎么,苏子瞻被捕,本官便不是扬州知州了?"

很快,扬州城里扬起一阵黄尘,鲜于侁轻装简从离开府衙,去见过路的苏轼。只是皇甫僎立在门前,神色尴尬,吞吞吐吐地说谁都不能见御史台的罪人。

鲜于侁也不走,又问道:"那苏子瞻情况如何?"

皇甫僎道:"前不久苏轼见到故友杜介的平山堂了,当日慨叹,说想君黄冠草履,在药墟棋局间,而鄙夫方在缧绁,未知死生,慨然羡慕,何止霄汉。想来总是难熬。"

鲜于铣也跟着叹息，随手施礼告辞。

能像鲜于这样的朋友其实不多，这条路上没有那么多人来见苏轼，他这几十年所交的朋友太多，酒肉朋友也太多。

即将进京城的时候，苏轼在汴堤上见到了千万株柳树，像他第一次来京时见到的那样。春风又斩杨柳束，杨柳成刀，斩我也是同一束。

苏轼又闭上眼睛，不让自己乱想下去。

御史台外多种松柏，自汉朝始，便有许多乌鸦落在柏树上，冷冰冰地望着京城，就像是御史冷冰冰地驳斥百官。

所以人们把御史台称为乌台，苏轼进京以后，就被关在乌台狱中。

那天苏轼睁开眼睛，对即将分别的儿子说道："以后每日送饭，若朝廷还未定我死罪，便送肉送菜，若定了死罪，送我一尾鱼即可。"

苏迈痛哭流涕，点头应是。

往后的许多天里，御史台搜捡各地的苏轼诗词，轮番审讯，苏轼神思恍惚，加上那些诗词也的确有太多不满之意，御史台便审出：《戏子由》是不满新法，给王诜写的诗更是说朝廷无术，贪婪暴政，给司马光写诗是讽刺新法，给王定国写诗也是……

苏轼问过御史台，说："新法便不容讽刺吗？"

御史台没人理会，李定兴冲冲拿着这些罪证便呈上去了，离去前斜眼看了次苏轼，冷冷一挥手，又把苏轼关回狱中。

那些呼喊与不公,都藏在乌台狱中,幽幽百尺井,仰天无一席,苏轼在幽暗的空间里,越发觉得自己必死无疑。

此时的汴京城里四方角力,乌台狱中的苏轼独自凄惶。

当李定、舒亶等人数次发力,要定苏轼死罪的时候,殿前的副相王珪再次进言,说:"苏轼有不臣之心。"连赵顼都有些被吓到了。

赵顼说:"苏轼固然有罪,但没这么过分吧?"

王珪硬着头皮道:"苏轼做诗,说岁寒唯有蛰龙知,龙飞于九天之上,他写蛰龙无异于诅咒陛下,乃是不臣。"

赵顼被王珪的神发言惊到了,一时无言,同在殿前的章惇终于忍不住横身出列道:"王相未免太不通经史,龙又非单指人君,诸葛卧龙,荀氏八龙,按你的说法,岂不是要通通问斩方可一谢天下?"

王珪有点尴尬,默默退了回去。

退朝之后,章惇紧紧盯着王珪,三两步赶上前去,目光灼灼地问道:"相公与苏轼仇深似海不成,非要灭他一族?"

王珪也是要脸的,只推说道:"这些天李定、舒亶说得已经够多,这番话舒亶只能叫我来讲。"

章惇冷笑道:"舒亶叫你讲你就讲,舒亶的口水也能吃吗?"

王珪一时错愕,心想你怎么能这样跟我说话,我好歹也是副相,而且你跟苏轼不是政敌吗?

还不等王珪发怒,章惇早已拂袖离去。

大理寺的判决很快便下来了,判决很轻,只徙二年,而且正遇到朝廷有赦令,此时处于大赦期间,不必惩处。

御史台众人当场就炸了,李定、舒亶等人多次上书,指出苏轼名满天下,其心可诛,如果不严加惩处,如何施行新法?

大理寺的判决被攻击得体无完肤,乌台狱中的苏轼,有一日忽然收到了一条鱼。

苏轼望着送来的这尾鱼,双手不住的颤抖,他想:"原来我就要死了。"

那天苏轼深吸口气,用颤抖的手吃掉了这尾鱼,泪水洗去脸上的浮尘,他躺在硬榻上平静了很久,才终于勉强可以开口。

苏轼叫来乌台狱吏,哑着嗓子问道:"兄台叫什么名字?"

狱吏受宠若惊道:"学士不必称兄台,小人梁成,学士有什么吩咐?"

苏轼摇头道:"我还不是学士,只求梁兄帮一个忙,替我将写成的两首诗送给我弟弟,以全我此生心意。"

梁成不住点头,取来苏轼的诗,藏于枕中,交班时偷偷带走。

至天明,梁成找到早已赶来京城的苏辙,把诗交给了他。苏辙展开诗卷,赫然写着:"是处青山可埋骨,他年夜雨独伤神。与君世世为兄弟,更结来生未了因。"

第二首诗,苏辙没来得及看,汹涌的泪水已经决堤,苏辙整个人趴在案上,吞声哭泣。

次日,苏辙上书,愿以自己官职为兄长免官,不允。

苏辙还在想着更激烈的求救方式，苏轼的故友范镇也开始上书，连后宫仁宗朝的曹太后都在无意中与赵顼提起。

曹太后的目光悠远，说那时苏轼、苏辙刚来京城赶考，仁宗说自己发现了两个宰相之才啊，如今这个宰相之才已经要死了吗？

赵顼默然无以应。

而更令赵顼感到诧异的，是王安石与弟弟王安礼，这对兄弟原本已经因为变法而不合，此时却同为苏轼求情。

王安石说："安有盛世而杀才士乎？"

赵顼叹了口气，心想："要是您老还在朝中，事情哪至于闹到今天这步田地。"

这么多人求情，使赵顼最终维持了大理寺的原判，判苏轼免于惩处，但赵顼以个人名义加以责难，贬苏轼为黄州团练副使。

至于为何没有死罪，苏轼却吃到一尾鱼，实在是因为苏迈来京仓促，银钱不够，去借钱时把送饭的任务交给了他人，他人不知约定，无意间送出了一尾鱼。

于是当苏轼被释放出狱的时候，他还恍惚如在梦里。

只是出狱之后，来接他的这些朋友倒分外真实，苏轼笑着，哭着，恨不能扑进苏辙怀里嗷嗷大哭，但终究还是都忍住了。

这些朋友里，也有太多因为他而被贬谪之人，比如王定国、泄密的王诜，比如弟弟苏辙，甚至是司马光……

但至少新党的章惇还在，京城的冬天里，苏轼置酒答谢章惇。

举起酒杯的时候，苏轼恍惚间又想起狱中给弟弟写的诗，一时间百感交集，胸中忽然又涌出相似的韵律，万般锦绣，仿佛能脱口而出。

所以苏轼忍不住自己和了自己一首诗，诗曰："却对酒杯浑似梦，试拈诗笔已如神。"

章惇整个人惊在原地，什么叫我能拼自己的命，所以也能拼别人的命啊，我看你才是不要命的那个。怎么就试拈诗笔已如神啊，你刚从乌台狱出来还不以为耻反以为荣是怎么回事？

苏轼也反应过来，自己因诗获罪，刚出狱又写诗，实在是不知死活。

苏轼尴尬饮尽杯中酒，自己拍了自己一巴掌道："犹不改也！"

章惇失笑出声，继而越笑声音越大。

注：《孔氏谈苑》叙苏轼被捕一节详尽，可看《苏轼以吟诗下狱》。救苏轼者散见于《宋史》《泊宅编》《闻见近录》《太仓稊米集》。苏轼出狱即写诗，自嘲犹不改也，典亦出《孔氏谈苑》。

元丰三年，正月初一，京城里的人家还沉浸在春节红火的气氛里，汴河两侧的杨柳岸已经落满了雪，青衫戴罪的书生，正自大雪中启程。

道旁相送的人很多，脸上都或多或少带着些唏嘘，送别的话也大同小异。

"苏子瞻啊，你可管管自己的嘴吧。"

这位正月初一离京的书生，正是四十五岁的苏轼，苏轼拱拱手表示谢意，并深深点头，保证自己再也不随便做诗了。

送行的人们纷纷叹息，只觉得这苏胖子肯定改不了。

其实苏轼并不胖，凤翔的时候稍微胖过，随后就遭遇了丧妻丧父的打击，杭州好不容易又胖点，很快又在密州、徐州累瘦下去了。

只是因为他好美食之名太响，让不熟悉他的人总觉得他是个胖子。

此去黄州，北风凄怆，道阻且难，新党的奸臣怕是还会给他增加些波折,三年五载之中,苏胖子这个形象又要遥遥无期了。

离开这些朋友,苏轼跋涉在北风飞雪之中,不免也开始觉得自己有些凄凉。这份凄凉持续了十几天的工夫,就又被冲淡了。

因为苏辙从南京跑到陈州,特地来送苏轼。

苏轼两眼泛着泪光,拉着弟弟的手就又有点想哭。苏辙也没好到哪里去,但弟弟还是要面子的,表情管理还是要到位,即使泪光盈盈,微笑还是没变。

苏辙笑着说:"这次来也不单是送你,还有件事要告诉你。"

苏轼拉着手,重重点头道:"你说。"

苏辙道:"兄长还记得陈希亮吧?朝廷里有人知道你在凤翔时与他不合,如今陈希亮虽然已经逝去,但他儿子还在,朝廷派他儿子去了岐亭。那里离黄州很近,摆明是要对付你,兄长要小心行事。"

苏轼茫然道:"但我跟陈希亮不都一笑泯恩仇了吗?"

苏辙叹道:"哥,纵然陈公大度,但你曾经那么讽刺过人家,那他儿子能轻易放过你吗?"

苏轼不说话了,两鬓的华发垂下来,又被他一口气吹开,满脸写着一个累字。

"我知道了,我会小心的。"

那年苏轼离京,赴任杭州,一共走了三个多月,这次被贬黄州,二十多天就已经到了岐亭,再往前便是黄冈城。

罪人之身,逃不了这一身风尘,苏轼勒马在岐亭镇外,不由得又为自己叹了口气。

此处距岐亭还有五里,但苏轼却已经不能再往前了,因为不远处的山坡上,有一队人马早早等在了原地。

苏轼认出了来人,又叹口气,那人正是自己在凤翔有过数面之缘的陈季常。

这个距离,陈季常也认出了苏轼,他双目放光,哈哈一笑便拍马向前,唬得苏轼差点掉头就跑。直到陈季常来到身前,爽朗地把臂言欢,苏轼才茫然间反应过来。

这位陈季常显然没有记恨自己,反而对自己充满善意。

苏轼有些奇怪,他拱手问道:"季常兄不记怪我冒犯家严?"

陈季常左右望了望,随后又挤眉弄眼低声道:"家严一向喜欢责难我,无论我做何事都要批判三分,那年在凤翔被子瞻兄讽谏之后,终究少说了我几句。近日陈某为官岐亭,朝中那些大人物的想法我固然能猜度几分,但子瞻兄的那份恩情陈某还是记得的。"

苏轼一时哑然,只道是世事无常,恩仇难断。

随后苏轼跟着陈季常到了家里,陈季常设宴款待,酒过三巡之后,苏轼才渐渐明白,其实自己讽谏陈希亮的称不上恩情,那都是玩笑话。

真心话,陈季常十分佩服苏轼为民发声的胆魄。

苏轼苦笑道:"要是早知道有可能死,大抵我就不这么刚了。"

陈季常也笑,举杯道:"我相信子瞻兄说的是实话,但我更相信下次再遇到不公之事,你还是会站出来。"

苏轼心有戚戚焉,碰杯道:"只盼那时还能有人救我吧。"

陈季常哈哈大笑,苏轼也跟着笑起来,二人喝得起了兴致,陈季常家的屏风后面,却骤然传来一声低喝。

这声音脆生生的,语气里却都是不容辩驳的味道:"陈季常,说好的六杯酒便罢呢!"

正碰了杯准备要喝的陈季常神色极其尴尬,竟一时僵在当场。苏轼眨眨眼,放下酒杯冲屏风后面拱了拱手道:"敢问您是?"

那声音又不说话了,陈季常轻咳两声道:"正是拙荆柳氏。"

苏轼有点蒙,他还以为是陈季常的姐姐,长姐如母,才声色俱厉,万没想到竟然是妻子。

陈季常不动声色地把酒倒掉,空酒杯悄悄放在一旁,低声道:"拙荆也是为了我好,近日五脏不调,不能饮酒过甚。"

苏轼默默饮下杯中酒,也凑过头去低声道:"先有严苛之父,后有河东之狮,季常兄的日子不好过啊。"

河东狮的绰号一出,陈季常先是愣了几秒,随即再也忍不住,哈哈大笑起来。

二月一日,苏轼离开岐亭到了黄州,不久后王闰之和孩子们也抵达了黄州,只是令苏轼没想到的是,弟弟也跟着一起来了。

苏轼当然很奇怪,问他:"你怎么过来了,不用赶着去赴任吗？"

苏辙一本正经地说："都是往南，顺路。"

苏轼心想顺什么路啊，你从南京（今河南商丘）去江西赴任，怎么顺路就顺到黄冈城了？

无论如何，陈季常的款待，弟弟的短暂逗留与家人的团聚，终究是让忧心忡忡的苏轼不再焦虑。只是心态平稳之后，过去种种不免又会袭上心头。

进黄州后，苏轼住在定惠院中，多年以来睡眠质量极好的他罕见的失眠了。

苏轼睁着眼睛看外面的夜色，一声断雁叫西风，最是惊人清梦。

苏轼不想睡，他自己也不清楚怕梦见什么，是梦见年少时的壮志，还是梦见以后只能谪居残山剩水之中，永不得起用的未来。

月色正好，苏轼叹了口气，披衣起身，走到庭院里对月独酌。

缺月挂疏桐，漏断人初静，时见幽人独往来，缥缈孤鸿影。

惊起却回头，有恨无人省，拣尽寒枝不肯栖，寂寞沙洲冷。

这首小词流水般从苏轼心头淌出，他苦笑一声，心道如今确实是试拈诗笔已如神了。然后他抬头望着墨蓝色的苍穹，又想，张横渠说的为万世开太平，怕是遥遥无期了。

那一夜苏轼借着酒意还是睡去了，当他醒来时天已经大亮，驱散了他心头的一些悲凉。

于是苏轼开始写信，给章惇写信感恩，给司马光、王定国写信，说自己愚昧获罪，咎由自取，有如今的结果已经喜出望外。我现在住在定惠院，还能跟着僧人一起吃素，修身养性，实在没什么可悲伤的。

写完这几封信，苏轼没由来又悲伤起来。

这种悲伤之下，苏轼给朝廷写《到黄州谢表》，显得更加悲哀，一支妙笔，极尽卑微：天地能覆载之，而不能容之于度外，父母能生育之，而不能出之于死中。

无论天地父母，都不如天恩浩荡。

这种悲伤一直持续到中秋，弟弟苏辙寄信过来，说同僚们对他都很好，酒喝得多，都累出了肺病，他会好好调养，哥你不必担心。

苏轼端着酒杯，眉头紧锁，一方面是担心弟弟的身体，另一方面又罕见地感受到了孤独。

从前苏轼无论去什么地方，都少不了朋友，如今在黄州，除了陈季常三天两头来找他偷偷喝酒，便只有章惇、秦观等人的书信陪他。

月已圆，人难聚。

世事一场大梦，人生几度秋凉，夜来风叶已鸣廊，看取眉头鬓上。

酒贱常愁客少，月明多被云妨，中秋谁与共孤光，把盏凄然北望。

当苏轼中秋凄然写词的时候,他并不会知道,有一位叫徐君猷的书生正从京城跋涉而来,要到黄州为官太守。

过了八月的苏轼回顾自己这么多年的人生,忽然发现自己还有一桩要紧事没有完成。

那年苏洵故去,叮嘱他完成《易传》注疏,拖了这么多年,人在黄州,终于也有时间写了。

只是落笔还没多久,沉寂多日的定惠院里忽然响起了叩门声。

苏轼起身开门,门外站着两个书生,一个年事已高,一个年富力强,两人的笑容里都带着一点激动,见到苏轼之后像是见到了成都府里的熊猫。

苏轼眨眨眼,有点茫然。

其实苏轼大概对自己的名声还有些误解,百年制策第一,密州治蝗,徐州治水,从上书反对变法到乌台诗案,更不必提如今俨然海内文章的声望,但凡是个读书人,都想来结识一番。

所虑者不过是担忧新党攻讦罢了。

这种顾虑徐君猷与孟震没有,他们来黄州本就要与苏轼交游,离京时不少高官叮嘱过他们,要看好苏轼,不要走了罪人。

徐君猷表面上好好好,内心里极其雀跃,他想:若是苏子瞻当真要走,说不定我也要与他一起遁入空门了。

而与徐君猷同行的孟震,更是一拍即合,两人相约一到黄州,便要去拜访苏轼。

窝在定惠院的苏轼完全不知道自己的名望已经到了这样的地步。

那天徐君猷与孟震笑着自我介绍完，二人拉着苏轼便要做东，一番宴饮过后，苏轼恍惚以为自己从来没有遭逢大难。

当徐君猷到来之后，苏轼在黄州的悲凉生活就有了些好转，他这会儿才反应过来，乌台诗案前自己便已名满天下，而乌台诗案之后，那些真正欣赏他的人只会觉得他更令人心疼。

为了这些人，也不能一直伤怀下去。苏轼这么想着，跟徐君猷干了一杯酒。

那年苏轼四十六岁，在黄州东坡筑室，开垦荒田，与家人一并耕读，自号东坡居士。只是这时虽有苏东坡的名号，但他距离苏东坡所代表的那种意象，还差了些许。

苏轼人在东坡这两年，建造雪堂，种植瓜果，写诗填词，仿佛没什么能难得倒他。

除了酿酒。

黄州的官酿又贵又难喝，苏轼被贬来黄州，俸禄也不太高，思忖半晌，他觉得自己动手，丰衣足食，没承想酒一酿出来，苦硬不可入口。

简而言之，就是难喝。

苏轼望着自己酿出来的一大缸酒，陷入了沉思：果然穷人就是一事无成。

但苏轼觉得不能这样浪费粮食，自己酿的酒无论如何也得喝,所以当他又舀起几勺喝掉之后,忽然觉得甘甜酸苦,反正都是一瞬过口的事,只要能醉人的都是好酒。

念及此处,苏轼又兴奋起来,自己酿的酒显然能醉人啊,能醉人就是好酒!

所以苏轼叫人把徐君猷喊来,孟震这厮就算了,孟震竟然连酒都不喝,一点情趣都没有。

当徐君猷听说苏轼酿了酒,抱着对苏东坡的信任,兴冲冲地去了,舀起一勺就灌进肚里。

苏轼兴奋问道:"如何?"

徐君猷憋得满脸通红,整个喉咙里又苦又辣,他哑着嗓子道:"子瞻啊,以后别酿酒了,否则我也要如孟通判一般就此戒酒了。"

苏轼道:"不至于吧?"

说着苏轼还舀起一勺,慢慢地喝进口中,接着回过头又瞅徐君猷道:"是不至于啊!"

徐君猷拍拍苏轼的肩膀,没说话,抱了抱拳,灰溜溜儿的告辞了。

这天苏轼在日记里写:我酿了一坛好酒,奈何客人好像不太喜欢,但客人喜欢不喜欢,又跟我有什么关系呢,我觉得我酿了好酒。

几天后,苏轼收到了徐君猷托人送来的一坛酒。

苏轼开坛一尝,陷入了更久的沉思:前几天我酿的那是什么玩意儿，那也叫酒？

当天苏轼叫来邻里乡亲，把徐君猷送的酒分给大家一起喝了，没办法，要是不尽早喝光这坛酒，自己屋里那坛液体怕是就没人喝了。

这两年里，苏轼时不时会想起龟山老僧的话，超脱于红尘之外，方能此心澄澈。只是这些道理听起来容易，做起来却难得很。

固然已经走过一遭生死，苏轼始终不能忘怀得失。

白日里耕读纵酒，聊以忘忧，午夜梦回的时候，一旦想起那些红尘里的人与事，曾经的抱负与读书人的壮志，还是会感到伤怀。

寒食节那天，苏轼北望京城，他很想回到金殿前，为朝廷，为大宋的江山、百姓再多做些事，只可惜似乎再没有机会了。

于是他写诗道：也拟哭途穷，死灰吹不起。

寒食过后，徐君猷又叩响了苏东坡的家门。

正伤怀着的苏轼百无聊赖，徐君猷一把年纪反倒热情，拉着苏轼要去与他分薪火，一并起灶开宴。

其实还没等开宴，徐君猷打量了一眼苏轼，便知道他又在伤怀。

徐君猷笑道："用舍由时，行藏在我，这可是你自己写的词，如今怎么就忘了？"

苏轼唉声叹气，说："那会儿毕竟还年轻，现在才知道，行藏从来不在我，别人想叫我藏我就只能藏。"

徐君猷说:"别人想叫你藏,你自己就不想藏吗?我辈读书人,谁不想优游林泉,跟嵇康、阮籍同啸高山之上?"

这话叫苏轼呆了几秒,总觉得藏不藏这件事,还是要讲究个被动主动的。

事了拂衣去,跟被迫隐居岂能一样?

只是徐君猷举的例子实在是好,嵇康、阮籍这些人,碰见朝廷是那副模样,就只能隐居竹林,这难道就不是被迫?

道不行,乘桴浮于海罢了。

这番道理,此前那么多朋友书信安慰的时候,苏轼也不是没有听过,但想通真的是很奇妙的事,早也不行,晚也不行,就在那一个瞬间。

或许是这两年的时光终于冲淡了生死的忧惧,这次再听徐君猷说来,苏轼忽然便明白了。

那年苏轼四十七岁,举杯在席上为徐君猷做诗,诗曰:

为公分作无尽灯,照破十方昏暗锁。

这一日,苏东坡杯酒入人间。

从此,那些后世耳熟能详的诗词文章再次层出不穷。

清明节后不久,三月七日,苏轼约老徐去沙湖买田,沙湖在黄州东南三十里,一群人喝了酒开始往沙湖赶。

路中遇雨,仆从们先去沙湖约田产主人去了,一群人狼狈躲雨,苏轼深深呼吸,但觉雨中天地别有妙趣。

遂有《定风波》:

莫听穿林打叶声,何妨吟啸且徐行。竹杖芒鞋轻胜马,谁怕?一蓑烟雨任平生。

料峭春风吹酒醒,微冷,山头斜照却相迎。回首向来萧瑟处,归去。也无风雨也无晴。

只是喝多了酒,又淋雨吹风,当天苏轼还没觉得有什么奇怪,照样去沙湖买田买砚台,回头就发现自己左手有点肿。

徐君猷哈哈大笑,心说让你装。

苏轼能怎么办,苏轼只能默默收拾行李,去麻桥找名医庞安时针灸。庞安时一针下去,过不片刻,苏轼左手的水肿便渐渐消退。

苏轼一脸振奋:"庞神医名不虚传啊!"

庞安时耳聋,笑道:"别夸我,夸我我也听不见,你若有心,就别给我诊钱了,给我留两幅字吧。"

同为风雅之士,苏轼自然不会焚琴煮鹤,两幅字写完,还请庞安时一并游清泉寺。

庞神医在当地自然也少不了朋友,于是又是一群人浩浩荡荡去清泉寺里畅饮。庞安时虽耳聋,却谈笑无碍,指着清泉寺里的一道流水,说这是王羲之当年的洗笔泉。

苏轼眼前一亮,掬起一捧水尝了尝,赞叹道:"果然甘甜。"

庞安时正在介绍风物的手忽然僵住,心想这是洗笔泉啊,你是怎么想到去尝的呢,文人肚子里都是墨水,是这个意思吗?

苏轼没多想,目光又追到清泉寺旁另一条溪流上——那条小溪是自东向西流的。

刹那间诗情勃发，苏轼作词《浣溪沙》，有句："谁道人生无再少，门前流水尚能西，休教白发唱黄鸡。"

一群人轰然叫好，庞安时瞪大了眼，四处拉人，要他们快快把苏轼的新词写下来。

众人畅饮欢笑，半醉而别。

回到黄州东坡后，苏轼倒在床上，嘴角还挂着笑意，王闰之说有杨元素的来信，苏轼兴致又起，当场回了杨元素两句诗。

说莫把存亡悲六客，已将地狱等天宫。

两三年的光景，苏轼已自生死忧惧的阴影中走出，恍然间又发现了世间的另一番天地。

黄州酒劣，但猪肉是真便宜啊，这么便宜岂能不买！

至于买回来怎么吃，苏轼想了想："没事，实在没什么好吃的做法，就发明一种做法。"

遂有东坡肉，东坡肘子，东坡之上天天炊烟袅袅，苏轼还忍不住写诗写赋，再次强调黄州的猪肉太好吃啦。

远在江西的弟弟一脸茫然，心想哥你怎么了，忽然疯了吗？

哥哥不仅没疯，甚至在他想通之后，仿佛整个世界又都对他好起来，有位叫杨世昌的道士慕名而来，送了苏轼一份蜜酒方。

苏轼大喜过望，按方酿酒，终于酿出好酒，叫来徐君猷想一雪前耻。

徐君猷本不想来，但实在磨不开面子，说来也可以，东坡的猪肉确实香,但我宁愿不吃你一块肉,也绝不喝你酿的酒。

赴宴之后,喝了半口,徐君猷觉得真香。

苏轼与杨世昌道士对视一眼,同时哈哈大笑起来。

而好酒好肉吃完,苏轼就又开始浪,完全忘了自己几年前是怎么进的乌台狱,酒后挥笔《鱼蛮子》,说人间行路难,踏地出赋租,讥讽赋税之重。

苏辙收到这首词,沉默良久,一方面是确认了哥哥没疯,甚至精神状态比以前还好,另一方面苏辙仰天长叹,下定决心等掌权之后,必须要把政敌一一赶走。

否则以哥哥的性子,免不了还要走一遭乌台。

身在江西的苏辙正为哥哥的未来担忧,久居黄州的苏轼兴冲冲地在听杨道士吹箫,而当一曲吹罢,苏轼又兴致勃勃地拉杨道士去赤壁玩了。

古之战场,江流有声,断岸千尺,配这一曲洞箫,岂不妙哉?

至于人世间的忧愁,且夫天地之间,物各有主,苟非吾之所有,虽一毫而莫取。惟江上之清风,与山间之明月,耳得之而为声,目遇之而成色,取之无禁,用之不竭,是造物者之无尽藏也,而吾与子之所共适。

当《赤壁赋》《念奴娇·赤壁怀古》等文章诗词写罢,天下间都知道苏轼在黄州快要成仙了。

所以当有传言苏轼乘舟长啸,登仙而去,还真的有太多人信。

那天苏轼与徐君猷等人一场大醉，朋友送他回家之后发现家门已锁，叩门不应，仔细一听里面鼾声如雷，苏轼大笑三声，写下首《临江仙》。

词句有："小舟从此逝，江海寄余生。"

第二天这首词就被朋友传遍了黄州，再接着就有人开始发挥想象力，说苏轼挂冠服于江边，放歌长啸，入海登仙矣！

人道是：此日苏东坡再入陆地神仙境。

宿醉刚醒的徐君猷一脸震惊，离京时那些高官的叮嘱又响起在耳畔，难不成苏东坡真的跑了？

跑了你还不叫我！

徐君猷迅速爬起来，打马就去了东坡，随即发现苏轼正打着鼾，睡得贼香。

徐君猷默然良久，觉得自己一定是脑子坏掉了才会相信这种离奇的传言，而更离奇的是这个传言竟然一路传到了京师，连赵顼都听说了。

赵顼失笑，苏轼的才华又开始在他心中加深了印象。

最近朝中要修国史，以苏轼的才干，还是叫他来比较好吧？赵顼端详着苏轼的名字，心中默默想着。

只可惜那位喜欢吃舒亶口水的王珪屡次劝阻，修国史的任务落到了曾巩头上。

当然，这些远在京城的事务，身在黄州的苏轼也不清楚，最近他的消息很闭塞，因为生了红眼病，只能天天窝在家里，外人都不见。

宅了个把月之后，黄州又有流言传出去，说苏轼得病死了。

那位苏轼的忘年交范镇闻讯痛哭，拿出银钱就要寄去黄州吊丧，直至门人劝阻，说你至少写封信去确认一下，这才住手。

而当范镇的信发至黄州，苏轼一脸茫然，心想我怎么就死了。

得红眼病的日子确然无聊得很，医生还叮嘱他连肉都不能吃。

纵然苏轼把道理讲得十分透彻，也没人给他半口肉吃。

养好病后，苏轼在黄州又开始悠然自得，写点小词，说：

但屈指，西风几时来，又不道流年暗中偷换。

再有半夜睡不着的时候，也没有伤怀，起来去找张怀民玩，夜游承天寺。

苏轼在黄州的最后一年，除了天天摆着一张棺材脸的程颐看不惯他，讥讽他"得则肆，失则沮。肆则悦，沮则悲。不贤不良，孰加于此"，叫他有些愤愤之外，只有一件事令他难以自持。

那年他开开心心送徐君猷退休，没想到前脚一席酒宴刚送别了徐君猷，后脚徐君猷就病逝在退休的路上。

这位在黄州陪伴他度过最落魄时光的朋友，竟这样溘然长逝。

苏轼沉默良久，忙碌数日之后，提笔恍惚，为徐君猷写下祭文：

轼顷以愚蠢,自贻放逐:妻孥之所窃笑,亲友几于绝交。争席满前,无复十浆而五馈;中流获济,实赖一壶之千金。曾报德之未皇,已兴哀于永诀。平生仿佛,尚陈中圣之觞;厚夜渺茫,徒挂初心之剑。拊棺一恸,呜呼哀哉。

四年的黄州之任,就在为徐君猷办完丧事之后,也走到了尾声。

曾巩修的国史,赵顼始终不太满意,他要准备再次起用苏轼,将他调到离京城更近的汝州去。

那年苏轼四十九岁,回望了一眼黄州东坡,再度踏上新的路途。

注:大致行程见于《苏轼年谱》,酿酒、红眼病、诗词文章事见于《东坡志林》《苏轼文集》《避暑录话》,原文纷纷,过长不录。

【苏大学士】

自黄州至汝州,这条路并不好走,迢迢长路,坎坷非常。

这一路上没钱没粮,那首"唯愿孩儿愚且鲁,无灾无难到公卿"之中所写的幼子,也死在漫漫长路之中,苏轼刚刚擦完自己的泪水,又听到妻子在哭。

便又是一阵悲从中来。

苏轼开始给朝廷写奏表,申请不去汝州,去近点的常州。

表曰:

自离黄州,风涛惊恐,举家重病,一子丧亡。今虽已至泗州,而资用罄竭,去汝尚远,难于陆行。无屋可居,无田可食,二十余口,不知所归,饥寒之忧,近在朝夕。

恳请转调常州,苟全性命。

⋯⋯⋯⋯⋯⋯

这是苏轼自己向朝廷哭诉的离黄历程,而实际上苏轼离黄赴任的历程,与给朝廷看的表还是有一点点的不同。

自黄州至汝州的路上,苏轼游庐山,作"横看成岭侧成峰"诗,还遇见了几个粉丝,逛了石钟山并写了《石钟山记》,又去找了弟弟,约了佛印,一起游山玩水。

因为吃喝太多,蹲厕所时日太长,在池州犯了痔疮,持续到金陵才刚刚见好。

虽然在金陵是真的死了小儿子,但苏轼的伤心程度也刚好因为金陵的另一位故人而减轻了,那就是晚年丧子的王安石。

当然王安石可能并没有意识到这一点……

所以苏轼给朝廷的表文,真可谓深得春秋笔法三昧。

两位丧子的中老年故人相逢时,苏轼帽子都没有戴正,见了王安石才意识到这样不太好,歉然道:"如此见相公,是我失礼了。"

王安石叹息挥手,道:"礼法岂为我辈设哉?"

二人在六朝流水间默默对视,忽然淡淡一笑,往事千端,似乎都不值一提。

那段日子里,俩人喝酒泛舟,谈诗论文,相互吹捧,王安石说:"不知再过几百年,才能有你这样的人了。"

苏轼吹得比较婉转,给王安石取了个外号叫野狐精,夸他文章奇绝。

王安石久不洗澡,笑道:"你是不是在嘲讽我有味?"

苏轼:"我不是,我没有,别瞎说。"

除了游山玩水,登高望远之外,总还是免不了会谈些往事。

王安石年纪略大些，或许是他先开口，他这一生执着于变法，最终却成果了了。

王安石问道："东坡沉浮多年，再观变法，有何感想？"

苏轼说："《免役法》是个好东西，只可惜其余变法，杀人太多。"

王安石似笑非笑道："究竟是谁在杀人？如果下层胥吏不法，杀一儆百，多加惩处就是，究竟为何层出不穷？"

苏轼道："财帛动人心，不是君子，当然言利。"

王安石哈哈大笑，指着苏轼道："我便不是君子？"

四十九岁的苏轼还很皮，嘿嘿笑道："我可不敢这么说相公。"

王安石摇头笑道："其实我的确不是君子，独断御史台，故交皆零散，若是君子，何至于落得这般下场？"

苏轼张了张嘴，还没有说话就被王安石抬手制止了，王安石望着秦淮河上的秋风，多少年前的豪情像是一瞬间突破了岁月的风霜，又重新回到他的眼中。

王安石大声道："我便不是君子，司马光、文彦博、韩琦等人，便是君子不成？《青苗法》之前，贫农借贷，只能向富人伸手，富人借贷，利息高达十倍。这些富人又是谁？一人为官，鸡犬升天，韩家的田产连阡陌，文彦博更是狂言陛下与士大夫治天下，而非与百姓治天下，《青苗法》推行不下去，到头来还是他们这些富人发放高利贷！"

"到最后,至多只顶一个御下不严的责难,便又可以做回他们的君子。"王安石定定地望着苏轼,一字字道,"子瞻,如此可称君子乎?"

苏轼汗流浃背,拱手施礼道:"相公言重了。"

王安石没再说话,该说的话,该做的事他当年早就做过了,即使他的手段过于急迫,那也是天子年轻,顶着保守派的压力,只想尽快见到成果罢了。

过去种种,想来净是疲惫。

苏轼沉默片刻后,又鼓起勇气道:"当今天下弊事繁多,新法纷杂,相公若是再次出山,还能救国于水火。"

王安石的豪情如昙花一现,现在又颓然起来,他摇头道:"国事如此,皆是朝廷自取,我出山又能如何呢?"

苏轼又想接话,王安石再次打断了他:"日后如果你有回朝的机会,以你的性子,切莫太关心国事,欧阳文忠公重修《五代史》,不如重修《三国志》,或许以你的才干完成欧阳文忠公没完成的事业。"

苏轼应下,王安石却又叹息说:"但你如今名重四海,怕是身不由己了。"

山风猎猎吹来,流云无定东西,苏轼与王安石并肩立在山头,又不约而同陷入了新的沉默。

苏轼想,王相公的这番话,多半还是会一语成谶吧。

几天后,朝廷的诏命下来,同意苏轼去常州居住,而常州定居不到一年,宋神宗赵顼去世,哲宗继位,太皇太后高氏垂帘听政,拜司马光为相,议废新法。

这年苏轼五十岁,以名重天下,连升四级,入朝拜翰林学士,知制诰,知礼部贡举。苏辙从县令被提拔至京,升右司谏,为谏官。

文德殿里又刮起席卷天下的狂风,章惇仍在朝中,与司马光攻讦不休。

京城还是那个京城,汴河两岸的杨柳似乎都还与往年一样,苏轼与弟弟在京城团聚, 他们似乎还能见到不久的将来自己同着紫袍,走入宣德门中。

只是此时的兄弟二人对视一眼,不由齐齐叹出口气。

原来这就是朝堂,原来这就是朝廷,如果当初知道政事是这般运作,你还会去考科举吗?

苏辙拿这话问过哥哥,苏轼举杯沉吟许久,最终点了点头,又干了那杯酒道:"毕竟还是能为百姓做些小事。"

苏辙半晌无言。

苏轼笑道:"早些睡吧,这次来京城,可少不了我们的麻烦。"

其实很多时候,麻烦未必会来找你,只是人在江湖,或多或少会有几个朋友,或多或少会见些不平事,若是你能忍气吞声,也算不上麻烦。

麻烦的是,苏东坡从不是一个忍气吞声的人。

京城水深,这谁都清楚,只是两方扯来扯去,拖慢的都是实事,这是苏轼忍不了的。

苏轼找过章惇,说:"我来京前,曾经在金陵见过王相公,王相公劝我全心修《三国志》,最近有一点疑惑,特来叨扰子厚了。"

章惇上下打量他道:"苏子瞻你在黄州待了几年,不至于学问也退步了吧?"

苏轼只是笑,说:"最近我读到刘先主入蜀,有个叫许靖的人,徒有虚名,但偏偏这个虚名还很多人都认同。刘先主喜怒不形于色,但终究是个烈性人,自然看不起许靖。法正这时就劝他,说天下真清楚许靖什么人物的,毕竟是少数,如果你不给许靖点面子,天下人倒觉得是你不行了……子厚觉得法正所言,是不是有些道理?"

章惇身子稍稍后仰,再次上下打量了一番苏轼,随后展颜笑道:"好一个翰林学士啊。"

苏轼嘿嘿一笑道:"客气,客气。"

章惇也笑,点头道:"纵然我不是刘先主,司马君实的虚名却比许靖要大得多,以后我注意些就是。"

只可惜二人因为苏轼的劝解,刚消停没两天,司马光又要尽废新法,连《免役法》与科举都要一并恢复到变法之前。

这次苏轼都忍不了了,上书言明免役法自有独到之处,苏辙更是说如果现在把科举改回来,这一科的学子准备数年,全要无功而返吗?

文德殿里,司马光言之凿凿,说取士自有成例,学子本就该通经义，明诗赋，以朝廷考题风向转变学风，本就是大谬不然。

就连新党执政时在西北打下来的领土，司马光也以西夏连年进犯，徒耗兵费为由，要把领土再割回给西夏。

而不喜欢妄开边衅的人远不止司马光，包括苏辙在内的诸多旧党也不喜欢，边境开战，就要花钱如流水，还会死伤无数。

如今天子年幼，边将尚未交接，西夏陈兵边境，真打起来，再把领土输回去就更难看了。

曾经西北望，射天狼的苏轼虽然想辩驳两句，但碍于弟弟在朝中已经上奏，自己又默默站了回去。而望着苏轼欲言又止的模样，章惇的目光再次变冷，于无声中立在文德殿群臣正中央，大声道："议者可斩矣！"

苏轼吓了一跳，回头再看，才发现这位故人的目光已经丝毫不落在自己身上了。

那天章惇掷地有声，谈及为国捐躯的将士，谈及先帝的壮志与大宋疆域的不可割让，最终尽数被司马光冷冷地堵了回去。

之后又绕回免役法，司马光左一句祖宗成法，右一句太皇太后听政，以母废子，乃是天经地义。

章惇勃然大怒道："见识短浅，见识短浅！司马君实一村夫子也，他日难以奉陪吃剑！"

苏轼呆在当场，都说自己能得罪人，自己哪有章惇狠，骂人吃剑，骂你杀千刀的，章惇这是当着太皇太后的面，说自己不跟司马光这杀千刀的同殿为官了。

此言一出,帘后的太皇太后也恼怒起来,文德殿里有片刻的安静,继而在司马光气到发抖的声音里,带出一票高官。

弹劾如雪花般落下,章惇怒极反笑,也不告罪回头就认命出京了。

只是章惇没想到,司马光不比王安石,把你贬出京城远未结束,还要一贬再贬,当章惇守父丧的时候,朝中的攻讦也从未停止。

翻旧账,捕风捉影,什么招都用了。

自秋至冬,再过除夕,章惇守完父丧,接到诏命被贬岭南,那里瘴气丛生,自己多半会死在那里吧?

京城里攻讦自己的人很多,苏辙是其中一个,当然苏辙只是在最开始的时候推了一把,落井下石的事情他还没干。

章惇端详着手里的诏命,江南的冬天不比凤翔,迟迟没有大雪飘落。

苏子瞻啊,你是觉得岭南风光好吗,以你我的交情,我被贬出京你不说话也便罢了,岭南之地瘴气丛生,你也放心我去?

呼出一口白汽,章惇站起身来,他北望京城,然后拨马南下。

"苏大学士再见了,我章惇会回来的,当我回来的时候,我会夺回属于我的一切。"

注:岁数经历见于《苏轼年谱》,调和司马光、章惇见《宋史》,章惇骂司马光而被贬见《邵氏见闻录》《宋史》等。

人在江湖，身不由己，当苏轼回京的那一刻，已经注定离不开党争的漩涡。

这年苏轼五十一岁了，他不再是当初出刀的少年，那时他可以藏身在欧阳修、范镇的身后，这次已经没人在他的身前了。

苏轼知道，只要自己一开口，就会有无数人受他牵连。

前不久刚从岭南回来的王巩王定国，他身边的那个姑娘待他极好，即使去了岭南，也能让王定国此心安处是吾乡。

如果自己再开口，王定国还要再去一趟岭南吗？

还有弟弟，弟弟将章惇贬出京城后也来找过苏轼，苏轼说何至于此啊，苏辙静静地望着他，说："司马光要尽废新法，路人皆知，我知道兄长在密州实施过《免役法》，叫你昧着良心答应司马君实是不可能的。既然《免役法》要争，那就要让司马君实知道，你我是在就事论事，而非与他党争，所以章惇……以及新党旧人，我是一定要弹劾的。"

苏轼沉默下来，他知道苏辙是在保护他，弟弟总是想得比自己周到，他这时如果跳出来跟弟弟说："我不要这种周到了，我宁愿冒着入狱的风险也要开口。"

那他又何忍叫狱外的弟弟承受丧兄之痛？

那些天里，苏轼看着章惇被贬岭南，新党的蔡确死在新州，他只能把一腔怨气，都用在与司马光反复较量上。

免役法势在必行，这几乎成了苏轼的精神支柱。

如果免役法有什么不好的地方，苏轼通宵达旦，把它修改完善，再度递给朝廷。

王岩叟指出改进版的免役法还有十弊，苏轼一一驳斥，再请朝廷罢了定役法，重新实施免役法。

这来来去去，苏轼的名头在朝廷更响，当初以旧党身份被召回京城的他，俨然成了坚守新法的钉子户，而他的弟弟苏辙，以一支妙笔，弹劾罢免了一系列新党高官。

随之而来的，是对苏轼名望的推崇，无论如何，有心人都看得出苏轼此举对自己绝无好处，全然是出于公心。

面对这份声望与坚持，司马光再不能无动于衷，他的年纪也很大了，这些年越来越少人能违背他的命令，他在朝堂上盯着苏轼，目光里都是寒意。

苏轼一步不退，直视司马光道："当年韩公为相，公为谏官，对韩公的命令据理力争，即使韩公发怒也丝毫不惧。如今公为宰相,我多说几句,相国便不能容吗？"

司马光一时恍惚,最终脸上笑了笑,没再说话。

只是免役法还是不能成行,司马光恢复定役法,即使劳民伤财,也在所不惜。苏轼憋着一口气,回府之后连骂三声"司马牛",又无力地望着门外天空。

其实很多时候,人们并不知道当下的时光已经算是不错,未来只会更加恶劣。

沉浸在与司马光置气中的苏轼得到消息,这个时代里最出色、最尖锐、最能掀动潮流的那个人病逝金陵了。

王安石的死讯传到京城,群情汹涌,有人趁机上书,要盖棺论罪。

年迈的司马光轻衣简从,叩响苏轼的府门,两人对坐,久久无言,茶水放凉之前,司马光终于留下一句话。

"褒恤之典,不可不厚。"

还是要待王安石好一些啊,司马光推开苏轼的府门,又想起这个与自己斗争了半辈子的老朋友,忽然佝偻了起来。

苏轼还有知制诰的身份,拟旨的文字向来都是他做,那天他写了一篇追赠王安石为太傅的文章,说他名高一时,学贯千载,卓绝之行,风动四方,靡然变天下之俗。

汴京城里的初见,金陵城中的搭救与对谈,一一闪过苏轼眼前。

人皆有死,谁能违天呢？

苏轼叹了口气，收拾好心情准备继续跟司马光扛下去，只是他忘了一件事——王安石都已经死了，那个时代也很快就要过去了。

同年，司马光病逝。

宰相的葬礼办得很隆重，特地请洛中名儒程颐来主办葬礼，那天太庙中的大典过后，苏轼起身与同僚去司马光府上拜祭，没想到会被程颐拦住。

程颐说："子曰是日哭，则不歌，今日我们刚在太庙作歌，自然就不能哭祭了。"

苏轼没心情跟程颐掰扯，只道："哭则不歌，又不是歌则不哭。"

程颐眉头皱着，望着这一行人进了司马光的府邸，府里的下人忙忙碌碌，却没有见司马光的儿子出迎。

这番不痛快让苏轼再度回头盯上了程颐，程颐很坦然，他说："孝子出迎，于古礼不合，孝子必处于悲伤之中，不该出来接待宾客。"

苏轼已经不再年轻了，他年轻时大言不惭，谁都看不起，看卫青是奴才，诸葛亮智短，元稹轻浮，白居易流俗……这些年他渐渐发现了他们的好，觉得诸葛亮真卧龙也，白居易诗老来精妙难言，他已经很久不再尖锐地怼人了。

只是今日他实在没忍住。

苏轼没看程颐，环视同僚，忽然开口道："程先生，可谓是烂泥地里叔孙通。"

叔孙通是汉初大儒,为刘邦制定了礼法,程颐何人?不过是烂泥地里爬出来的,不通礼法,又强行主持礼法的假学究罢了。

宾客闻声大笑,程颐面若寒霜。

这桩事自然不可能就这样过去,程颐是洛中名儒,朝廷里的洛中官员以他为首,苏轼给他这般难堪,洛党的弹劾便雪片般飞来了。

当洛党发难之后,苏轼才发现自己回京这两年惹了多少敌人。

除了洛党,还有章惇旧部、新党残余,而且司马光没死时,苏轼还说两句司马牛,与司马光硬怼,司马光还能包容。

此时司马光死了,那些司马光所提携起来的官员,便也容不下苏轼。

这年苏轼五十二岁,曾经的忘年交,庇护者范镇逝世,满朝皆敌,故交零落,苏轼只能将自己埋头在科举事务之中。

奈何这也行不通。

苏轼出题令学子谈论仁宗朝政、神宗朝政治得失,洛党官员朱光庭跳出来,说他不忠,为人臣者怎么能议论先帝得失呢,说好的就够了啊。

太皇太后觉得朱光庭有病。

只是这样的人无论如何都根绝不了,而且只会越来越多,因为苏轼毕竟还是朝中大学士,见到国库空虚,纵然没有政才变法,至少也知道限制恩荫。

于是又招惹了一批政敌。

谁当官不是为了鸡犬升天啊,限制恩荫,自己的亲戚不能享受特权,不能直接补个小官,那还有什么意思?

那几年苏轼在京城,面对的是无数人翻他的诗词文章,想再搞一出乌台诗案。还有人说他学的是汉唐之术,不是仁义道德,该罢了他的官。

太皇太后对苏轼信任有加,倒是不曾动摇过。

但苏轼累了,日日上表自辩,说:"当初乌台诗案,李定他们把讽谏当成怨谤,还有点相似之处,如今这群人说我诽谤先帝,简直无稽之谈。"

可我还要为了这些无稽之谈,一次次上书。

苏轼真的累了,从前他喜欢写诗词文章,现在连笔都动得少了,只要一写就会有一大批人跳出来找他的毛病,追着他骂。

苏轼偶尔心情好的时候,还跟弟弟吐槽,说:"为兄一提笔,就有无数高官等着给我写注释了。"

苏辙瞅着哥哥,实在不能理解他这时候怎么还笑得出来的。

苏轼当然能笑,既然乌台诗案里活了下来,就不能白白的活着,最好要白白胖胖的活着,心情愉悦是必修课。

无人时苏辙也会问苏轼,说:"要是早知道这么累,还会不会讥讽程颐?"

苏轼想了想,一笑道:"反正当时我说得很爽。"

苏辙满脸的绝望，哥哥你五十四岁了啊，五十四岁你怎么还这个性子啊？朝野上下都把你我当成是蜀党的领袖了，天天跟另外两党打嘴仗，你有点领袖气质好不好？

没有，领袖气质是不存在的，而且苏轼半点都不想当这个蜀党领袖。

元祐四年，苏轼终于乞求外任成功，再度去往杭州，成为杭州知州。苏轼离京的时候还笑呵呵跟弟弟打招呼，说你在这劳碌吧，为兄去西湖潇洒啦。

苏辙面无表情的给哥哥送别，内心一万匹马奔腾而过。

后来苏轼才知道，自己得意早了，杭州城里正值大旱，大旱之后瘟疫汹汹，要是应对不好，杭州城就要尸横遍野。

苏轼肃然起行，上书减免贡米，主持卖米施粥，又自己掏腰包建隔离病坊，硬是把旱灾与瘟疫都撑了过去。

此后在杭州的两年间，苏轼浚通西湖，修了苏公堤，点缀了三潭印月，所耗费的钱财，一是赈灾省下来的，二是跟朝廷要的。

苏轼说："太皇太后啊，西湖里许多小鱼小虾，若是能救它们，那都是功德，如今想救它们很简单，只要一点点银子，微臣就能给您办了。"

太皇太后哭笑不得，但觉苏轼离京之后，心情是好了很多。

然而苏轼在杭州办得越好，太皇太后就越想让苏轼回京，她总觉得有这样一个能臣在侧，国家大事才可以安心。

所以两年之后，元祐六年，五十六岁的苏轼又回了京城。

苏轼心想，我就是回来也改变不了朝局啊，我弟弟在朝这几年，肯定也下场打得厉害。

当苏轼一回京，迎来的是更猛烈的攻击，连苏轼再次请求外任，另外几党都心惊胆战，笃定苏轼这是要以退为进，谋求相位了！

而今天下，无论资历、名望、才学，苏轼拜相怎么都说得过去。

这些政敌们开始疯狂上书，说苏轼夸大灾情，谎报浚通西湖之功等等，但凡能找到的罪名，全都加在苏轼身上。

苏轼笑了笑，故交零落，群起而攻，自己也该走了。

苏辙也想跟着哥哥走，苏轼上表乞求外任，苏辙也跟着上表，朝廷里的高官厚禄，锦绣前程都不要了，我就想跟我哥走。

或者通过这种方式，把我哥留下也行。

太皇太后叹了口气，感觉苏轼确然留不住了，便允了苏轼外任颖州，苏辙却说什么都不肯放走了。

苏辙就只能老泪纵横，再次送苏轼离京。

京城故景依旧，山河故人难留。

【暴风雨前的惬意】

很多年以后，苏轼坐在海南吃生蚝，想起元祐七年的那个书生，仍然怀有愧意。

元祐七年，苏轼刚到颍州。

贬官这回事，贬啊贬的，也就习惯了，甚至还能吃点当地的美食。

然则，这次去颍州苏轼一脸蒙。

没有美食，没有美酒，到任第三天，府库里一两银子都没了，全州都在闹灾荒。

苏轼开始觉得老天不想让他休息。

不仅如此，事还特别多，朝廷有群人觉得隔壁州总发洪水，该导流了。

于是决定发动十八万民夫，三十七万贯钱，开一条八丈沟，把水导入颍州境内的淮河。

苏轼正饿着呢，隔壁州的官员和朝廷的人就到了，要开会，请他定夺。

苏轼说："我刚到，让我吃个饭先。"

一群人心领神会，纷纷要请苏轼吃大餐，苏轼就是这时候遇到书生的。

酒楼门前，书生不在这些长官的队伍里，他正提着刀在巡街，望见苏轼这群人要去吃饭，目光冷冷的，笑容净是嘲讽。

苏轼对上这人，沉默片刻，觉得好像哪里不太对。

苏轼用目光问：你这是什么意思？

书生用目光答：百姓都难成这样了你们还有心思吃饭，呸。

苏轼：不是我要来的啊，我就想随便吃点啊！

书生：呵呵。

那天苏轼最终也没吃这顿大餐，他说："诸公还是等会儿吧，真实的世界不像文人的笔记，我们除了风花雪月诗词歌赋，都有事做。"

做完事，再饮酒谈诗不迟。

什么事呢？苏轼亲自丈量河道去了。

还没动身的时候，那个曾在酒楼门前与他有一面之缘的书生已提刀上门。

苏轼问："你是？"

书生："汝阴校尉李直方，有大盗作乱，近日又杀了几家大户，几个议论他们的百姓，请知州发兵。"

苏轼说："啊，事好多啊。"

书生说："当然，大人你也可以不用管，自去饮酒。"

苏轼眼睛一瞪："我像那种人吗？"

书生说："大官没一个好东西。"

苏轼说:"啥?"

书生板着脸,仿佛什么都没有说。

苏轼想起那边酒楼吃饭的官员还在等回复,这么多公务如一头乱麻,但总要一点点来。于是苏轼一把拉过李直方,说:"你先跟我走,去量河道,把朝廷的人打发走先。"

李直方说:"为什么要量河道?"

苏轼说:"你傻啊,朝廷让开河就开河啊,朝廷里那么多庸才,开完说不准得死多少人呢。"

李直方一愣,他说:"你这是要抗令?"

苏轼想起在密州怼提举官的时候,他摆摆手,说:"没事,反正又不是第一次了。"

李直方有点呆,他发现眼前的这个知州,仿佛有些不一样。

那几天里,苏轼饿着肚子来回奔波,发现朝廷里有淮河不宽,涨不过四丈的发言,明明就能涨到五丈多,如继续引水入淮,势必河水倒灌,搞的两地皆受洪灾。

而且,这十八万民夫,三十七万贯钱,真按工程量算完全不够,这是有人想先把工程做下来,再向朝廷要后续经费。

这是想搞朝廷的钱啊!

苏轼一封奏疏,好歹把朝廷说动了,十八万民夫得以回家,操作也没能施行。

那天夜里,李直方陪苏轼吃素纳凉,没忍住问他:"你就不怕得罪人吗?"

苏轼说："两任相国,满朝高官我都得罪过,还怕几个小鬼?"

李直方倒吸一口凉气。

苏轼笑起来说："况且两地百姓,数十万民夫,为了他们,又有谁得罪不起?"

苏轼在夜里做诗,笑自己梦饮本来空,真饱竟亦虚,到官十日来,九日河之眉。

一点都不文士风流。

李直方也在一旁笑,说："其实吧,我也是进士及第出身的。"

苏轼眨眨眼,以为自己听错了。

李直方说："进士及第,一日看尽汴京花,那会儿怎么也没想到汝阴校尉,就是我平生功业。"

苏轼说："你得罪人了?"

李直方说："泱泱大宋,能有几个苏东坡?"

苏轼拍案说："就凭你这句话,只要你立功,我必定给你力请升官!"

李直方哈哈大笑,说："那是不是我要没立功,就要以尸位素餐为由,罢免我了?"

苏轼也笑,拍着他的肩头,说："荒年大盗,若不能除,你我乃是读书人,有何颜面留任?"

夜风萧瑟,读书人这个称呼,已经很久没有落入耳中了。

李直方起身施礼,他说："苏学士高义,直方必不负学士所托。"

随后的那些天里,苏轼四处赈灾,还背米救济,又以工代赈,碰上为了私利不许百姓向外买米的,一封奏疏又去骂。

另一边,李直方叩别九十老母,要去擒贼。

苏轼听说这事的时候,心底一突,想:这小子也没告诉我他还有个相依为命的老妈啊。

望着李直方远去的方向,苏轼抹了把脸上的汗。

他笑起来,心说有这等儿郎,无论庙堂之上多少奸佞,也总有中兴之日。

那天李直方只带了几个捕快,弩手跟在他的身旁,他们摸到大盗的老巢,捕快们瑟瑟发抖。

他说:"老大,要不算了吧,就跟知州说没抓到算了,丢官比丢命强。"

李直方想起连日奔波的苏轼,深吸口气,说:"我已经怨天尤人够久,苟且多年,幸得苏学士看重。读书习武,于今得一知己,何惜此身?"

你们不去也罢,我还有我手中的刀。

言毕,李直方令捕快留守,而弩手掩护,孤身单刀闯入贼巢。

蹉跎多年的风吹过来,李直方大笑三声,破门而入,一刀斩出,仿佛梦回汴京及第时。

这么多年,终于能有今日痛快!

这刀携多年凄风苦雨,忠孝仁义,大盗手下未及反应,大盗的手还停在刀柄,刀光已至眼前。

大盗为祸一方多年,自称大王,今日束手。

他沉静地看着李直方,说:"我见过你,你不过是汝阴校尉,从前你没有这么快的刀。"

李直方笑了笑,说:"因为从前的颍州没有苏东坡,是苏东坡让我找回了我的刀。"

大盗笑了,说:"好,我都记下了,这些年我虽杀掠,多费些钱,也不过刺配而已。等我回来,杀你们。"

李直方也笑,说:"你还不了解苏东坡,他不会放过你的。"

当李直方押着大盗回来时,灾荒也得到了控制,苏轼还在抱怨,说:"这日子什么时候是头啊,我好想安心吃点好的,喝点好酒。"

李直方只是笑,说:"民难一日不除,你苏东坡总难安心的。"

苏轼说:"你那事我都知道了,我必定上书让朝廷立诛大盗,你的功劳我也一并上报,势必让朝廷给你改任。"

几次上书,大盗真就被斩了,但李直方的赏赐却始终下不来,朝廷说他官职太小,都这么赏就坏了规矩。

苏轼说:"不行,就得赏,把赏我的赏他行吧。"

朝廷说:"不行。"

苏轼连上三道疏,还是没啥用,李直方就在旁边哈哈大笑,说你苏东坡不行啊。

苏轼就很无奈,只能把自己的字画给他,说:"好歹能换几个钱,当我孝敬你娘的吧。"

这么多年，信誓旦旦许下的承诺，苏轼还是头一次没做到，十分羞愧。

李直方倒不介意，他拍拍苏轼的肩，说："最好的赏赐，你已经给我带来了。"

春风有讯，大宋有你苏东坡，这个天下还是值得期待的。

颍州的六个月苏轼忙前忙后，刚能休息两天，朝廷里又传来调令，派他去扬州任知州。

走之前跟李直方喝了顿酒，五十七岁的苏轼骑鹤下扬州。

扬州的事就简单许多，没有饥荒，但仍旧有荒田无数，百姓困顿，惨不忍睹。而事情之所以简单，是因为苏轼追查之下，发现当地的困境源于王安石的青苗法。

官府借贷的旧债，都逼着百姓还。

当地人有个歌谣，说荒年死，丰年囚。荒年不必说还不上债，直接就饿死了，丰年倒是有粮，但多年积债，一年的粮必定还不上，只能坐牢。

苏轼忍不住腹诽，司马光当时就知道尽废新法，你倒是把旧债也废了啊，你废新法到底废出什么东西来了？

还是苏轼在扬州上书，把旧债去了七七八八，扬州城才恢复了几分生气。

离开扬州的时候已经是冬天了，苏轼又开始写日记，他说："自己走的时候许多人都来送他，花来了，鸟来了，石塔也来了。"

苏轼说："等会儿，我在扬州没见过石塔啊。我没见着你，一直是个遗憾,你怎么今天来了?"

石塔白他一眼,说:"你没见过我,还没见过我弟吗?"

苏轼说:"敢问令弟是?"

石塔说:"当然是砖塔,我弟比我厉害多了,你今天竟然连他都没请。"

苏轼说:"那不能啊,砖塔那么多缝隙,哪比得上你石塔浑然一体?"

石塔说:"若无这许多缝隙,何以容世间蝼蚁?"

苏轼扬声大笑,丢笔拂衣去,回京找弟弟过年去了。

这是苏轼在京城的最后一个冬天,除夕的时候他还与弟弟喝酒,美滋滋地说自己还是更喜欢现在的生活,为官一任,造福一方,前脚刚收拾了一地弊政,后脚就能去另外一地救民于水火之中。

苏轼抿了口酒,笑呵呵道:"别说,还真有些成就感,读书人便该做此等事。"

这时苏辙已经晋爵开国伯,当过代理太尉,主持过皇后册封大典,还当过一段时间的代理副相,弟弟心想:要不是我在朝里给你当后盾,哥你哪能这么容易做事?

这话苏辙当然没说,他只是笑着看向苏轼,觉得自己哥哥如今的风采格外动人。

能在朝中混的,都是苏辙这样老成持重的人,苏辙自己也清楚,朝中的争斗与疲惫,还是当弟弟的自己承担吧。

过年后，元祐八年，苏轼又从扬州调到了定州。

定州军备松弛，将校贪墨无度，副总管王光祖从来看不起文官，种种弊病，又是杂陈案头。

苏轼笑了笑，搓搓手，开始一桩一桩处置。

走访几桩贪墨的案子，先揪出来办了，无论你后台有多硬，能向上找到什么人，反正都没有我家子由硬。

随后整顿军纪，禁止赌博饮酒，顺手恩威并施，修缮军营，提高俸禄。

几个月之间，除了当地总管还是不服他之外，定州军备一改往日，初步有了些样子。苏轼对那位总管的态度，始终是不冷不热，也不管他是否听话。

反正苏轼举办了一次阅兵大典，就等着看总管来不来。

结果总管没来，总管要给苏轼点颜色看看。

苏轼当场就开始写奏疏，要上奏罢免王光祖，校场上一时寂寂无声，不少人以目示意，最终还是把这消息传了出去。

当然苏轼也没想瞒着，慢悠悠写着奏疏，很快等到了仓皇赶来的王光祖。

苏轼丢笔，望着王光祖盯了几秒，才展颜笑道："来，给本官看看你的本事，让定州军露出它本来的面目！"

自此，定州军再无人不服苏大学士的威严。

人生有时会有这样一种错觉，我所生活的状态，将会一直不断地持续下去。

苏轼在定州的时候,想起自己从杭州、颍州、扬州到定州,也以为自己能一直这样下去,当京城里传来太皇太后病逝,哲宗亲政的消息时,苏轼才忽然醒悟。

一朝天子一朝臣,天下焉有不变的生活?

这年王闰之病逝在定州,苏轼陪在她的床前,拉着她的手,在她耳边说了几日的话,最终王闰之闭目的时候,嘴角仍旧带着笑意。

苏轼也笑起来,泣涕涟涟的,他说:"刚好你早去奈何桥头等我,往后的路不好走,还是让我自己辛苦吧。"

【兴尽归去】

　　云遮雾绕,岭南多瘴,客居此地多年的章惇忽然从梦中惊醒,他有一种感觉,今天似乎要有大事发生了。

　　前几天太皇太后宾天的消息已经传来,章惇知道,自己的机会到了。

　　几刻钟后,章惇已经起身洗脸,穿戴整齐,坐于堂中。

　　家里的下人来来往往,门外有马蹄声响起,章惇的眼睛眯起来,第一个望见了门外的来人。

　　是宫中使者。

　　章惇笑起来,他的目光向北方飘去,他想:我章子厚,终究会回去的。

　　元祐八年,宋哲宗亲政,起用章惇为相,当初的新党旧人,只要还活在世上的,尽数重用。

　　无数人进出的京城,在不同人的眼中自然是不一样的,苏轼见到京城,觉得似乎没有什么变化,章惇再进京城的时候,眉头明显挑了挑。

章惇嗅到了血的味道。

大宋纵然有不杀士大夫的传统，死在岭南的蔡确，郁郁而终的王安石，无家可归的同僚，这些仇怨，章惇都一一记在了旧党的头上。

这次回来，便要他们也尝尝血的味道。

短短数月之间，所有旧党官员尽数被贬，只是曾经弹劾过新党的不少人已经死了。同僚把这个消息告诉给章惇，对上的却是一双更冷漠的眸子。

章惇说："人死了，就没有家人和孩子吗？"

同僚打了个寒战，应声去写奏折，追夺那些官员子嗣的出身，夫人的诰命，要把他们一家都削为庶民。

走在汴京城里，处处都是章惇的回忆，樊楼这样的地方仍旧瞩目，他认识的人里只有两个不会来樊楼买春。

王安石、司马光。

章惇陡然驻足，又快步走回府中，开始磨墨，写奏疏，要求掘了司马光的坟，把他从棺材里挖出来砍了。

宋哲宗拿着章惇的奏疏，年轻的天子抚了抚脑袋，试探道："章卿，这不太好吧？"

出了一口恶气的章惇沉默良久，才对天子施礼道："臣明白。"

此后的几年里，章惇捏造证据，屡次攻击旧党大臣，把这些人一一丢到了岭南，还把宫中的皇后给废了，但凡想挡他路的，没有一个人能站在他面前。

新法再度颁行，而章惇还有最后一口气没有吐出。

那年被司马光、苏辙割出去的领土，他还没有拿回来。

无独有偶，恰逢西夏先开边事，进攻大宋，攻陷金明寨，主将当场阵亡。朝廷震动，哲宗同意了章惇的进取战略，筑城、联络各藩部，伺机进攻西夏。

西夏梁太后恐惧，遣人去辽国，约为援手。

元符元年，章惇所定的战略终于取得成果，逼降吐蕃，再胜西夏，西夏不得已，接连上表求辽国出兵。

辽国兵马动了，以大举南下之势威逼大宋，称此举是来劝架的，不如大宋与西夏和谈，完事把攻占的土地再还给西夏。

满朝文武，无不答应，还是只有章惇断然否决。

章惇说："是西夏先开战事，想和谈也不是不行，辽国要做劝和者，就要把先做错事的一方讨伐一番，再来劝和不迟。"

辽国使者深深看了章惇一眼，没再说话，施礼告辞。

京城里章惇没有对手，更没有朋友，辽国使者走后，章惇就一个人默默回家，这些年他虽然当上宰相，也如王安石一样，克制、节欲，虽然没有王安石那么夸张，但不给家里人安排官职，还是始终如一的。

所以章惇回府之后，也是冷冷清清的。

偶尔章惇会想起苏轼，这些年的朋友里，最有意思的就是他了。

苏轼现在又在哪来着？

绍圣元年的时候，苏轼被章惇一路连贬，直至惠州。惠州穷山恶水，岭南多有瘴气，章惇想苏轼无论如何也会撑不住向他求情的。

然而没几天就听到苏轼的诗，说："日啖荔枝三百颗，不辞长作岭南人。"

章惇的神色顿时就不好看起来。

其实苏轼在惠州的日子也没有那么自在，毕竟是被贬官员，大多低调行事，连羊肉都不好与当地官员争。

苏轼家的狗说："但是我想吃羊肉。"

苏轼说："谁又不想吃呢？"

苏轼想了想，说："羊脊骨的肉少，没人买，我捡几斤来吃，你啃啃骨头缝里的肉。"

狗两眼放光："老苏厉害的！"

羊脊骨到了，苏轼开始做饭。

做好了，贼好吃的，挑骨头缝里的肉吃也别有一番风味，像是在吃螃蟹海鲜。

再加上一两杯酒，苏轼说："啊，爽。"

羊蝎子的烧烤做法，由此知名。

苏轼还兴冲冲地给弟弟写信，说："这羊脊骨的美味，你这种做惯大官的人，顿顿都吃肉，怕是尝不到了吧？"

汪汪两声狗吠，把苏轼从写信的氛围里叫出来，苏轼回头一看，狗子正把一点肉都不剩的羊脊骨丢在一旁，冲他猎猎狂吠。

苏轼哈哈大笑，岭南瘴气，似乎也不值一提了。

固然还是有生离死别，但红尘间的事嘛，不过能出手则出手，若无能为力，则取江上清风、山间明月、人间美食，便幸甚至哉。

或许是苏轼的态度终于还是传到了京城，章惇便总觉得有根刺扎在心里，他对同僚似笑非笑道："苏子瞻倒还过得快活。"

随后大笔一挥，又将苏轼贬过了海，直至儋州。这次也没忘了苏辙，把他丢到了岭南雷州，兄弟二人时隔多年，再次在被贬的路上相逢了。

行路的深夜里，苏轼的痔疮又犯了，哼哼唧唧的睡不着，苏辙就笑着安抚他，捧起书卷，开始读陶渊明诗，哄他睡觉，顺便劝他戒酒。

苏轼满口答应，说去了海南，绝对不饮酒了。

苏辙就笑，说："鬼才信你！"

烛火悠悠，苏辙忽然觉得如果被贬的路上能一直有哥哥陪着，其实与当初在蜀中的日子也没差太多，正应了对床夜雨之时。

读着诗的苏辙，又是一笑。

至于分别之后，二人的境遇就有所不同了，苏轼还是天天找海鲜吃，还给儿子写信，说："海南的海鲜可太香了，这话你可别跟衮衮诸公说,否则这群人怕是天天想被贬官至儋州,跟我抢这些美味啦。"

儿子哭笑不得,他发现父亲越老越容易让人哭笑不得,谁会想被贬去那么远啊!

而且爹前几天分别的时候,不是还很伤心,说子孙恸哭于江边,以为死别,魑魅逢迎于海上,宁许生还吗?

儿子笑完哭完,又把苏轼的书信好好收起来,每当心境不顺时,再拿出来看吧。

苏辙就比较惨了,比起哥哥,章惇当然是更记恨苏辙。苏辙在雷州没钱买宅子,要租农户的房子住,章惇听说,非要告苏辙强占民居。

百姓觉得苏辙是个难得的好官,举出合同说真是租的,不是强抢。

衙役们几次三番逼问,几乎都要毁了那农户的家,还是苏辙站出来把他们厉声喝退。

苏辙在雷州抵挡着随时可能到来的攻势,苏轼就在海南兴办学校,大肆讲学,还真有不少学子跨海而来,听他讲经义,跟他抢海鲜。

那几年里苏轼还是一如既往的皮,把椰子摘下来,顶在头上当帽子,回头还把椰子帽寄给了弟弟,颇有一种要让椰子帽流行全大宋的趋势。

元符三年,宋哲宗早逝,端王继位,大赦天下。由于章惇干预立储，曾经说过端王轻佻，不可以君天下，所以当这位端王成为宋徽宗时，天下人都能赦，章惇难赦。

当苏轼被宋徽宗复起，传言要拜为宰相之时，章惇被一贬再贬，直至岭南雷州。

人生真如梦幻泡影，一啜一饮，皆有前缘。

苏轼听到这个消息时，心中如此想着，思绪停时，他又叫仆从送来笔墨，给章惇家里写信，说雷州并无瘴气，子由住了多时，身子也还康健，盼子厚的老母切莫忧心，我有白术方，能延年养寿，子厚贵人自有天相。

这封信写完，像是了了一段因果，六十五岁的苏轼继续乘船北上，于常州停留，常州百姓夹道欢迎，还有往他船上丢水果的。

苏轼哈哈笑着，觉得自己与卫玠待遇相仿。他躺在船上，抬头看着悠悠白云，茫茫蓝天，就度过了他在常州的最后一年。

那年，苏轼在常州百姓的欢笑呼声之中离世，些许遗憾，便是临终不见子由吧。

浮生如梦，所得者山山水水，明月清风，所见者恩恩怨怨，百姓苍生。

这一世到此，可兴尽归去矣。

第五部分　从后宫到江湖

凌晨四点,在张贵妃枕边起床。

想起昨天晚上答应了张贵妃,让她伯父做宣徽使的事想反悔了。

张贵妃撒娇,说:"官家别忘了宣徽使。"

啊,张贵妃真好看。

宣徽使就宣徽使吧。

凌晨五点上朝,天还没全亮,包拯黑着张脸站在下边,我总觉得有种不祥的预感。

还见到了欧阳修。

我又想起几年前欧阳修的《朋党论》,说:"君子结党利国利民,小人结党只会营私。"

所以要我重用他们的君子之党。

如果不用,那就会像东汉灭亡,商纣亡国一样。

我总感觉他在骂我,但又不知如何反驳。

罢了,最近欧阳修还挺乖,今天给张尧佐宣徽使,他应该不会有强烈反应吧?

上午六点,没什么别的事了,我开始提张尧佐的事。

呼啦啦，站出来一排人。

我脸上的表情一僵……我就知道这果然不会顺利啊！

有个叫唐介的，义正词严开始跟我对着说，包拯也站出来，顺手还上了个折子。

我接过折子，内心极其想把这折子给摔了，然后大喊："你哪来的折子啊！你早就预判我的预判了吗？"

我累了，我想张贵妃了。

我决定回宫，张尧佐的事以后再说。

我刚起来，眼角瞥见一道人影闪来，黑乎乎一团，三步两步追上了我。

不对，是包拯，他要干吗？

包拯一把拽住我的袖子，慷慨激昂，说："怎么也轮不到张尧佐来当宣徽使。"

唾沫星子都喷我脸上了。

我当场就想把他给砍了，或者拿把刀，让他把我给砍了。

那么多大臣看着，朕不要脸面的吗？！你说不行就不行的吗？！

但我不能这么干，我又没啥本事，只剩个脾气好，我说："行吧，包爱卿言之有理，可以松开朕的袖子了吗？"

没错，我就是这样能屈能伸的男子。

上午七点，回宫，劈头盖脸就骂张贵妃，说："你就知道宣徽使,你知不知道包拯在当御史啊？"

张贵妃眨眨眼,委委屈屈,不敢说话。

啊,我死了。

张贵妃真好看呀。

这会儿我又想起来包拯之前上了个折子,说要削官员们的假期,这群狗官没有一个帮我说话的,削,今天就削!

————这是几年之后的分割线————

照例,上朝。

张尧佐前几天死了,朕觉得朕又可以了。

我不免想感慨两句,说以前你们觉得我用张尧佐,就像唐明皇用杨国忠,我不以为然。

死者为大,我想总不至于一群人又跳出来怼我。

果然,只有一个人跳出来。

是那个唐介。

唐介说:"官家要是真遇上唐明皇事,可能比他还惨。"

我心里一抽,有种不妙的预感。

唐介说:"唐明皇还有儿子替他拨乱反正,陛下你连儿子都没有。"

连儿子都没有,都没有,没有……

都是些什么玩意儿!

回宫找我的张贵妃去。

关于没儿子这种事情,我常在午夜梦醒,想了半天也没想明白我究竟得罪了哪路神明。

要是知道,真想让狄青去砍了他。

我也不是生不出儿子,但生一个就死一个,生一个就死一个,多少泪够流啊。

还有一群口口声声圣明天子的大臣,个个都要给我扎刀子,说是为了大宋江山。

罢了,都是忠臣,没有奸臣。

我一个孤家寡人。

后来我把别人的孩子立为太子,那孩子还称病不来宫中。

所有朝臣都已经认定他了,朕能怎么办,朕只能说你要是病了,就乘舆进宫吧。

我终于发现,好像谁都能欺负我。

就连我办科举,御殿笔试,都有个学子写文骂我。

说我最近懒了,不行了,得支棱起来。

我瞅了瞅,这学子叫苏辙。

人们说苏辙目无尊上,不能取他。

我能怎么办,我当然只能说,读书人耿直点好,为国取才,留下吧。

回头就想找张贵妃吐槽。

然后我才想起,张贵妃已经死去很多年了。

曹皇后还是温温柔柔，与我相敬如宾。我要是找她吐槽，她估计还会劝我再接再厉，做个好官家。

　　万事不会，只会做官家的好官家。

　　她或许是个好人，但我还是不太喜欢她。

　　其实我也想过，我是天下之主，大可以不这么惨，想办谁总能办得了，想当个昏君，非要用某人也能用得成。

　　我何必呢？

　　反正都天天挨骂。

　　罢了，我这人没什么本事，我自己清楚。

　　天下苍生多苦，我能做的无非就是克己守仁而已矣。

　　望能守一代基业，百年之后，还能有几分清名吧。

这是一个"白莲花"逆袭的故事。

那年姑娘还小，正是倚门回首，却把青梅嗅的娇俏光景。还想着嫁个良人，家里就把她安排得明明白白。

她爹说："要不你进宫吧？"

姑娘说："这也太突然了点吧！"

姑娘温柔娴静，乃是一朵货真价实的白莲，她瞅着自己老爹说："就我这个智商，您不觉得我去宫里就是给人送人头的吗？"

她爹说："没事，小说里都是这么演的，'白莲花'命好。"

姑娘说："这几年已经不流行了啊爹。"

反正，无论是出于宫里征召，还是姑娘家里别有心思，总之，姑娘是进宫了。

这会儿姑娘才十六岁，偌大的宫城里举目无亲，如履薄冰，形容颇有些消瘦。

家人偶尔来信，说："怎么着，苦不苦啊？"

姑娘说:"娘你不知道啊!宫里真是个减肥圣地啊!"

家人对姑娘的心大表示沉默。

反正那些年里,姑娘在宫里小心翼翼,就显得更加娴静知礼,待下人柔声细语,更是深得人心。

这就很讨太皇太后喜欢。

那会儿虽然有个天子,但太皇太后垂帘听政,把小天子压得毫无存在感。

就连选皇后这事,也是太皇太后一手操办。

太皇太后喜欢白莲花,那天子就得喜欢白莲花。

这年,太皇太后拉着姑娘的小手,带她到天子面前,说:"来,你们认识一下,这就是你的皇后了。"

姑娘眨眨眼,她进宫四年,见天子的次数不多,这突然正式见面还真没认出来。

天子心想老子不能亲政也就算了,连皇后都不能自己定吗?

没错,你不能,你还连多嘴的机会都没有。

太皇太后大操大办,著名美食家苏轼的弟弟苏辙为告期使,以及诸多清流高官都参与了的立后大典,史称一代盛事。

天子就像是一个工具人,面无表情地配合着。

而这年姑娘才二十岁,今天她才像是正式嫁了人,她红着脸,对未来期待而又茫然。

随后的几年里,姑娘才发现即使当了皇后,生活仍然没有太多的变化。

天子不待见她，虽然经常在一起吃饭、睡觉，但天子始终没有多少好脸色。

姑娘渐渐也习惯了随遇而安，待天子与待下人一样，都是温婉柔和。

天子说："我怎么觉得好像哪里不太对？"

无所谓，反正天子对这个皇后也没有什么兴趣，他喜欢的是另一个有心机的女人。

宫里有有心机的女人是很正常的，年轻的天子没见过世面，喜欢她也是很正常的。

有心机的女人得宠了，还怀了孩子，她怎么看皇后怎么不顺眼。

皇后叫妃嫔议事，别人安安静静听话，她背对着皇后嗑瓜子。

后宫诸妃去拜见太后，只有皇后能坐着，别人理论上都不能坐，她自己带了个跟皇后一模一样的板凳去了。

这就很不好。

但其实姑娘有一个好，对人温柔可亲，确实很得人心。

有心机的女人背对着皇后嗑瓜子，就会有宫女背后骂她，把她骂得特别尴尬。

而当有心机的女人带着板凳去拜见太后时，总要起身参拜的，等她再坐下的时候，一屁股坐空了。

啪的一声，摔在地上。

有心机的女人一脸震惊,怒而回头:"谁,是谁,是哪个王八蛋敢拉我的板凳?"

所以说也不知道有心机的女人图啥,搞这么多幺蛾子,还都这么简单,她是小孩儿吗?

有心机的女人不管,她觉得这个脸丢太大了,找天子呜呜呜哭起来没完。

天子能怎么办,天子说:"你难,朕也难,大家都勉为其难吧。"

回头有心机的女人身边的太监郝随低声说:"娘娘别慌,只要你把孩子生下来,皇后的位子一定是你的。"

有心机的女人定了定心,觉得这话说得对。

几年的工夫,太皇太后终于死了,她决定发力,趁势搞掉皇后。

那几年,姑娘也有了一个女儿,女儿身体不好经常生病,姑娘的姐姐拍胸脯说:"放心,我能治好。"

姑娘信了。

姐姐回头就带着不知哪个鬼道士的符水进宫了。

姑娘呆了片刻一把薅住姐姐,说:"老姐你搞什么呢,宫里最忌讳这个你不知道吗?"

随后赶紧把符水藏起来,但姑娘还是惴惴不安,等天子来的时候,姑娘犹豫半天,还是跟天子说了。

这么多年,天子也知道姑娘确实是"白莲花",但也没放在心上，说："没事，病急乱投医，人之常情而已。"

可惜有心机的女人不这么觉得。

有心机的女人的手下郝随更不这么认为，郝随说："假如宫里到处开始流传这种东西，你说皇后是想干吗呢？"

有心机的女人说："对啊，是想干吗呢？"

太监说："……你管他们想干吗，你说他们想干吗那就是想干吗！"

几天后，宫里开始传什么邪术啊，诅咒啊，诸如此类的东西，有心机的女人请天子下令查是谁在传这些东西，大行搜捕之事。

姑娘还完全不知道发生了什么。

姑娘身边几乎所有人都被抓走，遭到严刑逼供，怪罪他们攀扯姑娘，史称：肢体毁折，至有断舌者。

就这样还是没几个出卖姑娘的，要定姑娘的罪，还是靠郝随拉拢大臣章惇，又威胁审案的御史，才成功定罪。

废后，出家，去当道士。

这年，姑娘才二十四岁。

那些年在道观里，姑娘也不知想了些什么，她常抬头望着窗外白云，回想宫里的生活。

想了想，好像也没什么值得怀念的。

除了那些与她一起笑过的宫女，玩过游戏的小太监。

只可惜他们都死了，因为自己死了。

姑娘在道院里潜心问道，想知道如何宽慰亡灵，如何得因缘果报。

道士说:"姐姐,那是佛家的活儿。"

姑娘有点尴尬,不过无妨,反正姑娘在道观里就图一个宁静致远,这使她本来就随遇而安的性子越发通彻起来。

又过了四年,四年前天子早已亲政,带着太皇太后标记的姑娘也已远走,但他并不快活。

他发现身边的有心机的女人一点都不可爱,一言一行,都带着功利心。

有心机的女人当了皇后,还想参与政事,还想收买大臣。

天子亲政已经很累,回宫还要面对这样一个皇后,心更累。

于是早早地累死了。

没错,反正就是过去四年,天子病逝,临死前他忽然想起那位曾经陪伴在他身旁,一直温柔如水的姑娘。

天子说:"章惇误我!"

临终前,天子有意为姑娘复位。

在他死后,他的弟弟成了新的天子,他深知哥哥的意思,加上天下人多为姑娘喊冤,或许有人曾在市井受过姑娘的恩惠,还敢以布衣之身进言。

新的天子,便把姑娘从道院里接了回来,成为皇太后。

姑娘说:"其实没必要,我现在回去,过几年还会回来,到那时我的处境更惨。"

使者说:"但上边已经决定了,您还是回吧。"

姑娘叹了口气,四年的修道生涯,让她成了一朵特别机智的"白莲花"。

　　这些年里有心机的女人在朝中宫中势力已深,自己回去八成斗不过她,而自己有过这样东山再起的时候,恐怕会更被有心机的女人妒忌。

　　日后再输,就不会是当道士这么简单了。

　　事情一如姑娘所料。

　　回宫以后,后宫有两位皇太后,处处针锋相对。

　　太监郝随联络宫外的大臣,非要把姑娘给搞下去不可。

　　而这位大臣也是知名人士,名曰蔡京。

　　那些为姑娘当初的案子喊冤的人,多是蔡京的政敌,既然宫里有人帮忙,打击政敌正是蔡京的拿手本事。

　　内外夹击,姑娘很快就败下阵来。

　　这些天里,也有与姑娘相熟的宫女、太监,他们问姑娘,说:"别人动作这么多,太后您怎么不出手啊?"

　　姑娘淡淡地一笑,说:"我不必动,前几日天子来见我,该说的我都说了。"

　　"那您说了什么?"

　　"我说如果连朝臣都站在那位身边,想来是我犯了忌讳,我回去修道便好。"

　　宫女、太监急了,说:"这有什么用啊?"

　　姑娘倒是不急,她笑着望向这座宫殿,这里曾经有她很熟悉的人。

姑娘轻声说:"等着吧,替你们报仇雪恨的日子,就要来了。"

几天后,朝堂上要求废后的声音多了起来,天子面无表情,又将姑娘请回道院,废了太后尊号。

这次回到道院,确实不甚太平,搬去何处,何处起火。

姑娘险死回生,冷眼望向宫中。

姑娘早已料定,当自己又被有心机的女人打压下去,她一定会更加得意忘形。有心机的女人的手伸得太长,朝臣都站在她那边,谁会站在天子身边呢?

没人站在天子那边,天子又岂能容得下她?

天子脾气还是好的,但经过几次提醒,有心机的女人都置若罔闻,天子开始与几个亲密大臣商议废太后事宜。

这些年里,有心机的女人的传闻还不好,宫里总是会传出消息,说太后又偷人了。

史称:以不谨闻。

更让天子多了一条废太后的理由,当废太后的消息传来,有心机的女人和郝随不知是否想过挣扎。

或许是想过挣扎,但迅速被平定了,为了天家颜面,史书上只见到他们自缢身亡。也或许没想过挣扎,事到如今,有姑娘推波助澜,得此结果也是她咎由自取。

大仇得报,姑娘的故事,刚过一半。

二十年的修道生涯过去了,当姑娘再次望向这个世间的时候,一切都变了。

那是,靖康年间。

金人攻破……反正也算不上是攻破,但所有天家子女妃嫔全部被俘虏北上。

只剩下姑娘,因为被废于道观,未被掳走。

次年,金人命张邦昌掌管中原,立为"伪帝"。

而在金人撤走之后,张邦昌不敢冒天下之大不韪,不仅承担卖国之罪,而且要还政于朝。

一时半会儿,找不到天家骨肉,便找到了姑娘。

三军浩荡,要请姑娘垂帘听政。

岁月长河在姑娘眼中变幻,她望着残破江山、断壁残垣和潦倒的百姓,前半生的宫斗忽然都显得那般无聊。

姑娘站了出来,说:"好,我来垂帘听政。"

我来重整河山。

那些年里,姑娘带出玉玺,写下诏书,寻人在乱军之中送出,递给了赵家亲王。

这才有南宋立国,站稳脚跟。

而那时的亲王,还是一位传奇人物,面对金兵,自请成为人质。在金营之中,又能面对刀兵坦然自若,无畏生死。

南渡君王,此乃最好人选。

姑娘也想不到,在南渡的战争中又发生了什么,这位亲王为什么会变得那样的懦弱。

这位亲王，正是宋高宗赵构。

乱世之中，姑娘也随军南下，而逃亡的路途，更不可能一帆风顺。

赵构已经开始变化，越来越多的人投敌，他选择更相信身边的太监。

而这些太监害死了不少军士，那些胸怀野心的人趁机作乱，逼宫到赵构身前，要他退位。

赵构手指颤抖着，一句话都说不出来，不知是恐惧还是气愤。

叛军说："假如北边的二位回来，您名不正言不顺，还是请皇子上位，太皇太后垂帘听政，名位更正。"

姑娘便又站在风口浪尖上，她还想讲讲道理。

她说："大敌在前，一国之主是幼子、老妇，如何能安定人心？"

野心家们却不依，只说："假如您不答应，时间长了，我怕控制不住我手下的士兵。"

姑娘就明白了，这是他们要挟天子，令诸侯。

姑娘抬抬手，说："好，我来垂帘听政。"

我会重整河山。

那些日子里，姑娘垂帘听政的同时，凭着自己的威严，震慑三军，又在三军之中敏锐地找到了一个人。

另一个女人。

这个人叫梁红玉，是名将韩世忠的妻子。

姑娘垂帘听政是明修栈道,助梁红玉匹马出营,去求救兵,是暗渡陈仓。

长风过四野,黄云压天低,当梁红玉求援成功,带兵前来的时候,姑娘坐镇宫中,面对着想要狗急跳墙的叛军。

姑娘说:"你们只有一条路走,降,降者不杀!"

叛军最后的杀意如雪崩般溃散了。

叛军的头子仓皇逃亡,还想一把火烧了杭州城,姑娘这些年见过的火还真不少。

只是这一场火,忽然遇到天降大雨,烧不起来了。

姑娘笑了笑,还政赵构,事了拂衣去,深藏功与名。

往后的那些年里,姑娘就躺在宫中,有时会怀念过去的岁月,会想自己青葱时憧憬的美好恋情终究是没有出现。

姑娘又笑了笑。

没有美好的恋情,也不是什么大事,这辈子波澜壮阔,不枉来过。

姑娘姓孟,宋哲宗的孟皇后,史称元祐皇后。

绍兴五年春,姑娘病逝行宫,享年五十九岁。

注:《宋史》有传,笔者演绎而成此文。

那年太监刚刚进宫,白天任劳任怨,与所有匆匆往来的太监一样,都挥汗如雨,当着皇家的奴才。

月明星稀,夜色深沉,太监终于有了点空闲,能躺在床上歇息。

他年纪还很小,还想家乡的父母,想家乡的杨柳,或许还有家乡的姑娘。

但他现在已经是个太监了。

太监叹口气,心想我进宫时,宫里给的银子,应该够父母这两年的花销了。

他擦擦眼泪,翻个身,准备蒙头大睡。

砰的一响,太监觉着脚上一痛,忍不住痛呼起身。

面前,是白天里的同事,一个个横眉竖目,说:"新来的你怎么回事啊,怎么脚这么臭,还让我们怎么睡啊?"

当时太监还不知道,这是同事在找茬,让他认清楚宫里的尊卑大小,先来后到。

太监只是红着脸,说:"对不起,我下次一定好好洗脚。"

第二天,就被同事说他活儿干得不好,又被打了一顿。

太监闷头做好了工作,第三天,同事们指摘半晌,没找出疏漏。

同事们说:"让你他妈脚臭!"

又是一顿打。

太监这才明白了,你在宫里,任劳任怨是没出路的,要察言观色,要找到自己的贵人。

太监想,原来进了宫,就没有回头路,你只能活成戏文里的死太监。

他对自己说,可我不想这样活着。

又挨过几次打,又受过几个寒暑,太监终于也开始堆起笑脸,开始替贵人做些见不得光的事,慢慢熬出头来。

太监当上了宫里的小官,如果不出意外,他将会像所有寻常的太监一样,在深渊般的宫里,经历死亡前的无尽黑暗。

同事们闲散笑着,互相打趣,说:"我们不过是个太监,都这么活。"

奈何太监不想这样活着。

太监从来都不想这样活着。

某个夜深人静的时候,他长长吐出口气,写下一封奏章,次日清晨,他就要把奏章呈给宋神宗。

这封奏章说的是西北军事,很小的时候,太监读过兵书,那时他还不知道家里没钱会饿死父母,他还有他的姑娘,他还想过有朝一日,能成为名震天下的将军。

如今他什么都没有。

太监下了决心,把奏章呈了上去。

宋神宗见了奏章,颇为惊奇,说:"太监竟然有这等见识。"

于是几次三番私下会谈,太监察言观色,说的都是宋神宗喜欢听的方略。

宋神宗哈哈大笑,说:"不久西北有大战,你就去西北做监军吧!"

太监诚惶诚恐,匍匐在地,眼泪鼻涕都流出来,说:"叩谢圣恩,臣必效死命!"

等宋神宗走后,太监面无表情地站起来,与刚才的惶恐与感恩判若两人。他淡漠的擦掉鼻涕和眼泪,轻轻地笑了一声。

西北荒凉,净是风沙,随行的人都不能理解,太监为什么这样激动。

宫里好吗? 宫里锦衣玉食,还能作威作福,多好!

太监哈哈大笑着,说:"你看我在宫里,可曾这样笑过,可敢这样笑过?"

随行的人还是不懂,西北的将军若有所思。

将军想:"这人八成有点傻,大抵不会坏我的事了。"

太监一头雾水。

再后来,太监就跟着将军出兵,挥手间大破西夏,收复失地。

两人一起喝酒，月亮高悬在黄沙之上，太监前所未有的痛快，他跟将军说："这么多年，这么多年了，今日才觉得我活出了人样！"

将军酒酣耳热，说："不错，你还算个人，可惜是个太监，不然定能驰骋疆场，跟兄弟们建功立业。"

太监的那些痛快，都被这盆冷水浇灭。

那天的庆功宴还没办，二人正在回军的路上，便听闻被击败的西夏兵马，又卷土重来，囤积大军，围攻城池。

将军说："这是等着围城打援，我去绕后，断他粮道老巢。"

太监嘿嘿一笑，说："围城打援，我们的援兵也未必输给他，让他打！"

将军问："我去绕后了，谁带援兵？"

太监指了指自己，说："当然是老子我。"

那天，太监举起宋神宗给的黄旗，纵马奔驰在三军阵前，扬声大喝："此旗，天子所赐也！如帝亲临，杀敌者倍赏！"

三军震动，太监又第一个纵马冲阵，领兵奔向西夏军。

厮杀良久，胜负难分，太监在阵阵黄尘里，思绪罕见的冷静，他叫来一队人马，喊人去烧了西夏军的行营。

烽烟冲天里，西夏军终于溃败。

太监咧嘴一笑，周身浴血，只觉着自己浑身都充满力量。

断了粮道，同样大破西夏的将军也杀了回来，与太监举杯痛饮，说他是条汉子啊！

这是太监最好的时光了。

那年太监凭军功升官，又兼领西北财政，太监裁掉了十分之六的冗费，为朝廷节省了一半以上的开支。

当然省下来的这部分开支，太监又分出一半，送去了宫里，给宋神宗修宫殿。

这么懂事，又这么有手段，宋神宗多开心。

太监回京的时候，所有人都争着去讨好他，尤以文人为甚。

那会儿有文臣给太监洗脚，还一脸陶醉，说："太尉脚何其香也！"

这就是捧臭脚的来源。

太监想起当初刚进宫的时候，不知因为这双臭脚，挨了多少的打，他嗤然一笑，抬脚就把文人给踹倒在地。

太监说："你这个马屁拍得不好，重新拍。"

就是这么气派，就要这么作威作福。

可惜这世上从来没有常胜将军，太监作为一个太监，一旦战败，就会更加的惨不忍睹。

那年太监领西北五路兵马，要灭西夏，然而被敌军断了粮道，他救援不及，四十多万兵马，都被西夏断绝在黄河一头，淹死在黄沙下。

消息传到兰州，彼时太监正在刚刚收复的兰州城里，他怔怔失神，仿佛看到了自己如今拥有的一切，即将灰飞烟灭。他又会回到宫里过伸手不见天日的日子。

太监打了寒战,他想:"我不要回去,死也不要回去。"

于是他开始推卸责任,谎报军功,城池外的将士尸骨未寒,终于激起了众怒。

太监第一次被贬官了。

他像在海里挣扎的溺水者,疯狂做着推演,他说再给我一次机会,再伐西夏,我一定能成!

朝廷里议论起来,人们说不能让太监出兵,倘若败了,其实也没什么,不过是几十万士卒的性命,但倘若真的灭了西夏,开太监当政领军之先河,那才是真正的祸害。

最终太监彻底失去了翻身的机会。

他只能落寞地回到西北,最后一次击退西夏的进攻,随后便马不停蹄地赶回京城。

西北风沙大,太监最后一眼看向他所开发的兰州府,被风沙迷了眼。

泪眼婆娑里,太监回京失势,好在还有个体面的结局,他被贬陈州,做了个富贵闲人。

五十一岁那年,太监梦中又见到了西北,又见到了兰州,黄粱梦醒,眼前是江南水榭。

太监叹出口气,与世长辞。

太监叫李宪,无意间看到捧臭脚的典故,才知道这名臭脚,有如此令人唏嘘的一生。

多少挣扎的人物,都淹没在历史的长河里。

从前有一个姑娘，名叫申屠希光，出身官宦人家，长得特别漂亮，温柔娴静，而且文采斐然，给你们看下她写的其中两句诗：岸鸣蕉叶雨，江醉蓼花秋。百岁身为累，孤云世共浮。

姑娘这么好，眼界自然也高，蹉跎二十岁仍旧不曾出嫁。

姑娘她爹也不急，笑眯眯地说："我家女儿自己有主意，我可管不了。"

直到那年姑娘遇见了游学书生董昌，这书生满腹才华，不卑不亢，谈笑有如春风。

爹偷偷找到姑娘，说："你看这个怎么样？"

姑娘干咳两声说："还行吧。"

她爹大笑，遂许二人成婚。董昌家里虽然有点贫困，但姑娘甘之如饴。

倘若没有意外，来年书生科举登第，二人吟诗作赋，便能成就一段佳话。

奈何那是靖康二年。

靖康二年,神州沦丧,不必说进京赶考,二人所在的地方都有盗匪作乱,劫掠诸县。

乱世之中,人心潜藏的欲望都被激发了。

当地豪强方六七,早就觊觎姑娘美色,好在书生一腔硬骨,又有来年登第的声名,豪强才不敢轻举妄动。

如今世道变了,方六七看着乱兵过境,笑得阴冷猖狂。

方六七买通官府,彼时官府也人人自危,大宋似乎已经没有未来,还是到手银子更加重要。

遂诬陷书生为贼首,株连九族。

书生不认,声色俱厉,说:"神州陆沉,尔等不思报效社稷也便罢了,还要助纣为虐不成?"

官员也是读书人,听得心头一哆嗦,没来由恼怒起来,喝令属下痛打书生。

倘若书生能活下来,未必不会出谋划策,在沙场上建功立业。

可惜书生没有以后了,他只剩一声长叹,脑海中的家国散尽,徒留姑娘的一抹芳踪。

影影绰绰,有芦花香气。

那天姑娘来看书生,书生气若游丝地笑说:"这辈子真对不住你。"

姑娘也笑,说:"遇见过你,便是对得住了。"

那年方六七跳来跳去,说是居中调停,把书生的灭族之罪给压了下来,只处斩书生一人。

姑娘不傻,自然知道是方六七图谋自己。

她悄悄把儿子送出城去,托付给书生的朋友。

朋友看了她一眼,问她:"你不一起走吗?"

姑娘摇了摇头,说:"你有没有匕首,借我一把。"

朋友一震,他发现姑娘伸出的手很稳,目光凝定如山,只好默默将匕首递了过去。

朋友说:"有借有还,你定要还我。"

姑娘笑着点了点头。

遂携匕首找到方六七,低眉浅笑,说:"我本来以为我就要死了,幸好有你我才得以保全。妾愿以身相许,但亡夫没人收殓,于心不安。"

方六七大喜,顺手就安葬了书生。

回家的时候一打听,姑娘已经在卧房里等着自己了。

方六七有点飘了,笑嘻嘻走进卧房,眼前寒芒一闪,恍惚间有条大河横亘。

须臾后方六七反应过来,那不是大河,那是眼前的刀光,河水的汩汩声,是他咽喉间的血发出来的。

姑娘杀了方六七,擦了擦自己脸上的血,又轻声把门外两个侍卫喊进来。

姑娘说:"方六七太累,在床上一躺便睡了,你们看看是不是身子有病呀?"

侍卫入屋探头，姑娘在后面沉静如水，抽刀两刺，精准的扎进二人后心。

随后姑娘坐在三个死人中间，坐了一天。

此生在姑娘脑海中流水般淌过，她抬头时看到华灯初上，月满中天。

姑娘起身，推门大喊，说："快来人哪，方六七突然发病暴毙啦！"

那些与方六七鱼肉当地多年的家人，匆匆先后奔来，姑娘猝然出刀，尽杀方六七家人。

月光漫洒，姑娘割下方六七头颅，与一壶清酒并装囊内，打马来到书生墓前。

仇人头，杯中酒，祭奠亡魂。

姑娘与书生说了一夜的话，最后笑道："本以为给你报仇后，该去找我们儿子，但我还是放不下你，你朋友的刀我还答应要还他，你说这可如何是好？"

"算了，下辈子再还吧，你等等我，我去找你。"

姑娘遂解下衣带，墓前老树一阵轻晃，斜阳四散惊寒鸦，姑娘自缢身亡。

那天落日半山，白云飞乱，箫声与歌舞乐响起在密州城里，苏轼作为新任密州太守，正笑呵呵的出席晚宴。

酒至半酣，苏轼起身如厕，墙角花影里见到了同僚刘庭式。

刘庭式很激动，他手舞足蹈，对着一丛桃花傻乎乎地笑，说："娘子你猜我今天遇到谁了，苏子瞻啊，你还记得从前我给你念苏轼的词吗？"

对对对，就是那个能吃的苏胖子！不过真人好像也没那么胖。

当时苏轼极其尴尬。

苏轼满脑袋都是问号，这个苏胖子该不会是说自己吧？而且刘庭式跟谁说话呢，那墙角除了桃花都没有啊，他见鬼了？

漫天夜色里，歌舞乐声、觥筹交错声、虫鸣声叠在一起，正对着桃花自语的刘庭式丝毫没有察觉，苏轼已经走到了他背后。

苏轼拍了拍刘庭式的肩。

刘庭式炸毛般跳了起来，大叫一声，回头直愣愣地瞅着苏轼。

借一盏烛影，两人面面相觑。

刘庭式轻咳两声，说："太守，您，您在这干吗呢？"

苏轼狐疑说："我来上厕所啊。"

刘庭式的眼睛瞪起来，说："苏东坡也要上厕所啊？"

苏轼一时无言。

苏轼狐疑说："那你在这干吗呢？是屋里的歌舞不好看，还是美人红袖添酒不销魂？"

刘庭式连忙摆手，低声说："太守慎言，我娘子在这看着呢，你这么说是害我啊，回家我就要跪搓衣板。"

云破月来花弄影，苏轼四下张望，只有夜风寂寥。

苏轼问他："你娘子人呢？"

刘庭式笑起来，他指指那丛桃花，说："我娘子就在这里。"

那枝桃花在风中轻摇，苏轼揉了揉自己的醉眼，清楚地看到除花影外并没有任何姑娘。

一股寒意袭上苏轼脊梁，博览群书的他脑海中顿时蹦出一系列桃花妖，人鬼情，被撞破好事的男女要顺手带走过路人……

苏轼打了个冷战，往后退了两步。

刘庭式又笑，他说："娘子，原来苏轼胆子也不大。"

苏轼瞪着他，说："读书人的事，能叫胆子不大吗，子曰'敬鬼神而远之',我这是敬。"

刘庭式哈哈大笑,眼泪从他的脸上滑落,他离开那丛桃花,指天画地,说:"其实不只是这树桃花,天地万物,都是我娘子。"

大宋熙宁年间,山东的一个小村里发生了两件大事。

第一件,是刘家的儿子高中进士,很快就要出仕为官。第二件,是与刘家有婚约的齐家,决定与刘家退婚。

刘庭式告诉苏东坡,齐小娥这个姑娘吧,跟我青梅竹马,也不知道她是哪里好,平素没怎么读过书,有空就去帮家里干农活,面朝黄土背朝天,见我的时候才洗把脸。

既小气,又爱吃醋,还土不拉叽。

但怎么说呢,刘庭式想了想,又不自觉地笑起来,他说:"齐小娥的眼睛真好看呀,笑起来眼睛弯弯的,藏着世间所有的山水天地。"

齐小娥喜欢听刘庭式说书里的故事,还喜欢听刘庭式讲诗词里的典故,讲水是眼波横,讲明眸皓齿、眉眼盈盈。

刘庭式还给她讲苏轼的词,讲"觉来幽梦无人说,此生飘荡何时歇。"

说这就是半夜醒来,连个说话的人都没有,飘来荡去,如浮云无依。

齐小娥说:"那苏轼真可怜,以后你肯定不会像他这么可怜,你如果半夜醒来想找人说话,可以来找我啊。"

十三四岁的刘庭式就红了脸，他瞅着齐小娥，心血来潮，说我再给你讲一首李白的诗。

云想衣裳花想容，春风拂槛露华浓。若非群玉山头见，会向瑶台月下逢。

刘庭式说："天上的云只该披在你身上，漫野的花也比不上你的面容，这是仙女一样的姑娘，只能在群玉山头，瑶台月下，才能见到。"

齐小娥眨眨眼，说："那李白见到了吗？"

刘庭式说："我不知道李白见没见到，我好像见到了。"

齐小娥愣了几秒，脸也开始红，她想问"你见到的是我吗"，但她又不好意思开口。

刘庭式还在喃喃低语，他说不过跟李白写的不太一样，我的这个仙女好像没什么春风十里的气质，也没什么浮云桃花的样貌呀……

红着脸的齐小娥抬起头来，大大的眼睛里都是杀气。

那天齐小娥追着刘庭式打了很久，最后她停在刘庭式的家门前，吞吞吐吐，快分别了才快速对刘庭式说："以后，以后你不许给别的姑娘讲诗词！"

刘庭式一愣，然后笑起来，摸了摸齐小娥的脑袋，说："你放心，我不会的。"

所以刘庭式对苏轼说："这姑娘是真的小气，我要是真跟那些歌女眉来眼去，那多可怕？"

被喂了一嘴狗粮的苏轼不明白，既然青梅竹马，郎情妾意，为何还有退婚之事？

刘庭式沉默了很久，才说其实在我离开村子之前，一切都还很好。我与齐小娥相约，自己金榜题名，就回来娶她为妻。

没想到回来的时候，只听到来往的人告诉我，婚约不必当真了。

齐小娥，十八岁，在刘庭式赶考的那一年里，一场大病，侥幸活命。

从此双目失明，还时不时发些小病。

家里人对她说："婚约的事别当真了，还没下聘，刘家肯定不想让高中进士的儿子娶你的。"

齐小娥扶着桌子，空洞的双眼凝视着眼前无边的黑，她说："刘庭式一定会娶我的。"

家里人又说："即使他心怀高义，娶了你，又能怎么样呢？你已经瞎了，他没法一直照顾你，当他再纳几房小妾，你怎么斗得过她们，肯定会受苦的。"

齐小娥低下头，说："他不会纳妾的。"

家里人觉得齐小娥是疯了，把她关在屋里，不想让她再与刘庭式有联系。

而刘庭式的家里也有类似的情形，他的父亲告诉他："既然齐家懂事，那我们也不必勉强，你是朝廷官员，怎么也不能让瞎子做你的妻子。"

刘庭式说:"我已经与她约好了,人不能忘约,爹这是你教我的。"

父亲眉头皱起来,他敲着桌子,说:"好,那我们都退一步,齐家还有个小女儿,我过去下聘,过几年你娶她如何?"

刘庭式抬头,直视着自己的父亲,说:"爹,我会娶齐小娥,她瞎了我也娶她。"

灯火摇曳,父亲拍案而起,怒说:"你懂什么? 你现在觉得自己爱她,再过些年呢?纵然你能不变,可齐小娥已经瞎了,她不可能还像从前那样,她可能会变得暴躁,变得不安,你能一直待她好? 到时候时移世易,你再冷落她,要受多大的骂名你可清楚?"

其实长辈的眼光往往很长远,很有岁月赋予的智慧,这些话落入苏轼耳中,就连苏轼也不得不承认,他们的话的确很有道理。

所以苏轼问:"你们最终还是错过了?"

刘庭式摇摇头,他笑起来,洁白的牙在暗夜里如一抹月色,他说:"没有,我娶了齐小娥。"

苏轼一脸愕然。

那些岁月赐给人间的波折,或许会磨平年少时的所有热情,或许在多年以后,自己会变成自己最厌恶的人。

但总不能一开始就放弃了。

刘庭式说:"如果这些磨难是必不可少的,战场上处处都是

348

凶险,那我至少还有一把刀。我还有我们的爱情,能对抗世间所有的磨难。"

那一夜,刘庭式想了很久,对父亲说:"吾心已许之矣,岂可负吾初心哉?"

遂披星戴月,出门寻齐小娥。

夜色里他见到有个人影踉踉跄跄,正从对面走来,他的心忽然收紧,虽然他一点都看不清前方的道路,但他就是知道,这人是齐小娥。

刘庭式跑过去,一把扶住齐小娥。

齐小娥的身上有擦破的痕迹,她被刘庭式扶住的时候,身子僵了一瞬,她抬起头,空洞的目光里仿佛闪出一道光。

今夜她独自摸出家门,跌跌撞撞走了很久,才走出一半,她想无论如何都要问个清楚,既然他回来了,你还要不要娶我?

齐小娥都想好了,如果刘庭式娶她,那她也不愿嫁了,如果刘庭式说不娶她,她就给刘庭式一个巴掌。

当然,齐小娥自己也清楚,可能到时候自己会哭,根本扇不出巴掌,又或许自己瞎了,一巴掌扇错了人。

不过没关系,不论答案是什么,总要问个清楚。

只是齐小娥没想到,自己这条路只走了一半,就遇到一个熟悉的怀抱。

于是那些问题就都不需要问了。

齐小娥的泪流下来,她哇哇哭着,她说:"刘庭式,你怎么才来啊,你再不来找我,我就不嫁给你啦!"

这年,刘庭式娶齐小娥,及冠时取字,刘庭式字得之。

齐小娥,得之我幸。

齐小娥常问刘庭式:"我现在没有那么好看的眼睛啦,你还喜欢我哪里啊?"

刘庭式说:"我也不知道,但我就是喜欢。"

齐小娥就呸他,说:"你真敷衍,罚你晚上讲书给我听。"

当然晚上的生活不只是讲书,刘庭式也跟齐小娥讨论过,说:"要不就单纯讲书吧,我怕你的身子不太适合。"

齐小娥抓着他,说:"刘庭式,你是不是想纳个小妾给你生孩子?"

刘庭式举起手来,说:"天大的冤枉啊!"

齐小娥就笑,说:"夫君,我想给你生个孩子,以后如果我的病再发作起来,早你一步去黄泉下探路,好歹世间还有我们的孩子。"

刘庭式就捂住她的嘴,说:"呸,以后一起死,用不着你探路。"

只可惜世事往往不遂人意,几年以后,齐小娥留下蹦蹦跳跳的孩子,还是抱病而终。

齐小娥临终时说:"公公果然说错了,我还没来得及暴躁,没来得及不安,就要走了呀。我想大概我得说还不错,能在最好的

350

年纪离开你,不让你见到我不好的一面。但我又想了想,还是觉得可惜,刘庭式,我不想离开你呀,即使变得又老又丑,那你也要受着,我不想离开你。"

刘庭式握着齐小娥的手,听她断断续续地念叨,她说:"我是个小气的人,很爱妒忌的,我死后会等着你,所以你不能娶别人。"

齐小娥还说:"你要好好活着,我瞎了很多年,都忘了天地山水、花草树木是什么模样,也没见过诗里的烟霞与白鹿,你要活好多好多年,替我都见一见。我的魂魄会在那里,等你来见我。"

刘庭式趴在齐小娥身上,眼泪和鼻涕也都在齐小娥身上,他说我不见你的魂魄,我就要见你。

奈何随着四处的节哀声,刘庭式还是不可避免地被拉起来,被人们撑着,走向茫茫的未来。

日子一天天过去,这些年里刘庭式始终没有再娶,身边只有他们的孩子。

刘庭式也走过不少地方,他常去登山看海,踏雪寻梅,有时酒宴喝到一半,看见墙角处有一丛别致的桃花,他也会眼前一亮跑过去。

他说:"娘子,我抓到你啦,我很听话的,那些歌女我看都没看一眼……好吧,最多看了一眼,就一眼。"

桃花还是那树桃花,风吹来的时候会轻轻晃动,刘庭式笑了笑,说:"娘子你放心,我知道你在等我,等我看遍这个天下,我就一个人去找你。"

苏轼在桃花的另一侧望着刘庭式,他深吸口气,说:"得之,你还是很哀痛吧?"

刘庭式挑了挑眉,笑着说:"还行吧,反正自她离开后,天地万物皆是她的魂魄,而我是她的眼睛,她也没离我太远。"

苏轼还试图安慰刘庭式,他想要讲逻辑,他说你哀痛到不愿走出来,自然是因为爱,可是爱情不可能脱离色相而独立存在,既然你娘子已经不在,何处来的爱,又何处生的哀呢?

这个逻辑很复杂,刘庭式望着桃花,他想如果齐小娥在,一定会说听不懂,然后叫他晚上讲书给她听。

于是刘庭式又笑起来,脸上早已泪水纵横,他说:"吾只知丧吾妻而已。"

苏轼沉默良久,不知为何,也想起自己的亡妻。

距离妻子离世,也已经过去十年了,这天夜里,苏轼梦醒枕上,梦里妻子小轩窗,正梳妆。

很多年以后,苏轼又听到刘庭式的名字,那时他已经不再担任繁忙的官职,只任些闲差,老于庐山。

人们说刘庭式已近乎仙人,绝粒不食,目奕奕有紫光,上下攀岩如飞,对万物皆笑语。

这让苏轼又想起同在密州时,刘庭式对自己说过的话。

自她离开后,天地万物皆是她的魂魄,而我是她的眼睛,四处找寻她的踪迹。

从未远离。

那年苏轼又被贬了，跟他弟弟一起。

这会儿他们已经很老了，朋友不剩几个，没人愿冒着风险来看他们。

苏轼说："啊，只有痔疮陪着我。"

苏辙说："还有我呢哥。"

当然，其实不只有弟弟，还有一个书生，也垂垂老矣，却还传信过来，说你们俩小子苟住，老哥要徒步去看你们啦！

这封信很快传遍了大江南北，写信人的身份也很快被人察觉，乃是一山野书生。

那些高高在上的文化人，就都笑起来，说苏轼的同乡说大话连眼睛都不眨。

山野书生没搭理他们，随后也没再传出这书生的什么消息，大家也便忘了。

只有苏轼、苏辙，还偶尔想起这个老哥。

在苏胖子还只会流口水吃东西的时候，书生就已经摇头晃脑读四书五经了。

苏轼常问他："读书好玩吗？"

书生就一脸苦恼："烦死了，一点都不好玩。"

随后书生又眼睛一亮："等会儿你跟我去后山吧，我们抓野猪吃！"

苏轼的小脑袋满是问号。

小小年纪的苏轼觉得野猪这种东西，不是一个十来岁的孩子能搞定的，所以坚决摇头。

书生说："好，既然你也同意，那就这么定了！"

苏轼一脸震惊："我哪同意了啊！"

后来苏轼还是跟着去了，毕竟十来岁的书生对付野猪未必能行，对付他还是没问题的。

只不过真站在后山，野猪带起的腥风吹到脸上，书生也忍不住有点腿颤。

苏轼说："完了完了，我觉得我要死了。"

苏胖子当然没死，书生咽了口唾沫，大喝一声迎上去，竟然凭一身蛮力，生生擒下了野猪。

苏轼一脸蒙。

这是个什么鬼书生。

那些年里，不正经的书生常带着苏轼、苏辙玩，有时候书生看着他们俩，也会嘿嘿笑，说："你们比我机灵，以后肯定名垂千古。"

苏轼跟苏辙就拍着胸口，说："你放心吧，我们名垂千古的时候不会忘了你的。"

书生哈哈大笑。

几年后，不正经的书生进京赶考，彷徨于人生十字路口，焦虑在书山经海。

耳畔突然传来一声炸响，那是武举在进行。

书生陡然明白过来，自己喜欢的从不是读书撰文，而是刀剑豪侠。

书生留书一封，说："爹娘对不起，这样的我是没办法中进士的，我要做我喜欢的事，成为顶天立地的自己，希望能换条路名垂青史，光宗耀祖。"

遂弃文从武，要离开家乡去闯荡江湖。

苏轼和苏辙眼里放着光，只觉得这个哥哥帅到炸。

书生喝着酒，说："两个小家伙，你们好好读书吧，西北多英雄，我要去战黄沙了，你们以后若有空，来西北寻我吧！"

这一走，就是一辈子。

那些年里，书生在西北认识了一位名将，三杯吐然诺，五岳倒为轻。

只是哪有不败的将军呢，而大宋的优良传统，就是不喜欢战败的将军。

将军被治罪，牵连书生，当然书生这种身份最多被关几年，比起要死的将军好太多。

但书生没要这种结局。

那天将军欲言又止，书生洗耳恭听，最终将军把全部身家托付给书生，求书生潜逃出营，把他的钱财送去给孤儿寡母。

书生毫不迟疑，一口应下。

遂破营而出，匿名换姓，步行在漫漫黄沙之中，数月后，将银子送到了将军家里。

驻足喝了一杯水酒，书生大笑三声，说："不必相送。"

那年，将军被斩，书生避难，逃窜江淮之间，成了山野江湖客。

很久以后，朝廷大赦天下，书生才在刀头舔血的江湖生涯里走出来，回到眉山老家。

还好，赶得上给父母养老送终。

想起这些事来，苏辙总是会唏嘘，他跟苏轼说："不知这位哥哥现在是什么模样。"

苏轼说："看他的信，不像消沉的人。"

苏辙说："但他终归老了，浪迹江湖许多年，怕是还有不少伤。"

苏轼说："他不会真的要来吧？"

这年，书生七十二岁，自眉山徒步抵达了循州。

苏辙瞠目结舌，说："老哥，你真来啦！"

书生白发苍苍，哈哈大笑，说："我徒步万里，能见到你们俩小子，死无恨矣！"

苏辙一惊，说："你还要去看我哥？"

书生说："去啊,说了去怎能不去,浮生跨海,岂不快哉?"

苏辙劝了半晌,劝不动,看着这书生拂袖离去,背影如老树,轻咳如枝丫轻摇。

路上还是出了意外,有小贼偷了书生的包裹,书生发现的时候已近破晓,他大骂一声,追着小贼留下的踪迹,一路疾驰。

风霜累进了他的胸肺里,他咳得越来越重,终于在新会追上了小贼。

或许小贼还有几个同伙,看着老大爷咳来咳去,嬉笑着要上去推开。

老书生一声断喝,吐气开声,目光陡然亮起来,拼杀他生命中的最后一场。

擒贼,报官,拿回了包裹。

只是这些做完,带着伤病的老书生也已没了气力。

他缓缓倒在夕阳里,对慌忙搀扶的衙役笑了笑,说:"要是我年轻的时候,这几个小蟊贼,嘿……"

顿了顿,他又长叹口气,说未能渡海见苏东坡,平生一憾也。

未几,病终。

自古英雄如美人,不许人间见白头,书生名叫巢谷,苏辙为其作《巢谷传》,并录于《宋史·卓行传》。

那年春风轻叹,杨柳撩人,秀才正在窗边攻读诗书,准备几年后的科考。

偶抬头,窗棂间隙外,杨柳枝条后,有个姑娘正款款走来。

姑娘抱着盆衣服,要去河边浣洗,春日的阳光洒下来,照姑娘一颦一笑都动人。

秀才眨眨眼,满脸痴汉笑。

秀才低声喊她:"刘姑娘,刘姑娘!"

姑娘该是听到了,但却把头低得更厉害,满脸通红,快步从秀才家跑开了。

秀才笑得更傻了些。

这位姑娘,便是秀才未过门的媳妇,他攻读诗书,更是为了他们一家的前程。

不久后,二人成婚,郎才女貌,在家乡那个小村子里,一时传为美谈。

所有人都露出老阿姨般的微笑。

那几年里,秀才吟诗填词,姑娘歪着头听,入神处会心一笑,长长的头发垂下来,撩得秀才小鹿乱撞。

几年后,秀才与姑娘生下个儿子,取名陈庚,儿子渐渐长大,聪慧俊秀,秀才也要再去进京赶考,说这次一定会中。

姑娘淡淡笑道:"不中也没关系的。"

秀才说:"哼,一定会中,我一中我就去纳妾。"

姑娘还是淡淡微笑,说:"你才不会。"

秀才瞪起眼来,须臾又绽出笑,说:"那你乖乖等我回来,这几年朝廷动兵,不太安稳,你一个人在家我不放心,先回娘家待待吧。"

姑娘摸着儿子的脑袋,说:"那庚儿呢?"

儿子虎头虎脑,跃跃欲试,说:"我也可以去京城呀,我已经长大了娘!"

姑娘失笑,看着秀才,说:"这是你爷儿俩商量好的吧? 带他去京城,可别让他给你添乱。"

秀才挠挠头,嘿嘿笑。

那天姑娘送秀才离乡,儿子使劲朝姑娘挥手,夕阳把姑娘的影子拉得很长,秀才回首,总觉得心里有隐约的不安。

那些年,朝廷动兵,是在联合女真人,攻伐契丹人,后人称:联金灭辽。

平辽之后,金人窥破宋军的不堪一击,大举南下,秀才还没到京城,京城就已然沦陷。

秀才显然跑得没有金人快,金人铁蹄踢踏,过处皆是断壁残垣,血火遍地。

秀才还不等赶回家,就听到金人杀到故乡的消息,那里有许多野狗,饱食人肉,双眼通红还异常肥硕。

秀才抱着儿子,东躲西藏,书箱早已散落,衣衫凌乱不整,唯有姑娘的香囊还留在身边。

夜深时,儿子啜泣问:"娘怎么样了,爹,我们还能活着见到娘吗?"

秀才抖着,深深吸气,说会的,一定会的。

那年月,有许多向南逃亡的士子,都是振臂一呼,百姓群起响应。

秀才整整衣衫,圣贤书在脑海中电闪般掠过,他头一次发现自己这么有力量。

在离家乡不远的郡县里,秀才高声呼喝,震撼人心,所见的惨状与人心的忠义,都在他的言语里迸发。

于是群起响应,随他南去。

有这样一大群人跟着,秀才与儿子安全抵达。

朝廷还给秀才封了八品官,他再不用担心科举能不能中了。

秀才望着北方,攥紧姑娘绣给他的香囊,对自己说:"我一定要回去,我一定要找到你。"

那些年,秀才像换了个人,沉着冷静,凡事都能指点,很快累功,做到正使。

秀才想凭借这个身份出使北方,或许就能找回他娘子。

可惜每次去北方，朝廷任务重，金人监察紧，他仍旧脱身不得。

反倒是姑娘，听说了他的消息，原来他已经在南方朝廷当了大官。

有邻居告诉姑娘，说人富贵后，都会结交新朋友，也会迎娶新的姑娘，让她别等他了。

姑娘抬头，目光恍惚，想起那年秀才进京前的玩笑。

姑娘笑了笑，说："我只知道我还爱他，他怎么想，怎么活，那是他的事情了。"

秀才一次次怅然南归的时候，回眸北望，并不知道此时，姑娘还在喟叹着爱他。

十年生死两茫茫，不思量，自难忘。

儿子渐渐成人，他知道父亲的朝堂身份并没有直接作用，他要找另一条路子去接母亲。

儿子开始结交豪侠，想求风尘中的江湖人，迎接母亲回来。

于是四处接济江湖人，来回奔走，只希望有个落魄的汉子，某日吃完他一碗饭，抬起头来跟他说"我会拼了性命还你"。

可惜，很快儿子就没钱了。

秀才大手一挥，说："家里有的一切，你都可以拿去卖，记住，一定要把你娘接回来！你也要活着跟你娘一起回来！"

儿子含泪，重重点头，拿着银子纵身去往江湖。

十年奔波，儿子躲避过金人，与江湖豪侠纵酒高歌，还一起拔刀奋战过。

饱尝艰辛，写出来便是一本武侠小说。

最后儿子和儿子的朋友，终于找到了母亲，相见那天，儿子满脸的泪，母亲手足无措，几次张嘴，都声音暗哑。

姑娘问："是，是庚儿吗？"

儿子重重点头："娘，是我，庚儿长大了。"

故乡杨柳依依，母子相拥而泣。

二十五年如一梦，此身虽在堪惊，姑娘在北二十五年，终于被儿子接回，举家团聚。

南归路上，姑娘装作漫不经心地问了句儿子："在南边，你后娘对你怎么样？"

儿子怔了下，哈哈大笑起来，说："娘，我后娘对我可好了，就是成天拿着你给绣的香囊，望着北边长吁短叹！"

姑娘一头雾水。

儿子平静下来："娘，我爹从没再娶，他既当爹又当娘把我拉扯大的，倾尽家财让我来找你，估计这时候，他正在家里喝粥呢。"

远在南边的秀才，此时胡子一大把，低头喝粥忘撩，还给沾上不少。

门前有车马响动，秀才正起身找手帕擦粥，恰见门口走进个人来。

红颜霜鬓，阳光正好，佳人笑里带泪。

"公绪,我回来了。"

秀才名叫陈公绪,这个故事出自《宋史·列女传》,演绎成文。

第六部分　足以佐酒，趣闻野史

赵匡胤是典型的白羊座，激情、跳脱、英雄主义，还一点就炸。

无论是谁来惹他，都不会有什么好下场。

曾经有匹烈马，赵匡胤就想挑战一下，骑上去要驯服了它。

结果烈马一阵狂奔，把他带到了城楼斜道。

咣哟一声，赵匡胤脑袋撞在门楣上，扑通摔落马下。

没死，还没伤。

就好比是樱木花道，每次脑门上偌大个包，什么事没有，就是气性大。

赵匡胤晃晃脑袋就站了起来，气冲冲地又追上烈马，骂骂咧咧，非要把它给驯服了。

马：尿了尿了尿了……

后来南征北战，有不开眼的对手刺激他，说有种单挑！

赵匡胤说："你在逗我？"

行吧,白羊座就没见过这么能挑事的人。

拍马上阵,一顿暴揍,打的他连他妈都认不出来。

再后来老赵成了太祖,有刺客行凶,这位仁兄更是直接跳出来,指着自己胸口就朝外边喊,说:"哟,箭法不错啊,怎么没射到我呢? 朝这射啊!"

吓得一群侍卫瑟瑟发抖。

所以白羊座的朋友们注意了,你如果真的压不住火,冲动暴躁,那至少要有宋太祖的本事。

一根哨棒打天下四百座军州,放眼四海,举世无双。

当然白羊座还有鱼的记忆。

只是鱼的记忆,很可能是装的。

那年老赵沉迷打鸟,有个手下说国事紧急,就势就冲了进来。

显然老赵还是要脸的,不能让人发现自己在玩鸟,遂把弹弓给藏到身后。

结果就发现这位手下所谓的大事,很琐碎。

老赵一脸雾水,又逗我?

手下说:"国事再小,也大于玩鸟。"

老赵恼羞成怒,随手就给了手下一斧柄,打掉了手下的两颗牙。

手下默默把牙捡了起来。

老赵说:"干吗呢? 还想告我不成?"

手下说："臣当然告不了您,自有史书记载罢了。"

老赵开始沉默。

六秒钟的静默过去,老赵突然惊呼起来,说："咦,爱卿你的牙怎么了,都告诉你不要太操劳,你看你累的牙都掉了,来人来人,给爱卿赏钱!"

手下一脸震惊,万万没想到人还能这么无耻。

这就是白羊座的记忆。

那年有个贫寒的书生,到了一个地方,当地知县听说他贼有才,请他去家里吃饭。

县令公子看不惯他爹这样对待一个贫寒书生,说:"就你能有什么才华?"

贫寒书生说:"能写诗。"

县令公子说:"哟,写一句听听。"

贫寒书生憋着火,说:"以前有一句,叫挑尽寒灯梦不成。"

县令公子扬声大笑,指着书生道:"这是瞌睡汉啊,瞌睡汉才能写出这样的词吧!"

书生大怒,要不是有知县在边上打圆场,估计当时书生就拂袖离去了。

第二年,书生夺魁,中了当年的状元,写信给县令公子说:"瞌睡汉如今可中状元啦,你呢?"

这县令公子肯定不能忍,冷冷一笑,丢了书生的信说:"我要是明年考个榜眼,都算我输你一筹!"

那会儿是宋初,每一年举办一次科举考试,第二年县令公子应约赶考，真就中了状元。

贫寒书生，正是宋初宰相吕蒙正，县令公子，则是曾经力荐寇准的名臣胡旦。

　　当年有人为贵人作传,贵人年轻的时候曾经是个杀猪的,直接这么写,未免不太好看。

　　史馆的人就去问胡旦,胡旦说:"这个好办。"

　　大笔一挥,写道:"某少尝操刀以割,示有宰天下之志。"

说起定澶渊之盟那个宋真宗，其实属于特别好面子的人。

跟辽国打了场仗，勉为其难打赢了，仍旧每年进贡，换取长期的和平。

要是放秦始皇、汉武帝那，估计会气得肝疼，喊一句"寇可往，我亦可往"，就得憋着劲来年再打。

宋真宗不是，宋真宗打完这一仗就觉得自己老厉害了，简直功盖唐宗宋祖，除了泰山封禅，再也没有别的方式能表现自己的厉害。

然后他就去封禅了。

或许是想起来，汉武帝搞了个封禅，被司马迁骂了个狗血淋头，于是决定象征性勤俭一波。

下令百官不许吃肉，一路素食斋饭。

等到了泰山顶上，皇帝良心发现，回过头来说，爱卿们这一路上吃斋，想必也辛苦了吧。

群臣七嘴八舌，纷纷说："陪着皇上，哪有辛苦之意啊。"

就在此时，人群中传来个中气十足的声音。

"不辛苦，都偷着杀驴吃肉呢。"

群臣无地自容，皇帝满脸震惊。

场面一度非常尴尬，回头，发现这人乃是马知节。

马知节还嘿嘿傻笑。

老马是个武将，还是特别厉害的那种武将，南征北战立过不少战功，刚结束的澶渊之盟，还多亏了他在北方经营兵马，粮草转运得当。

所以念着他的功劳，大家尴尬而又不失礼节的笑一笑，也就糊弄过去了。

可惜，你以为老马就搞这一次吗？

不存在的。

宋真宗那么好面子的人，封禅结束之后，为了庆祝封禅成功，当然要大宴群臣。

大宴群臣，就得在城楼上，目光洒下，还能看尽汴京风光。

一群人吃吃喝喝，正开心时，皇帝又飘飘然了，说："朕的京城如此繁华，多亏了爱卿们的辅佐之功啊。"

群臣就都笑，说："哪有哪有，都是吾皇圣明，吾皇圣明。"

彼时，一个中气十足的声音，又传了出来。

"流民、乞丐都给赶出门外，不繁华才见鬼了呢。"马知节翻着白眼，闷声闷气地说着。

一时间，君臣面面相觑，又是无比尴尬。

大宋朝堂上有这么个好面子的皇帝，再加上这么个耿直的大臣，简直就是大型尴尬灾难现场。

比如有时候，皇帝写了首诗，附庸风雅。

一不小心，还写错了字。

皇帝就很得意嘛，哪看得出来自己写错字啊，当场分发群臣，让他们品一品。

丞相王旦看出了错字，跟群臣商量，说："我们要不先去跟皇上说说吧？"

有个叫王钦若的，义正词严地说："不行，这哪能说啊，得叫好啊，皇上正高兴着呢。来来来，给我吧，我把诗还给皇上去。"

结果一转头，王钦若就屁颠屁颠告诉皇帝，说："您这诗里有个错字啊。"

皇帝心里一抖，他想，这岂不是群臣都看见了，群臣都看见了只有王钦若告诉朕，这是什么意思，都蒙朕哪？

于是皇帝就很不爽，第二天上朝的时候，点名批评丞相和群臣，然后大大褒奖了王钦若。

丞相王旦也不辩解，径直下跪请罪，估计也是年纪大了，想趁机告老还乡。其他官员一看丞相都这样了，我们也请罪吧，忙说自己要像王钦若大人学习。

王钦若那叫个得意，奸臣的脑子是好用，奈何朝廷里还有个莽夫。

此时，有个中气十足的声音又响了起来。

马知节，又是马知节。

估计王钦若当时就心里一突，等到马知节开口，更是尴尬。

马知节说："其实大家都知道，本来想跟官家说的，王钦若那个人非不让，说无妨，还说会损了陛下的兴致。"

马知节说完，抠抠鼻子，又默默退下了。

朝堂之上一片尴尬。

按理说，这样尴尬的人活不了太久，其实也是，马知节在四川当差那会儿，碰见王小波起义，他的头儿想弄死他，只让他带三百人去镇压。

然后王小波几万人的大军就杀过来了。

马知节带着三百人一阵冲杀，身边的弟兄一个个倒下，他默默看着自己手里的刀，说了句。

"死贼手，非壮夫也。"

于是单刀单骑，冲杀一夜，直至天明。

估计他的头儿都以为他死了，于是援兵派至，这才发现他仍旧活着。不仅活着，还当场一挥刀，率先带着援兵杀了回去，大败叛军。

天不收壮士，此人一直活了六十五岁，差点没把宋真宗给膈应死。

后世人称：张咏、孔道辅、马知节之徒，自足以养成天下之气节。

诗词的背后,有好多让人震动的故事。

苏轼就曾经被震动过。

那会儿王安石变法,苏轼沉迷上疏,觉着变法派
都是辣鸡。遂陷入党争,一出乌台诗案,朝廷搞文字狱
要弄死他。

还是王安石亲自出面救下来的。

最惨的是苏轼的朋友王巩,人在家中坐,锅从天
上来,就因为跟苏轼玩得好,被变法派流放岭南。

王巩一头雾水。

岭南是个步步有杀机的地方,瘴气又多,百姓还
没怎么开化。

于是王巩被流放岭南的时候,亲朋故旧没什么人
愿意陪他过去。

这都是正常的,陪他过去的儿子就没扛住,死在
岭南。不正常的是,竟然有个歌女愿意随王巩南下,浑
然不顾性命。

歌女名叫柔奴。

这姑娘当年也是京城大户人家的小姐,家道中落才像薛涛一样入了乐籍。

风尘之中迎来送往,姑娘见的人很多,高官贵人都是过客,只有王巩把姑娘接回家中。

姑娘心底里就有了一丝对爱情的憧憬。

然后就发现王巩家里其实有一堆歌女。

姑娘一头雾水。

王巩说:"我就看不得这些姑娘沦落风尘,佳人不可唐突,她们若能随意在天下间唱歌跳舞,不必讨任何人的欢喜,那该有多好。"

苏轼说:"你这不是逛完青楼还劝人从良吗?"

王巩急了说:"什么叫劝!我自己掏钱买她们出来的好吗!"

柔奴就在旁低笑,看二人吹笛饮酒,乘月而归。

从前太平光景里,王巩、苏轼时常一起浪,登楼醉酒,揽肩吟诗。柔奴大概就笑立一旁,飞袖流云,起舞弄清影。

有时候她也会想,如果一世都能如此,上天也算待自己不薄了。

可惜乌台诗案,牵连王巩,他临行前散尽家中歌女,那些姑娘哭哭啼啼,也便离去。

唯独柔奴不走。

有姑娘劝她,说"我们在风尘里什么没见过,还是要为自己考虑,咱们年纪还不大,还能多挣些养老钱。"

柔奴望了望天，笑着说："不错，我们在风尘里什么没见过，此生白驹过隙，但求心安而已。"

遂与王巩一同南下。

其间多少艰辛，多少次险死还生，都淹没在千年浩荡长河里。只有他们二人才知道。

五年后二人北归，与苏轼重聚，王巩在瘴烟窟里五年，面如红玉，谈笑不改。

未曾抱怨过苏轼，更不曾怨恨命运无常。

苏轼叹为观止，说："兄弟你心态怎么就这么好？"

王巩只是笑，说："我家姑娘这么好看，又懂琴棋书画通医术，陪我五年里沉浮无悔。我若是只怨苍天无眼，取我儿子性命，那我岂不是连爱上姑娘的缘分也要怨？"

世事自有定数，怜取眼前便是了。

苏轼还没没反应过来："你家姑娘？你妻子没跟你去岭南吧？"

王巩哈哈大笑，笑声未绝，歌声已起，柔奴在旁边轻唱，说："他的那位姑娘正是妾身。"

苏轼忍不住一阵唏嘘，后来推杯换盏，他醉眼蒙眬地问柔奴，说岭南环境不好，你一个弱女子是怎么熬过来的？

柔奴笑了笑，说出句名留千古的话：

"此心安处，便是吾乡。"

苏轼当场拍案叫好，写了首词送给柔奴。

那首词收在《苏轼文集》里，而关于这位姑娘的一生，苏轼只写了寥寥几个字。

　　王定国歌儿曰柔奴，姓宇文氏。眉目娟丽，善应对。世住京师。定国南迁归，余问柔："广南风土，应是不好？"柔对曰："此心安处，便是吾乡。"

　　姑娘谈笑间的此生浮沉，执着无悔，便化作这点点墨迹，永世流淌不休。

那时章惇还很年轻,踌躇满志,放眼天下但觉无处不可去得。

京城里的艳遇,跟章惇的自负轻狂不无关系。

京城里常有来往的贵人,那天年轻的章惇就看到华贵的马车路过身旁,马车里还坐着个风华绝代的姑娘。

这姑娘已经有了些岁数,但丝毫无损于她的美貌,秋波流转,顾盼流连,都盯在章惇的身上。

倘若换了别人,会非礼勿视,转身走开,即使有些色心,看妇人的气派,也会顾虑她的家世。

章惇说:"不存在的,我这么帅,她多看我两眼岂不是很正常。"

再后来,妇人就不仅是看,而是赤裸裸的勾引,伸手招呼章惇上车。

或许章惇想着,这桩艳遇,只是名士才子本就该有的风流韵事。

遂登车一笑,跟着妇人回了家。

妇人也出身豪门,富丽堂皇,侍卫姬妾如云,唯独少了个男主人。

好酒好菜很快上桌,章惇问妇人姓名来历,妇人只笑而不答,说但求春风尔。

章惇也笑,于是当夜就睡在了一起。

这还没完,妇人又叫来七八个美艳动人的姑娘,一起伺候章惇,大被同眠,圆了不知多少汉子的白日梦。

然则这毕竟不是白日梦,人是会被榨干的。

某日清晨,章惇觉着有点虚,他想是时候离开这里,走到门前,却发现无论如何都推不开门了。

章惇心里一突,顿觉不妙。

这夜,又换了一群美人,接二连三与他快活。

章惇欲哭无泪。

最后还是因为章惇长得确实帅,有个稍微年长的姬妾动了心,心软之下,告诉了他实情。

原来这座宅子是有男主人的,只是男主人姬妾成群,却不孕不育,为了遮丑,只好让姬妾去勾引少英俊的书生。

反正怀了孩子,别人也不知道是不是他的。

在章惇之前,已经有不少年轻人死在床上。

章惇后知后觉,这才背后发凉,在这位姬妾的帮助下,连夜换上仆人的衣服,灰溜溜儿逃出豪宅。

很多年以后,章惇也成了一手遮天的相国,这个宅子的主人,他也终于查出来是谁。

　　某个宴会上,他把这桩艳遇说了出来,但宅子主人的姓名,他却一笑而过。

　　那个人究竟是谁呢,或许就在宴会之中,闻言正瑟瑟发抖,偷眼看着章惇。

　　或许这人的几个孩子里,还会有一个是章惇的骨肉。

七

【值得一死】

苏轼吃河豚，别人问："河豚肉如何？"

苏轼回答："值得一死。"

那天桃花来找苏东坡，说自己快灭绝了。

苏轼问："为啥。"

桃花闷闷不乐，说："有个神经病看了我半天，突然就开悟得道了，于是一群人就开始围着我看，后来发现干看着没用，就直接拿我下饭。"

桃花饭、桃花酒、桃花饼，再这么下去估计还会有桃花刺身。

桃花说："唉，什么物种禁得住你们这么吃啊。"

苏轼干咳两声，说："好了，我替你去批判他们！"

桃花说："你这表情有问题啊，你不会也吃了吧！"

苏轼说："我，我跟他们不一样！我纯粹是因为觉得好吃，我这就，这就去批判他们！"

于是就开始发文，说："从前有个书法家看公主跟一挑夫争道，草书书法大进，按那群天天吃桃花的神逻辑，书法家就应该怼着挑夫看不成？"

扯淡。

苏轼一边批判，一边吃了口桃花膏。

真香。

这两天晚上,苏轼房间里总有动静,当然不是那种少儿不宜的动静。

而是来了小偷。

苏轼看着小偷忙里忙外,忍不住就笑。

小偷吓了一跳。

小偷回头说:"你笑啥,钱呢?给人护葬,那么多钱呢?"

苏轼说:"你消息太落后啦,我都分出去了,跟乡亲喝了好几顿酒你不知道?白跑两晚上,辛苦了,要不要明天过来吃顿饭啊?"

小偷沉默了良久,整个人僵在那里。

唉,太丢人了,溜了溜了。

那年坡仙苏东坡第三次抵达扬州,扬州有座平山堂,是他的恩师欧阳修所建。

这时距欧阳修离世,已经有十多年了。

一时间百感交集,写词曰:

三过平山堂下,半生弹指声中。十年不见老仙翁,壁上龙蛇飞动。

欲吊文章太守,仍歌杨柳春风。休言万事转头空,未转头时皆梦。

当初欧阳修作为苏轼的粉丝,天天吹苏轼将来会是海内文宗,说:"今后三十年世人只谈苏轼,而没人再谈欧阳修。"

这评价已经很高了,但老欧阳怎么也想不到这苏胖子一遭乌台诗案后,于黄州成仙了啊!

休言万事转头空,未转头时皆梦。

就这句,怎么砸出来的呢!

宛如灵山上的斗战胜佛,回首半生,那什么齐天大圣大闹天宫,转头成空。

还没回味多久呢，忽然他好像听到一个声音。

那是灵台方寸山里，菩提祖师三更半夜敲了一下他的脑袋，说痴儿，万事转头空，未转头时皆梦。

于是大闹天宫，西天取经，从齐天大圣到斗战胜佛的一遭遭都如梦幻泡影般消失了。

定神，发现自己还在斜月三星洞。

人生如梦，一樽还酹江月。

回头五百年是非，似梦里欢娱觉来悲。

别说万事都成空，根本就没有万事，所有一切不过是黄粱梦一场。

而且你还多半沉浸在其中，梦里不知身是客，求的都是梦里悲欢名利。

那些名利与一杯好酒，一桌美食没差。

那些悲欢也都将在梦醒后重置。

所以大可以鼓盆而歌，所以大可以杀猪宰羊。

然而道理坡仙是懂的，但活在这出名为人世间的梦里，他的身份便不是坡仙。

而是大宋士大夫苏轼，苏子瞻。

所以该为民请命还是要请，该怼的人，该说的话从没停过。

正如菩提问猴子："未转头时皆梦，你懂了吗？"

猴子说："别废话了，你还有什么神通多教我点，这条路我总要走下去。"

菩提说："你都大梦初醒了,咋还不悟呢？"

猴子说："嗐,梦里那些人,我总还记着,我就是知道人生如梦,也还是忘不了梦里悲欢。

休言万事转头空,未转头时皆梦。

梦里既知身是客,痛饮明月清风。

那年苏轼离世，临终所憾，也不过是未见弟弟一面。

当消息传到苏辙耳中，六十多岁的苏辙顿时泪如雨下，给兄长写祭文，几次三番不能落笔。

苏辙写："嗟兄与我，再起再颠，未尝不同，今乃独先。"

这么多年，你与我一同求学，一同中进士，一同起落，怎么偏偏此时先我一步呢？

好在伤痛总是会随着时间的消逝而渐渐隐藏在心底深处，那年苏辙七十大寿，门人给他祝寿，他莫名想起了自己哥哥，回了一首词：

下阕是："早岁文章供世用，中年禅味疑天纵，石塔成时无一缝。谁与共，人间天上随他送。"

而这个"石塔成时无一缝"，是他哥哥的段子啊！

前文里曾经提过，苏轼在扬州写的段子："那年我要调去别的地方，走之前请大家喝酒。"

花来了，鸟来了，石塔也来了。

我想了想，说："等会儿，我在扬州没见过石塔啊，你怎么今天来了？"

石塔白我一眼："你没见过我，还没见过我弟吗？"

我："敢问令弟是？"

石塔："当然是砖塔，我弟比我厉害多了，你今天竟然连他都没请。

我："那不能够啊，砖塔那么多缝隙，哪比得上你石塔浑然一体？

石塔："若无这许多缝隙，何以容世间蝼蚁？

我当场一震，果然弟弟才是最好的，回头就赶紧把砖塔请来了。

…………

这个段子，苏轼一定讲给弟弟听了！

苏轼就写给弟弟说砖塔厉害，有许多缝隙，容得下许多蝼蚁，所以能在朝中做高官，给自己遮风挡雨。

而弟弟在很多年后，又写哥哥是石塔浑然天成！

只是不知忽然涌起回忆的苏辙，浮现在其七十岁脸上的是怅然若失，还是微笑呢……